D1665757

# Managementsysteme –
## Begutachtung, Auditierung und Zertifizierung

www.symposion.de/qualitaetsmanagement

Herausgegeben von
GERD. F. KAMISKE

Mit Beiträgen von
W. GEIGER, A. GERECKE, E. GÖRTLER, F. GRAICHEN, G. F. KAMISKE, P. LÜCK,
K. PETRICK, H.-P. PFAFFENHOLZ, G. RAUSSE, M. WERCKMEISTER, M. WOLF

**symposion**

## Impressum

*Herausgeber*
GERD F. KAMISKE

*Projektentwicklung*
MARKUS KLIETMANN,
Symposion Publishing

*Lektorat*
MARKUS KLIETMANN

*Satz*
KAREN FLEMING, MARTINA THORENZ
Symposion Publishing

*Druck*
DD AG, Frensdorf

*Umschlaggestaltung*
Karen Fleming, basierend auf einem
Entwurf von metadesign, Berlin

*Photo*
PANTHERMEDIA

ISBN 978-3-939707-02-8
1. Auflage 2008
© Symposion Publishing GmbH,
Düsseldorf

*Begleitdienst zu diesem Buch*
www.symposion.de/
qualitaetsmanagement

Redaktionelle Post bitte an
Symposion Publishing GmbH
Werdener Straße 4
40227 Düsseldorf

Bibliografische Information der Deutschen Bibliothek:
Die Deutsche Bibliothek verzeichnet diese Publikation
in der Deutschen Nationalbibliografie; detaillierte
bibliografische Daten sind im Internet über
http://www.ddb.de abrufbar.

# Managementsysteme –
## Begutachtung, Auditierung und Zertifizierung

www.symposion.de/qualitaetsmanagement

Die Zertifizierung eines Managementsystems hat zahlreiche positive Effekte innerhalb einer Organisation: Das Verfahren führt zu einer wachsenden Aufmerksamkeit für den Sinn oder Unsinn von Abläufen. Es trägt zu einer Optimierung der Qualität der Prozesse und Ergebnisse bei. Und nicht zuletzt steigert das Unternehmen seine Attraktivität für Kunden und Geschäftspartner.

Dieses Buch informiert über den erreichten Stand der Technik von Managementsystemen und deren Begutachtung und zeigt, welche Aspekte bei der Zertifizierung und Optimierung von Managementsystemen beachtet werden müssen.

Weitere Themen dieses Buchs:
⇨ Grundlagen und Begriffe von Managementsystemen
⇨ Ablauf der Zertifizierung eines Managementsystems
⇨ kombinierte Begutachtung integrierter Managementsysteme
⇨ Kompetenz von Gutachtern (Auditoren und Assessoren)
⇨ Dokumentation von Managementsystemen und Prozessen
⇨ Die Befragung von Kunden und Mitarbeitern im Vorfeld des Audits
⇨ Fallbeispiel: Ludwig-Erhard-Preisträger Busch-Jaeger Elektro
⇨ Fallbeispiel: Einführung eines länderübergreifenden Managementsystems bei Fujitsu-Siemens ITPS

**Über Symposion Publishing**

Symposion ist ein Fachverlag für Management-Wissen und veröffentlicht Bücher, Studien, digitale Fachbibliotheken und Onlinedienste.

Das Programm steht auch zum Download zur Verfügung – über das Verlagsportal kann der Leser nach Kapiteln suchen und diese individuell zusammenstellen. Wissen ist damit blitzschnell verfügbar – jederzeit, praktisch überall und zu einem attraktiven Preis.

www.symposion.de

# Managementsysteme –
## Begutachtung, Auditierung und Zertifizierung

# Herausgeber und Autoren

## Herausgeber

Professor Dr. Ing. Gerd F. Kamiske
ist ein ausgewiesener Experte auf dem Gebiet des Qualitätsmanagements. Nach über 30 Jahren praktischer Erfahrungen in Linien- und Projektverantwortung der Volkswagen AG im In- und Ausland leitete er umfangreiche Forschungsarbeiten auf diesem Gebiet. Er vermittelte das Gesamtbild in der Lehre, in Seminaren für Führungskräfte und veröffentlichte zahlreiche Bücher und Zeitschriftenartikel. Er ist Gründungsmitglied der Gesellschaft für Qualitätswissenschaft und Ehrenmitglied der Deutschen Gesellschaft für Qualität. Für die Arbeiten am Lehrstuhl Qualitätswissenschaft der TU Berlin erhielt er mit einem seiner wissenschaftlichen Mitarbeiter den EUROPEAN QUALITY AWARD für Spitzenforschung, für seine Gesamtleistung das Bundesverdienstkreuz 1. Klasse.

## Autoren

Prof. Dr.-Ing. Walter Geiger
studierte zuerst Allgemeine Elektrotechnik und dann Hochfrequenz- und Fernmeldetechnik, letztere an der TH München, wo er auch promoviert wurde. Nach sechs Jahren Entwicklungstätigkeit war er zehn Jahre Leiter des Qualitätswesens eines in unterschiedlichen Bereichen des Maschinenbaus und der Elektrotechnik tätigen Unternehmens, zwölf weitere Jahre Leiter einer zentralen Stabsabteilung Qualitätswesen in einem großen Unternehmen. Seit 1982 ist er beratender Ingenieur für das Spezialgebiet Qualitätsmanagement. Seine besonderen Aktivitäten galten der nationalen und internationalen Vereinheitlichung von Verfahren und Begriffen auf diesem Gebiet. Von 1972 bis 1987 hielt er zum Fachgebiet Qualitätslehre Vorlesungen an der Universität Hannover. Seit 1994 ist er Ehrenmitglied der DGQ.

Andreas Gerecke
Dipl.-Ing., ist seit 2000 bei Busch-Jaeger Elektro in Lüdenscheid tätig und seit Januar 2006 als Geschäftsführer. Zu seinem Verantwortungsbereich gehören Produktion, Einkauf, Logistik, Zentrale Dienste, Qualitäts- und Informationsmanagement. Zuvor war Andreas Gerecke in Diversen Managerfunktionen bei Marktführern unterschiedlicher Branchen tätig.

EDMUND GÖRTLER
war nach dem Studium der Politikwissenschaft in den Bereichen Demographie, Gesundheitsforschung und Arbeitsmarktforschung tätig. Seit 1994 ist er Lehrbeauftragter für empirische Forschungsmethoden und Statistik an den Fachhochschulen in Bamberg, Würzburg und Nürnberg. Edmund Görtler leitet seit 1995 das sozialwissenschaftliche Forschungsinstitut Modus in Bamberg mit den Schwerpunkten Bevölkerungsentwicklung, Mitarbeiter- und Kundenbefragungen sowie Epidemiologie.

FRANK GRAICHEN
Jahrgang 1960, ist Mitglied der Geschäftsleitung der DQS GmbH und verantwortet heute den Bereich Personalmanagement Auditoren mit derzeit ca. 1500 freiberuflichen und festangestellten Auditoren. Nach einem Pädagogikstudium begann er seine Laufbahn bei CECC/CENELEC, einem europäischen Normungs- und Gütebestätigungssystem für Bauelemente der Elektronik, in der Funktion als Liaison Officer und später als stellvertretender Leiter des Generalsekretariates des CECC/ECQAC. 1995 wechselte er zur DQS und übernahm dort zunächst die Leitung der Weiterbildung der DQS-Auditoren. Von 1996 bis 2001 leitete er das Qualitätsmanagement und führte die DQS zu zahlreichen nationalen und internationalen Akkeditierungen.

PETRA LÜCK
Jahrgang 1964, ist seit 1998 Mitarbeiterin der DQS GmbH. Nach dem Studium der Geographie war sie zunächst bei einer Weiterbildungsorganisation mit der Konzeption von Tagungen und Seminaren für Umweltbeauftragte und -auditoren befasst. Als DQS-Produktmanagerin ISO 14001 ist sie für die Gestaltung des DQS-Zertifizierungsverfahrens ISO 14001 verantwortlich. Sie ist Auditorin für ISO 9001, ISO 14001 und AZWV.

Dr. Ing. KLAUS PETRICK
war bis Herbst 2003 Geschäftsführer der DQS GmbH Deutsche Gesellschaft zur Zertifizierung von Managementsystemen. Nach seiner Tätigkeit als wissenschaftlicher Mitarbeiter am Institut für Raumfahrttechnik und seiner Promotion an der TU Berlin betreute er als Angestellter im DIN nationale und internationale Normungsarbeiten zur Akustik und zu Statistik und Qualitätsmanagement. Er war Leiter der deutschen Delegation im ISO/TC 176, das die ISO 9000-Normenreihe erarbeitete. Er engagierte sich in deutschen, europäischen und internationalen Vorhaben und Organisationen zur Einrichtung von Managementsystem-Zertifizierungsverfahren und zur internationalen gegenseitigen Anerkennung von Zertifikaten und war 1998/1999 Präsident von IQNet The International Certification Network. Seine Arbeiten an Veröffentlichungen setzt er in seinem Ruhestand als freier Autor fort.

HEINZ-PETER PAFFENHOLZ
Diplom-Betriebswirt, ist Mitglied des Vorstands der ABB Deutschland und Arbeitsdirektor. Nach verschiedenen Tätigkeiten in der chemischen Industrie mit den Schwerpunkten Business Development, Personal und IT, kam Heinz-Peter Paffenholz 1974 zum Schweizer Elektrotechnik-Konzern Brown, Boveri & Cie. (BBC), der 1988 durch Fusion mit der schwedischen ASEA zur ABB wurde. In verschiedenen Unternehmen des Konzerns - ABB Reaktor GmbH, ABB Stotz-Kontakt GmbH, ABB CEAG Sicherheitstechnik GmbH und Busch-Jaeger Elektro GmbH - übte Heinz-Peter Paffenholz in den Bereichen Unternehmensplanung und Organisation, Personal, Controlling, kaufmännische Leitung und Geschäftsführung unterschiedliche Funktionen aus. Seit 2001 ist Heinz-Peter Paffenholz als Mitglied des Vorstandes der ABB zuständig für den Sektor Automationsprodukte. Außerdem seit 2003 Arbeitsdirektor der ABB Deutschland. Seit 2005 hat er im Bereich Automationsprodukte die Funktion des Regional Division Managers Central Europe inne und verantwortet seit 2006 im Vorstand den gesamten Geschäftsbereich Automation (Prozessautomation, Roboter, Automationsprodukte). Insbesondere während seiner Tätigkeit als Vorsitzender der Geschäftsführung der Busch-Jaeger Elektro GmbH hat Heinz-Peter Paffenholz den Wandel und die Entwicklung des Unternehmens maßgeblich initiiert und gesteuert.

GABRIELE RAUSSE
ist qualifizierte Excellence Assessorin der European Foundation for Quality Management (EFQM) sowie zertifizierte Auditorin der European Organisation for Quality (EOQ). Sie verfügt über mehr als zehn Jahre Audit-Erfahrung sowie über ein umfangreiches Know-how in den Bereichen Marketing und Vertrieb. Bis zu ihrem Einstieg bei BSI NIS ZERT war Rauße seit 1995 bei dem Frankfurter Begutachtungsunternehmen DQS in verschiedenen Positionen beschäftigt, zuletzt als Leiterin des Key Account Managements mit den Schwerpunkten Vertrieb und Projektmanagement für nationale sowie internationale Großkunden. Zuvor war Rauße als Projektingenieurin in der Hauptabteilung Thermische Kraftwerke bei der Ingenieur- und Consulting-Dienstleistungsgruppe Laymeyer International tätig.

Dipl.-Wi.Ing. MARKUS WERCKMEISTER
ist geschäftsführender Gesellschafter der WMC Werckmeister Management Consulting GmbH (www.werckmeister.com) und ist seit 2000 selbstständiger Unternehmensberater. Als Senior Auditleiter der Deutschen Gesellschaft zur Zertifizierung von Managementsystemen (DQS) hat er Management Systeme gemäß ISO 9001 (Qualitätsmanagement), ISO 20000 (IT Service Management gem. ITIL) und ISO 27001 (Informationssicherheit) in namhaften IT-Unternehmen, Dienstleistungsunternehmen, Großhandel and Administration seit 1997 auditiert. Zuvor war Markus Werckmeister in leitenden Positionen bei IT-Dienstleitern in nationalen und internationalen Unternehmen tätig.

MICHAEL WOLF
geboren am 04.04.59 in Olsberg, trat nach dem Studium der Wirtschaftswissenschaften 1987 in die Nixdorf Computer AG ein. Er war/ist für folgende Aufgaben verantwortlich: 1990 Übergang in die Siemens Nixdorf Informationssysteme AG: Initiierung und Umsetzung der ersten Business Reengineering Projekte zur Unternehmenskonsolidierung. 1998 Übergang in die Siemens IT Services GmbH: Aufbau und Umsetzung eines weltweiten Produktivitätssteigerungsprogramms als P&Q Manager 2002 Übergang in die Siemens Business Services GmbH & Co. KG: P&Q-Manager der Global Business mit Product Related Services seit 2006 Übergang in die Fujitsu Siemens Computer IT Services GmbH: Aufbau und Umsetzung eines Managementsystems nach den Normen 9001, 20000 und 27001 mit einer globalen zentralen Governance. M. Wolf ist verheiratet, hat 2 Kinder, ist Reserveoffizier und passionierter Jäger.

# Vorwort

Bevor näher auf die Absicht dieses Buches und seinen Inhalt eingegangen wird, ist eine Vorbemerkung wichtig. Natürlich sind wir uns
bewusst, dass über dieses Thema schon viel geschrieben worden ist.
Trotz und gerade wegen dessen hohen Reife haben sich hier fachlich
führende Köpfe zusammengefunden, um auf hohem Niveau ein
Übersichtswerk über den erreichten Stand der Technik von Managementsystemen und deren Begutachtung zu erstellen – auch über die
Zwecke der Zertifizierung hinaus. Das nach wie vor große Interesse
an dem Umfeld zur Zertifizierung gab uns dazu den Anstoß.

Managementsysteme, hatten wir das nicht schon zur Genüge?
Sind sie nicht schon perfekt und überzeugend eingeführt? Schließlich
ist Deutschland doch seit Jahren ein äußerst erfolgreicher Exporteur.
Ist ein Buch über Managementsysteme und ihr Begutachtung nur
etwas für Führungsnachwuchskräfte, die ihre Karriere im Blick haben
und noch nicht wissen wie es geht?

Die Frauen und Männer an der Spitze haben erreicht, was sie
wollten – mit oder ohne nachgewiesene Managementsysteme. Wenn
ohne, dann werden sie auf ihr persönliches »Managementsystem«
schwören und nichts mehr ändern wollen. Es sei denn, sie wollen ihr
Unternehmen in ihrer großen Verantwortung mit System noch besser
auf die Zukunft ausrichten.

Nachweislich hat ein Managementsystem nur dann den durch-
schlagenden Erfolg, wenn es von der obersten Leitung installiert und
gelebt wird. Darum umwirbt dieses Buch die Damen und Herren der
obersten Ebene, sich gerade wegen ihrer erwiesenen Fähigkeiten zu
führen noch einmal intensiv zu vergewissern, ob der eingeschlagene
Weg nicht doch noch zu verbessern ist – im Prozess der ständigen
Verbesserung.

Managementsysteme müssen sich an ihrem Erfolg messen lassen.
Die absolute Benchmark, die besonders im Blickpunkt steht, da sie

in der Automobilindustrie stattfindet, stammt bekanntlich aus Japan, hier kurz TPS genannt. Vielfach kopiert, aber warum kaum erreicht?

Kopiert worden sind die sichtbaren Bausteine wie Kanban, Just in Time, Lean Production, Qualitätszirkel, kontinuierlicher Verbesserungsprozess u.a., oft nur eins von allem. Begierig wurde erforscht, wie diese Verfahren organisiert werden. Vielfach wurde selektiv ausprobiert. Der durchschlagende Erfolg blieb aber häufig aus. Er musste ausbleiben, da die alle oben genannten Bausteine verbindenden Aspekte die Talente und das Engagement der Mitarbeiter sind. Dieses ist nicht per Knopfdruck wie eine Maschine anzuwerfen oder mit der Erstellung einer Organisationsanweisung abzutun.

Zu der übrigens reich vorhandenen Fach- und Methodenkompetenz scheint bei vielen auf kurzfristigen Erfolg getrimmten Unternehmensleitern die Sozialkompetenz zu kurz zu kommen, oder es fehlt an Geduld und Beharrlichkeit für die Gewinnung der Mitarbeiter.

TPS wurde zu Zeiten des Arbeitskräftemangels entwickelt. Es bei Personalüberhang nachzuahmen ist ein großes Handicap, aber nicht unmöglich mit Erfolg zu realisieren. Umsogrößer sind die Chancen in Zeiten der wirtschaftlichen Erholung. Jetzt lassen sich schlanke Strukturen ohne schmerzhafte Maßnahmen an Mitarbeitern einziehen, sofern die Qualität der Prozesse zur Vermeidung von Blind- und Fehlleistung im Focus steht.

Um im Globalisierungsprozess teilzunehmen, ist es verständlich, dem Kostendruck durch Verlagerung von lohnintensiver Arbeit in Länder mit niedrigeren Löhnen auszuweichen. Da scheint alles überschaubar und kalkulierbar, mit dem gesunden Menschenverstand begreifbar. Man benötigt einen Partner, Genehmigungen, Transportwege, Maschinen und Geräte u.s.w. Es wäre doch gelacht, wenn das nicht klappt. Ein bisschen Risiko macht es höchstens spannend, schließlich ist man Unternehmer.

Aber Vorsicht, die Overhead-Kosten können steigen, die Logistik ist problematisch, die Arbeitskräfte werden bald mehr fordern, die Qualität ist vielleicht nicht Spitze. Das kalkulierte Risiko entpuppt sich als unkalkulierbar. Mit einem dem hohen deutschen Leistungsvermögen angepassten Managementsystem wäre der Umweg in ein »Niedriglohnland« nicht nötig gewesen. Signifikantes Beispiel für die Richtigkeit ist das bekannte PPS aus Zuffenhausen (bei der Abkürzung soll es in Analogie zu TPS bleiben.)

In diesem Buch vorangestellt ist der wichtige Beitrag über die *Verständigung über Managementsysteme* im Allgemeinen. Was dazu aus bestehenden Normen zu Managementsystemen für spezifische Aufgaben (wie den Normen zum Qualitätsmanagementsystem) nutzbar ist, wird ebenso betont wie die Notwendigkeit, begriffliche Klarheit als Voraussetzung für das richtige Verstehen zu schaffen. Prof. Dr.-Ing. Walter Geiger hat mit der ihm eigenen systematischen Analytik den gegenwärtigen Zustand betrachtet. Wie ein guter Qualitätsmanager mahnt er zugleich konkrete Verbesserungen an und trägt damit zur Klarheit und zum Verständnis bei.

In ihrem Beitrag *Der Weg zur Zertifizierung eines Managementssystems* geben Dr.-Ing. Klaus Petrick und Dipl.-Pädag. Frank Graichen, aus einem riesigen Erfahrungsschatz heraus, äußerst wertvolle Hilfen für den Tag, da der Auditor vor der Tür steht oder schon im Hause ist und die Zertifizierung mit großem Gewinn für das Unternehmen erreicht werden soll. Dazu gehört ganz besonders die klare Zielsetzung auf *das* Zertifikat, das die jeweilige Organisation (Unternehmen, Institution, Dienstleistung, Behörde etc.) optimal vertrauensbildend repräsentiert. Weiter zeigt Klaus Petrick in seinem Beitrag *Argumente für Managementsysteme und deren Zertifizierung,* wer in Markt und Staat Forderungen an Managementsysteme, an Produkte und Personen stellt und welcher Art diese Forderungen sind. Er weist auf die mittlerweile große Zahl von übergreifenden und branchenspezifischen Normen und Regelwerke hin. Diese sind relevant für Begutachtungsverfahren und dienen als Grundlage für Zertifikate sowie für Exzellenznachweise.

Frau Dipl.-Geogr. Petra Lück weist überzeugend auf die Chancen hin, die in der harmonisierten Verknüpfung verschiedener Managementsysteme innerhalb eines »integrierten Managementsystem« und in dessen kombinierter Begutachtung liegen. Sie erläutert in ihrem

Beitrag *Gründe für die Zertifizierung,* welchen Weg Unternehmen über die Zertifizierung hinaus zu Darlegung ihrer Exzellenz gehen können.

Einen hohen Stellenwert für Erfolg oder Misserfolg hat die Kompetenz der Auditoren. Hier werden Sozial-, Methoden- und Fachkompetenz in idealer Weise wirksam. Frank Graichen stellt im Beitrag *Forderungen an die Fähigkeit von Auditoren* die Spannweite eines Auditors als Prüfer auf der einen Seite zum Partner auf der anderen Seite dar.

Wichtige Prozesse und Verfahren schriftlich zu dokumentieren, ist zwar aufwändig und mitunter lästig. Aber eine ausgewogene Dokumentation führt zu großen Vorteilen, sei es bei der Einarbeitung neuer Mitarbeiter, beim Weggang eines Wissensträgers oder beim systematischen Aufspüren von Verbesserungspotenzialen. Welche wertvolle Rolle das *Managementhandbuch zur Dokumentation der Prozesse* spielt und wie man es schreibt, schildert Gabriele Rauße in ihrem Beitrag.

Wie positioniert sich mein Unternehmen in der Öffentlichkeit? Kunden und Mitarbeiter wissen die Antwort, wenn man sie befragt. Dipl.-Politol. Edmund Görtler zeigt in *Kunden- und Mitarbeiterbefragungen im Vorfeld des Audits* die Bedeutung einer erfahrungsgetragenen Befragungskonzeption für die Gewinnung von Innovations- und Kreativpotenzial auf.

Die vorgestellten Gebiete finden abschließend ihre Darstellung in zwei Managementsystemen in großer Vollendung. Busch-Jaeger *(Excellenz durch Begeisterung für die Marke)* stellt sich als bodenständiges deutsches Unternehmen in einem internationalen Konzern dar, das neben Zertifikaten auch Exzellenzauszeichnungen erhielt. Fujitsu Siemens Computers *(Einführung eines länderübergreifenden Managementsystems)* agiert global mit einem zentral geführten Managementsystem, das durch einen ebenfalls global agierenden Zertifizierer begutachtet wird und für das aufeinander abgestimmte Zertifizierungen verwirklicht werden.

Wie machen die das? Aber lesen sie selber.

Gerd Kamiske

# 1 Verständigung über Managementsysteme

**Nationale und internationale Normung sorgen immer wieder für Missverständnisse durch irreführende Benennungen oder Streichungen unentbehrlicher Begriffe. Warum die Auseinandersetzung mit Grundbegriffen für die Verständigung über Managementsysteme so wichtig ist, zeigt diese kritische Einführung.**

**In diesem Beitrag erfahren Sie:**
- eine kritische Einführung in die Terminologie zu Managementsystemen und ihrer Dokumentation,
- warum die Teilaufgabe Qualitätsmanagement den Schwerpunkt des Managementsystems bildet, auch rechtlich,
- die Systematik der Dokumentation.

WALTER GEIGER

## 1.1 Grundlagen zum Managementsystem

### 1.1.1 Managen, Management und Manager in der Gemeinsprache

Diese Titelbegriffe sind vielfältige Homonyme, sie haben also jeweils mehrere Bedeutungen. Zwar sind es mittlerweile vollständig eingedeutschte Wörter, aber man tut gut daran, sich in der Ursprungssprache über diese Homonymien zu orientieren. In [1] wird klar, dass der Kernbegriff das Tätigkeitswort »managen« ist. Es lohnt sich für das Verständnis eines Managementsystems, dessen sieben Bedeutungen aufmerksam zu betrachten. Sie sind nachfolgend ins Deutsche übersetzt:

---

**managen =**

1     etwas herbeiführen, beim Schaffen erfolgreich sein, etwas bewerkstelligen, zuwege bringen;

2a    etwas übernehmen, beaufsichtigen;

2b    die Karriere oder das Rollenspiel gestalten (z. B. eines Künstlers);

3     beherrschen oder beeinflussen durch Takt, Schmeichelei oder List (z. B. ein schwieriges Kind);

4     während einer Tätigkeit oder Anwendung überwachen (z. B. ein Boot im Sturm);

5     Verantwortung für oder Aufsicht über ein Unternehmen haben;

6     arbeiten, zurechtkommen (z. B. ohne Auto).

---

*Managen* bedeutet also im weitesten Sinn jegliche absichtsvoll zielgerichtete menschliche Tätigkeit auf allen Gebieten der Aktivitäten des Menschen.

Wesentlich ist weiter, dass *Management* im Englischen nicht nur die Bedeutung des Managens hat. Es bedeutet auch »Geschick im Managen« sowie »Führungsqualität« und meint zudem die Personen, die Management betreiben, also die Manager.

Normung hat die Aufgabe der »planmäßigen, durch interessierte Kreise gemeinschaftlich durchgeführten Vereinheitlichung von materiellen und immateriellen Gegenständen zum Nutzen der Allgemeinheit« [2]. Sie besteht in Tätigkeiten »zur Erstellung von Festlegungen für die allgemeine und wiederkehrende Anwendung, die auf aktuelle oder absehbare Probleme Bezug haben und die Erzielung eines optimalen Ordnungsgrades in einem gegebenen Zusammenhang anstreben« [3, 4].

Wichtige immaterielle Gegenstände sind auch diejenigen zur Verständigung zwischen Menschen, insbesondere auf Fachgebieten. Das sind Begriffe.

International ist der Begriff Management in [5] genormt. Er meint Tätigkeiten:

**Management** = aufeinander abgestimmte Tätigkeiten zum Leiten und Lenken einer Organisation

**Anmerkung:** Wenn sich die Benennung »Management« auf Personen, das heißt eine Person oder eine Personengruppe mit Befugnissen und Verantwortung für die Führung und Lenkung einer Organisation bezieht, sollte sie nicht ohne eine Art Bestimmungswort verwendet werden, um Verwechslungen mit dem definierten Begriff Management zu vermeiden. Beispielsweise ist die Formulierung »Das Management muss ...« abzulehnen; während »die oberste Leitung muss ...« annehmbar ist.

Damit ist versucht, das in vielen Sprachen gleich lautende Wort »Management« zu vereinheitlichen. Es ist nämlich sowohl nach [6] als auch nach [7] – wo Management als Schlüsselbegriff ausführlich behandelt ist – ein Homonym, etwa gemäß Bild 1:

Abb. 1:    *Die wichtigsten homonymen Bedeutungen des Wortes »Management«*

Der Kasten über dem Bild 1 zeigt: International hat man sich beim Management in [5] nicht für eine einzige Bedeutung entscheiden können. Die Definition spricht einerseits mit dem »Lenken« auch die Bedeutung 1 aus Bild 1 an, mit dem »Leiten« indessen zweifelsfrei die Bedeutung 2. Zur Bedeutung 3 macht die ANMERKUNG den Vorschlag, ein Bestimmungswort zu »management« anzuwenden. Als Beispiel wird die Benennung »top management« angegeben. Sie hat im Deutschen den Namen »oberste Leitung« und in [5] die Definition »Person oder Personengruppe, die eine Organisation auf der obersten Ebene leitet und lenkt«.

Die nicht durch Vereinheitlichung beseitigte homonyme Vieldeutigkeit des Begriffs Management nach Bild 1 kann Quelle ernsthafter Verständigungs–Schwierigkeiten bei Planung und Betrieb eines Managementsystems sein. Darauf sollte sich jedermann einstellen, der sich mit Managementsystemen befasst. Beispielsweise gibt es immer noch »oberste Leitungen«, die überzeugt sind, Management sei allein ihre ureigenste Aufgabe, allenfalls im Teamwork mit einem »oberen Führungskreis«.

## 1.1.2 Die Tätigkeit

Jedenfalls aber ist klar: Normativ bedeutet Management immer Tätigkeiten. Deshalb sollte man wissen, was eine Tätigkeit ist. Für einen Entwurf von [5] war eine sehr gute, abstrakte Definition vorgeschlagen worden. In [5] selbst wurde sie dann aber nicht aufgenommen. Deshalb durfte sie in [8] eingereiht werden. Dort lautet sie:

**Tätigkeit (engl.: activity) =** Verändern des Zustandes einer Einheit

**Anmerkung:** Tätigkeiten von Personen können auch »Handlung« genannt werden.

Dieser Begriff für alles Managen in einem Managementsystem ist Oberbegriff für ein wichtiges Begriffsteilsystem für Managementsysteme. Es ist im Bild 2 dargestellt:

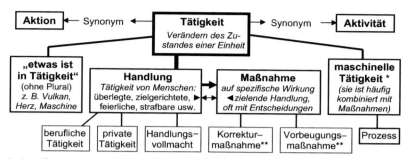

* im umfassenden Sinn sind hier nicht nur die Tätigkeiten von Maschinen gemeint, sondern auch die von chemischen Substanzen, von Organismen usw.     ** siehe [19] Kapitel 14

Abb. 2:     *Benennungen, Synonyme und Unterbegriffe zum Grundbegriff Tätigkeit*
*Anmerkung: Angesichts der komplexen Zusammenhänge der Tätigkeitsbegriffe gemäß*
*Bild 2 ist es für das Verständnis der Zusammenhänge kontraproduktiv, dass es immer*
*mehr in Mode kommt, klärungsbedürftige Grundbegriffe aus Terminologienormen mit*
*der Begründung zu entfernen, sie seien ja allgemein bekannt.*

In der Definition des Begriffs Tätigkeit tauchen zwei andere Grundbegriffe auf: Zustand und Einheit. Jeder Begriff ist, wie auch das Bild 2 zeigt, mit anderen verwandten Begriffen in irgendeinem Begriffsteilsystem vernetzt. Diese verwandten Begriffe sollte man genauso gut verstehen. Bevor auf solche weiteren Begriffe eingegangen wird, empfiehlt es sich hier allerdings grundsätzlich, weiter auszuholen. Dabei steht wiederum der Tätigkeitsbegriff im Mittelpunkt.

### 1.1.3 Was man tut, fängt im Kopf an

Schon vor 2500 Jahren hat Konfuzius (551 bis 479 v. Chr.), damals als Geistesgröße bereits weithin bekannt, dem einflussreichen Fürsten Wei eine bemerkenswerte Antwort gegeben. Dieser hatte ihn gefragt: »Wenn dich der Fürst von Wei bitten würde, die Regierung zu übernehmen, was würdest du zuerst beginnen?«. Die Antwort lautete: »Zuerst müssen die Begriffe richtig bestimmt werden. Wenn die Begriffe nicht richtig bestimmt sind, stimmen die Aussagen nicht mit den Tatsachen überein; wenn die Aussagen nicht mit den Tatsachen übereinstimmen, sind die Geschäfte schlecht zu führen; wenn die Geschäfte schlecht zu führen sind, gedeiht keine Ordnung und Harmonie; wenn keine Ordnung und Harmonie gedeiht, wird Gerechtigkeit zur Willkür; wenn Gerechtigkeit zur Willkür wird, weiß das Volk nicht, wohin Hand und Fuß setzen«. Diese Antwort charakterisiert die Bedeutung von Begriffen für die Gedeihlichkeit des Zusammenlebens von Menschen in großen Gemeinschaften.

Der wegen seiner Gedankenschärfe weltweit anerkannter Analytiker des beginnenden 19. Jahrhunderts, Carl von Clausewitz [9], formulierte schärfer, worauf es bei Strategie und Taktik ankommt; zwar nicht für Strategie und Taktik des Managements, aber für dieses gilt (auch nach [10]) ohne Unterschied, was er sagt:

»Das erste Geschäft einer jeden Theorie ist das Aufräumen der durcheinander geworfenen und, man kann wohl sagen, sehr ineinander verfilzten Begriffe und Vorstellungen; und erst, wenn man sich über Namen und Begriffe verständigt hat, darf man hoffen, in der Betrachtung der Dinge mit Klarheit und Leichtigkeit vorzuschreiten, darf man gewiss sein, sich mit dem Leser immer auf demselben Standpunkt zu befinden. Taktik und Strategie sind zwei in Raum und Zeit sich einander durchdringende, aber doch wesentlich verschiedene Tätigkeiten, deren innere Gesetze und deren Verhältnis zueinander schlechterdings nicht deutlich gemacht werden können, ohne ihren Begriff genau festzustellen«.

Dieser Analytiker ging aber noch einen entscheidenden Schritt weiter. Er hatte nämlich erkannt, dass sehr viele Menschen weder das Bedürfnis noch die Begabung haben, ihrem Tun (das dennoch in ihrem Kopf anfängt) klare terminologische Grundlagen geben zu wollen. In sehr liebenswürdiger Weise spricht er ein in unserer sich der Globalisierung immer näher rückenden Welt überaus ernstes Problem an und fährt unmittelbar hinter dem obigen Zitat wie folgt fort:

»Wem dies alles nichts ist, der muss entweder gar keine theoretische Betrachtung gestatten, oder seinem Verstande müssen die verworrenen und verwirrenden, auf keinen festen Punkt gestützten, zu keinem ruhigen Resultat gelangenden, bald platten, bald phantastischen, bald in leerer Allgemeinheit schwimmenden Vorstellungen noch nicht weh getan haben«.

Jene, denen die beschriebenen Begriffsunklarheiten »nicht wehtun«, haben für möglichst eindeutige Begriffe im Rahmen einer durchgängigen Begriffssystematik wenig Sinn. Das hat Carl von Clausewitz wohl als erster so deutlich erkannt und formuliert. [29]

### 1.1.4 Das Basisproblem der Bedeutung abstrakter Begriffe für die Gestaltung eines Managementsystems

Die für Managementsysteme erforderliche Abstraktion ist nicht so hoch wie z. B. für die (heute mögliche) astrophysikalische Beschreibung dessen, was in der über 24 Größenordnungen der Zeit hinweg zwischen dem Alter $10^{-24}$ Sekunden und einer Sekunde seit dem Urknall geschah. Andererseits geht aber der für das Verstehen, Leiten und Lenken eines Managementsystems nötige Grad der Abstraktion über den bekannten Abstraktionsgrad des Begriffs Tisch hinaus. Dieser besteht darin, dass ein Tisch unabhängig davon als Tisch begriffen wird, ob er Ecken hat oder rund ist, wie viele Beine er hat, mit welcher Farbe er angestrichen ist usw. Ungleich größer als bei diesen Tischmerkmalen ist bereits die Merkmalsliste zum unentbehrlichen Begriff Einheit, also für den materiellen oder immateriellen oder kombinierten Gegenstand der Betrachtung.

Wegen dieser, bei Betrachtung eines Managementsystems im Interesse einer wirtschaftlichen Gestaltung unabdingbaren Abstraktion wäre es sehr wichtig, dass es für Managementsysteme internationale und nationale Normungsgremien gibt. Sie sollten ein leistungsfähiges Unterkomitee für Terminologie haben. In dieses sollten ausschließlich solche Vertreter aus Wirtschaft und Behörden entsandt werden, die für das erforderliche abstrakte Denken befähigt sind. Für Qualitätsmanagementsysteme gibt es zwar ein internationales wie auch ein nationales Normungsgremium, aber leider sind dort für das Terminologiegremium diese Mitarbeiter nicht in ausreichender Anzahl gefunden worden. Das erst Problem aber bleibt das möglicherweise normungspolitisch gewünschte Nichtvorhandensein eines übergeordnet arbeitenden Normungsgremiums für Managementsysteme.

> Die EFQM als nicht für Normung zuständige Organisation mit dem Ziel, europäische Qualitätsmanagementsysteme weltweit konkurrenzfähig zu machen, kann ihren Zweck und Anwendungsbereich selbst wählen, trotz der klaren Bedeutung der beiden Buchstaben »QM« ihres Namens. Sie erkannte, dass es auf das Managementsystem als Ganzes ankommt. Mit ihren neun Schlüsselelementen spricht sie fast das Gleiche an wie die acht so genannten »Qualitätsmanagementgrundsätze« von ISO/TC 176. Sie betrachtet Managementsysteme als Ganzes und vermeidet zunehmend das Wort »Qualität« in ihren Publikationen, auch im Namen der von ihr vergebenen Preise für Excellence, die früher ebenfalls »Qualitätspreis« hießen, und z. T. auch jetzt noch so heißen.

Auch [11] ist übrigens nicht durch ein solches Gremium erstellt, sondern ist eine Ergänzung der ISO/IEC Directives.

Aber selbst wenn es ein solches Gremium gäbe, wäre das in diesem Abschnitt behandelte Problem nicht beseitigt. Will man nämlich für ein so komplexes System wie ein Managementsystem das für dessen wirtschaftliche Realisierung unabdingbare Begriffssystem schaffen – und die Notwendigkeit dafür wurde anlässlich einer Vollsitzung des ISO/TC 176 eindruckvoll bestätigt –, so ist das ohne Befähigung zu abstraktem Denken nicht zu bewältigen. Drei Beispiele zeigen den Grund dafür:

### Beispiel 1: Das System

Das System war wie im folgenden Kasten definiert und sollte auch weiterhin so definiert bleiben. Weil aber neuerdings entsprechend der erwähnten modischen Entwicklung in [5] der Grundbegriff Einheit ersatzlos gestrichen wurde, ließ man den Nebensatz der Definition weg, und damit fehlt ein ganz wesentlicher Bestandteil des Begriffs für seine zweckmäßige Handhabung.

> **System (engl.: system)** = Satz von in Wechselbeziehung oder in Wechselwirkung stehenden Elementen, die als Ganzes eine Einheit bilden

**Beispiel 2: Die Einheit**

Die obige Definition des Systems gilt für natürliche und für Managementsysteme. Jedes System ist eine *Einheit*. Dieser Begriff war durch die Deutsche Gesellschaft für Qualität (DGQ) seit ihren ersten, 1961 veröffentlichten terminologischen Erläuterungen definiert, ab 1979 wie folgt, wenn auch ohne das kombinierte Element:

> **Einheit (engl.: entity)** = materieller oder immaterieller oder aus materiellen und immateriellen Komponenten kombinierter Gegenstand der Betrachtung

Nach [12], den terminologischen Vorgänger von [5], wurde dieser Begriff erst 33 Jahre später übernommen, 15 Jahre nach Gründung des ISO/TC 176. Bild 3 zeigt:

Es gibt fünf Arten von Einheiten, zu denen man natürlich sehr viel mehr sagen könnte, als dies im Bild 3 geschehen ist. Welch enorme Bedeutung die beiden unteren Kästen haben, vor allem der unterste, erklärt sich aus den Texten dort von selbst. Zu beiden Kästen kann man wieder feststellen: Ohne abstraktes Denken geht es nicht.

In [12] wollte man entgegen den nationalen Vorschlägen den indirekten Hinweis darauf, dass es nicht nur materielle Einheiten gibt, nicht übernehmen. Man sagte nur noch »*Einheit = das, was einzeln beschrieben und betrachtet werden kann*«.

Dass dann bei der Arbeit zur Vorbereitung von [5] selbst diese Definition ersatzlos gestrichen wurde, hat wiederum mit dem Problem zu tun, das Carl von Clausewitz [9] aufgezeigt hat. Vertreter aus mehreren Ländern stritten sich bei dieser Vorbereitung um die englische Benennung: entity, item oder object? Sie konnten sich nicht einigen. Sie hielten es für die beste Lösung, diesen Begriff abzuschaffen. Sie wussten nicht, dass der Basisbegriff Einheit schon oft als die »Inkarnation der Branchenunabhängigkeit der Grundgedanken zu Managementsystemen« bezeichnet worden ist. Diese abstrakte Universalität des Begriffs Einheit war auch lange Zeit ein Kennzeichen für das ISO/

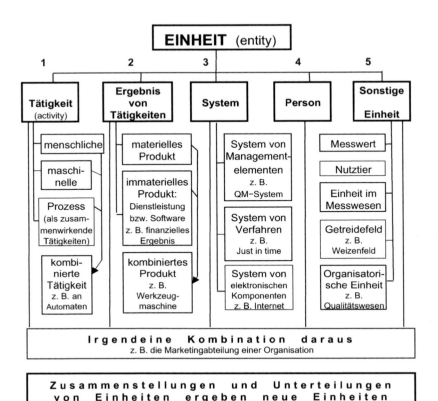

*Die Arten von Einheiten nach [12]*

TC 176, aber das ist dort inzwischen in Vergessenheit geraten. Wie wichtig dieser Begriff für die Globalisierung ist, für das dabei unabdingbare abstrakte Denken, war denen, die sich über die Benennung stritten, Nebensache. Andernfalls hätten sie sich auf eine Benennung geeinigt. Der Begriff hätte Vorrang gehabt. Benennungen sind ohnehin nicht das Entscheidende, sondern jeweils die Definition.

Obwohl sonst über zu lange Definitionen sehr geschimpft wird: Hier hat man es hingenommen, dass dies wegen des Wegfalls des Grundbegriffs Einheit vielfach geschah. In Definitionen, in denen der Begriff Einheit vorkam, wurde er nun nämlich (weil er nicht mehr vorhanden war) ersetzt durch eine Beispielaufzählung möglicher Einheiten. Das ergab dann einen jeweils vielfachen »Ersatz–Umfang«. Meist wurde als Ersatz »Produkt, Prozess oder System« gewählt. Dieser Ersatz war allerdings beim zweiten Teil der Definition des Begriffs System (siehe Beispiel 1) nicht möglich. Es wäre Unsinn entstanden. Aber auch da fand man eine ausgleichende Lösung: Man ließ einfach diesen zweiten Definitionsteil ersatzlos weg. Dass damit die Aufforderung an die Anwender dieser Definition zur jeweiligen Abgrenzung des betrachteten Systems wegfiel, störte offensichtlich überhaupt nicht. Man redete zwar gerne und viel von Systemen und Prozessen. Kaum je aber wurde vor wichtigen Entscheidungen das betrachtete System oder der betrachtete Prozess abgegrenzt, damit diese Abgrenzung für alle betreffenden Entscheidungen bekannt ist.

Weil in den ersatzweisen Beispielaufzählungen in zahlreichen Definitionen nun die Einheit Person fehlte, gab es auch Verständnisprobleme, konkret z. B. beim oft auf Personen bezogenen Begriff Fähigkeit. Das ließ man aber offen oder stufte es als terminologische Spitzfindigkeit ein, auf die man nicht einzugehen brauche.

**Beispiel 3: Die Tätigkeit**

Die bei Vorbereitung von [5] so aussichtsreiche Entwicklung einer abstrakten, einfachen Definition führte schließlich zu dem in 1.1.2 wiedergegebenen Resultat der nationalen Normung. Das wurde möglich, weil der Begriff schließlich doch nicht in [5] aufgenommen wurde. Nach der Logik jener, deren Denken sich weniger um die Notwendigkeit und den Nutzen abstrakter Begriffe drehte, war die nationale Weglassung des Grundbegriffs Tätigkeit durchaus berechtigt: Die in der Definition vorkommenden beiden anderen Grundbegriffe waren ja in [5] noch nicht oder nicht mehr vorhanden (Zustand und Einheit). Hätten die Parteigänger des scharfsinnigen Erfinders der für Managementsysteme leicht erkennbar unentbehrlichen Definition des Oberbegriffs Tätigkeit gemäß 1.1.2 die Mehrheit besessen, wäre die Lösung überdies wesentlich schwieriger gewesen: Man hätte sich ja nicht nur auf eine englische Benennung für den Basisbegriff Einheit einigen müssen. Zudem hätte man den in der internationalen terminologischen Normung bisher unbekannten Begriff Zustand definieren müssen. Dafür gibt es im deutschen Normenwerk (in [13]) zwar seit Jahrzehnten ein überaus einleuchtendes Vorbild, bestehend in der Definition

**Zustand =** Beschaffenheit im Augenblick der Betrachtung

aber es wären international neue Schwierigkeiten entstanden. Es war nämlich trotz der großen Bedeutung des Begriffs Beschaffenheit für das Management bisher nicht möglich, eine englische Benennung für diesen Begriff einvernehmlich zu verabschieden. Zwar war vielfach »nature« im Gespräch, und das wäre wegen der Übereinstimmung der Bedeutung mit der englischen Gemeinsprache auch eine gute Lösung gewesen. Aber darauf konnte man sich wiederum nicht einigen. Deshalb gibt es den Grundbegriff Beschaffenheit international auch weiterhin nicht. Siehe dazu auch 1.2.

Jene, die bei Streitigkeiten über Benennungen oder andere Details eines Begriffs dessen Streichung aus der Norm als Lösung ansehen, hatten international Erfolg. Deshalb fehlen jetzt die Grundbegriffe Einheit, Beschaffenheit, Tätigkeit und Zustand.

## 1.1.5 Die nationalen terminologischen Beeinträchtigungen

National gibt es die sehr sinnvolle Vereinbarung, dass solche international fehlenden Begriffe national festgelegt werden sollten und dürfen. Deshalb hat [8] den Untertitel »Ergänzung zu DIN EN ISO 9000:2000-12«. Das ist mit den ersten drei der genannten vier Begriffen in [8] auch gelungen. Den vierten Begriff Zustand findet man allerdings bereits in der seit 1990 geltenden nationalen Norm [13].

Dass dann ein Vertreter der nationalen Normung neuerdings auch noch mit seinem Vorschlag zum Zuge kam, den wegen seiner Unabdingbarkeit bereits besprochenen Begriff Tätigkeit in [8] ersatzlos zu streichen, brachte zusätzliche Probleme mit sich. Die Begründung für die Streichung war zunächst sehr einfach und einleuchtend: Das sei ein ohnehin allgemein bekannter Begriff und deshalb nicht normungswürdig. Überdies hatte schon bei der erstmaligen Einführung der Definition ein anderer Mitarbeiter ohne Sinn für Abstraktion betont, diese Definition »das, was den Zustand einer Einheit verändert« sei leicht nachweisbar falsch. Das sehe man schon an den speziellen Tätigkeiten Ermittlung und Prüfung. Es sei doch zu erkennen, ja sogar wünschenswert, dass durch diese Tätigkeiten die geprüfte Einheit gerade eben nicht verändert würde. Sogar wissenschaftlich klang diese Begründung, als dieser Vertreter vorsorglich auch die Fälle des Wirksamwerdens der Unschärferelation anführte. Diese besagt bekanntlich, dass in der Mikrophysik bei sehr kleinen Einheiten, die paarweise voneinander abhängen, bei Ermittlungen an der einen Änderungen an der anderen Einheit physikalisch unausweichlich sind. Heisenberg hatte sie entdeckt.

Der Vertreter erhielt deshalb mehrheitlich Zustimmung. Der Grundbegriff Tätigkeit (und damit effektiv das ganze Begriffsteilsystem gemäß Bild 2) wurde für die noch ausstehende zweite nationale Entwurfsfassung 2007 von [8] gestrichen. Wenn es ihm gelingt, die Einsprüche dagegen zu Fall zu bringen, hat er endgültig Erfolg.

Damit passierte Ähnliches wie bei der Streichung des Begriffs Einheit. Dort war bei der Definition des Begriffs System (siehe oben Beispiel 1) durch die Streichung des Nachsatzes »die als Ganzes eine Einheit bildet« der Hinweis verschwunden, dass ein System stets für seine Betrachtung abgegrenzt werden sollte. Hier wurde nun sogar der Begriff Tätigkeit beseitigt, der mit seiner Definition den Hinweis gab, dass man bei einer Tätigkeit stets die Einheit kennen (und ggf. suchen) sollte, deren Zustand verändert wird. Diese Einheit ist z. B. bei einer Ermittlung nicht die untersuchte Gesteinsprobe, deren Erzgehalt ermittelt wird. Es ist vielmehr eine Information, nämlich das Wissen über die Gesteinsprobe. Nur wenn man das verstanden hat, kann man systematisch die Frage stellen, ob das Ergebnis der Ermittlung das ergab, was man wissen wollte. Oder anders ausgedrückt: Nur wenn man diese veränderte Einheit erkannt hat, kann man die Einzelforderungen an diese Einheit bezüglich der verlangten Änderungen dieser Einheit stellen. Weil das so wichtig ist für alle Tätigkeiten der Ermittlung und der Prüfung, gibt Bild 4 eine Veranschaulichung dazu:

Entsprechendes gilt für die Prüfung: Inwieweit die Forderung an den betreffenden Prüfling erfüllt ist, das ist ein gefordertes Wissen über das Untersuchungsobjekt (siehe Bild 4). Vor der Prüfung wusste man dies nicht. Das Wissen über das Untersuchungsobjekt hat sich also durch die Tätigkeit Prüfung verändert.

Auch bei vielen anderen Tätigkeiten im Managementsystem ist es nützlich, sich zu fragen: Welche Einheit wird durch diese Tätigkeit verändert? Erst dann erkennt man gegebenenfalls, welche Forderung

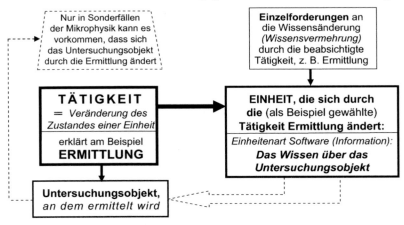

Abb. 4:    *Veranschaulichung der geänderten Einheit bei der Tätigkeit Ermittlung*

an diese Einheit besteht oder festgelegt werden sollte im Hinblick auf die erwartete oder verlangte Veränderung dieser Einheit.

Es gibt Mitarbeiter in Terminologiegremien, welche diese für Managementsysteme vorzugebenden Denkmöglichkeiten für «überflüssig« halten und für ihre Beseitigung plädieren. Fast von Glück kann man noch sprechen, wenn sie »nur« die ersatzlosen Streichungen solcher Grundbegriffe durchsetzen. Sie finden nämlich oft auch Gelegenheit, in bislang gute Definitionen neue Missverständnismöglichkeiten einzubauen.

⇨ *Hinweis 1:* Beispiel dafür ist ein schlimmer neuer Begriff für die Erbringung einer Dienstleistung. Normativ festgelegt wird er sich verheerend auf Effektivität und Effizienz von Dienstleistungen und deren Erbringung auswirken, zumal er in einem Managementsystem auch für interne Dienstleistungen gilt. Diese neue Definition für die Erbringung einer Dienstleistung hat nämlich aus philosophischen Gründen eine bisher unumstrittene, praktisch unabdingbare Unterscheidung vollständig aufgegeben: Die zwischen den vom Lieferanten der Dienstleistung selbst zu deren Erbringung durchzuführenden Tätigkeiten auf der einen Seite und den durch den Abnehmer (Kunden) zur Vervollständigung der Dienstleistung nötigen ergänzenden Tätigkeiten auf der anderen Seite. Ist die kundenseitige Tätigkeit der Vervollständigung der Dienstleistung und deren Planung durch den Erbringer der Dienstleistung erst einmal terminologisch beseitigt, wird das Verständnis für die Systematik der Erbringung von Dienstleistungen für die beiden an der Schnittstelle tätigen Partner wesentlich beeinträchtigt sein. Wer Solches in einer Situation normativ fixiert, in der sich das gleiche Problem auch bei materiellen Produkten beträchtlich ausweitet und dafür ebenfalls gelöst werden sollte, erzeugt eine groteske terminologische Fehlleistung: Wer im Karton ein kleines Möbelstück oder eine Ergänzungsteil für seine Küche kauft und es selber montieren will, benötigt dazu nicht nur eine hervorragend geplante Montageanweisung durch den Lieferanten des noch nicht fertigen materiellen Produkts. Zudem zeigt sich, dass auch die lieferantenseitige Erstellung eines solchen durch den Käufer zu vervollständigenden »Halbfertigprodukts« auf diese Vervollständigungstätigkeiten des Kunden ausgerichtet werden muss. Kaum zu glauben sind nämlich die schon jetzt existierenden gravierenden Unterschiede der betreffenden Planungsergebnisse des Lieferanten für diese kundenseitigen Vervollständigungstätigkeiten.

⇨ *Hinweis 2:* Überdies wurde bei der Neufassung des Begriffs erstmals auch die in sich widersprüchliche Benennung »Dienstleistungsergebnis« verwendet. Jedermann erkennt in einfachster Weise, dass die Dienstleistung selbst Ergebnis der Erbringung einer Dienstleistung ist. Man lese dazu erneut den zweiten Kasten unter 1.1.3.

Herausgestellt sei aber auch: Wer solche Streichungen erforderlicher abstrakter Begriffe betreibt, ist andererseits oft ein erfolgreicher Praktiker und Rationalisierer. Solche Streichungen führen ja ebenfalls zu Terminologienormen geringeren Umfangs. Die Aufblähung einiger Definitionen wegen Fehlens von Grundbegriffen wird dabei als belangloser Schönheitsfehler der Rationalisierung betrachtet.

Nur wenn das hier mit Vorbedacht wegen der Folgen für systematische Betrachtungen ausführlich geschilderte Wirken von solchen Rationalisierern und die zugehörigen Ursachen deutlich werden, bestehen Chancen, dass das für die Realisierung von komplexen Systemen (welcher Art auch immer) unabdingbare Begriffssystem erfolgreich entwickelt wird, gleichviel ob das in Normungsgremien geschieht oder durch eine oberste Leitung selbst oder in deren Auftrag durch einen Auftragnehmer. Kamiske [28] hat dafür erst jüngst ein eindrucksvolles Beispiel gegeben. Er schreibt:

»Die Vorstellung, man könnte mit Hilfe der Technik die Defizite eines Unternehmens beheben, ohne die Strukturen der Gesamtorganisation in Frage zu stellen, ist zwar noch verbreitet, erweist sich aber zumeist als Trugschluss. ... Dabei sind die Denkstrukturen ausdrücklich eingeschlossen.«

Wird diese grundsätzliche Aufgabenstellung erkannt, besteht auch die Chance, dass eine bereits sehr akute Gefahr erkannt wird: Wir fallen national mehr und mehr zurück, wenn wir nicht erkennen, dass die effektive und effiziente Beherrschung von Managementsystemen eine wichtige Vorbedingung hat: Deren maßgebliche Gestalter sollten nicht nur begrifflich abstrakt denken können, damit sie systematisch möglichst einheitliche Lösungen einführen, die weltweit erfolgreich sind, sondern sie sollten auch das terminologisch erforderliche Werkzeug dazu mit entwickeln und für dessen Vereinheitlichung sorgen können.

## 1.2 Die Beschaffenheit von Einheiten als Schwerpunkt des Managements

### 1.2.1 Der Begriff Beschaffenheit in den Gemeinsprachen

Bevor auf die rechtliche Bedeutung dieses Begriffs für alle in einer Organisation erzeugten oder angewendeten Einheiten eingegangen wird, ist der Begriff Beschaffenheit selbst zu betrachten. Schon in seiner Darstellung als »Begriff des Monats« [14] in [15] wurde hervorgehoben: Glücklicherweise ist im Deutschen dieser Begriff ohne nennenswerte Homonymieprobleme klar. In [7] fehlt er trotz seiner enormen Bedeutung für die ganze Wirtschaft. Auch in [6] beschränkt sich die Erklärung auf »*Das Beschaffensein einer Sache (selten:) einer Person:* die äußere, innere, chemische, seelische Beschaffenheit«. Aber bereits in [16], erschienen vor gut 150 Jahren, findet man den Begriff ausführlich beschrieben. Er ist dort allerdings zunächst kurz und bündig mit »qualitas« erklärt. Damit beginnt die Problematik im Qualitätsmanagement, und zwar wegen des fachlichen Begriffs Qualität (siehe 1.3.8).

### 1.2.2 Der Begriff Beschaffenheit bei DGQ, DIN und ISO

Schon vor etwa 40 Jahren, in der 1. Auflage 1968 der DGQ-Schrift 1-04 mit dem Titel »Begriffserläuterungen und Formelzeichen im Bereich der Statistischen Qualitätskontrolle« war »Beschaffenheit« das entscheidende Hauptwort in der Definition des Begriffs Qualität. Gleiches gilt für die nationale qualitätsbezogene Normung des DIN in enger Zusammenarbeit mit der DGQ seit deren Beginn 1973. Erst ab etwa 1980 begannen Zweifel, welche Merkmale zur Beschaffenheit gehören. Deshalb wurde unter Einschaltung vieler Stellen auch außerhalb des Qualitätsmanagements eine Definition erarbeitet. Sie erschien erstmals in [18] und hatte schon damals bis auf den Nachsatz (an deren Stelle kürzer »der Einheit« stand) die heutige Fassung:

> **Beschaffenheit (engl.: nature) =** Gesamtheit der Merkmale und Merkmalswerte, die zur Einheit selbst gehören.

Die englische Benennung »nature« für die Definition »the totality of inherent characteristics and their values« wurde zwar im internationalen Normungsgremium heftig diskutiert, aber es konnte sich nicht auf »nature« einigen und ließ deshalb gleich den ganzen Begriff in [5] weg. Weil »nature« nicht genormt ist, wird beim Zitieren der ganzen Definition das unentbehrliche »and their values« oft weggelassen.

Die deshalb erst möglich gewordene nationale Festlegung in [8] wählte den weiter oben bereits erwähnten Vorschlag für [5] in der folgenden Form aus: »Beschaffenheit = Gesamtheit der inhärenten Merkmale einer Einheit sowie der zu diesen Merkmalen gehörenden Merkmalswerte«. Diese im Vergleich mit der im obigen Kasten weit längere Definition mit dem nicht für alle Anwender sofort verständlichen Wort »inhärent« wird durch zwei Anmerkungen ergänzt:

> **Anmerkung 1** »Inhärentes Merkmal« bedeutet »einer Einheit innewohnendes Merkmal«, im Gegensatz zu einem »einer Einheit zugeordneten Merkmal«. So sind z. B. die Maße eines Schranks, die Funktionsfähigkeit seiner Scharniere und der innere Aufbau der Türblätter inhärente Merkmale dieses Schranks, während sein Preis und sein Liefertermin diesem Schrank zugeordnete Merkmale sind.«
>
> **Anmerkung 2** Im Englischen wird für die Beschaffenheit bisweilen die Benennung »nature« angewendet.

### 1.2.3 Merkmale und Merkmalsarten

Die Gesamtheit der inhärenten Merkmale und ihrer Merkmalswerte steht im Mittelpunkt des Beschaffenheitsmanagements (Qualitätsmanagements). Deshalb sollte man auch wissen, dass man international normgerecht weder von »Eigenschaft« noch von »features« spricht, sondern von »Merkmal« und von »characteristic«. Dazu ist national ab 1981 Bahnbrechendes geleistet worden, und zwar unter Einsatz jeglicher möglichen internationalen Abstimmung. Zuerst war in [22] zu klären, dass ein

**Merkmal (engl.: characteristic) =** Eigenschaft zum Erkennen oder zum Unterscheiden von Einheiten

ist. In [5] wurde diese Definition aus [22] dann allerdings »abgemagert«, weil es in [5] den Begriff Einheit nicht mehr gibt. Die neue kurze Zweiwörterdefinition lautet dort: »Distinguishing feature«. Sie wurde zudem noch unrichtig übersetzt, nämlich das »distiguishing« mit »kennzeichnend«, obwohl jedermann prüfen kann, dass es wie seit Jahrzehnten »unterscheidend« heißen müsste (sinngemäß wie im Kasten). Nicht von Ungefähr lautet die einzige Anmerkung zur obigen Definition: »Das Unterscheiden dient sowohl der Abgrenzung als auch der Untersuchung einer Grundgesamtheit«.

Zum Merkmal gehört stets ein Merkmalswert als »der Erscheinungsform des Merkmals zugeordneter Wert«. In internationalen normativen Dokumenten wird der Merkmalswert immer häufiger vernachlässigt. Das hat negative Folgen: Es wird oft nicht mehr zwischen dem Merkmal und seinem Wert unterschieden. Man benutzt dann wahlweise nur einen der beiden Ausdrücke für beides. Oder man meint gar mit »characteristic« den Wert, nicht aber das Merkmal. In Übertragungen ins Deutsche ist diese Nachlässigkeit in vielen mehrsprachigen Normfassungen durch Hinzufügungen (in Klammern) verständlich gemacht worden. Infolge dieser Vernachlässigung fehlt zudem oft das Wissen, dass ein quantitativer Merkmalswert ein Produkt aus Zahlenwert und Maßeinheit ist, nicht aber das Merkmal selbst mit seiner Merkmalsdimension.

Wichtig für das praktische Qualitätsmanagement sind die prinzipiell möglichen *vier Merkmalsarten*. Über deren Bedeutung und notwendige Unterscheidung entstand hierzulande immer wieder ein Meinungsstreit. Er wurde im Einvernehmen zwischen Wissenschaft und Praxis durch die entsprechende Grundnormung [22] entschieden, die jetzt seit über 20 Jahren unverändert, international aber nicht existiert.

Bis heute ist die große Bedeutung beispielsweise der Merkmalsarten für ein zielsicheres Beschaffenheitsmanagement allerdings nicht hinreichend bekannt. Deshalb seien hier die Zusammenhänge unter Hinweis auf Bild 5 kurz erläutert.

Benutzte Merkmalsskalen und Beispiele für die Merkmalsarten: Siehe Tabelle 1 in [22]

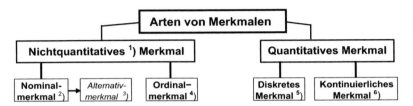

Benutzte Merkmalsskalen und Beispiele für die Merkmalsarten: Siehe Tabelle 1 in [22]

**Anmerkungen**

[1]) Diese Benennung „nichtquantitatives" ist der üblichen Benennung „qualitatives" vorzuziehen. Das Wort „qualitatives" wird nämlich überwiegend mit „qualitätsbezogen" verwechselt. „Nichtquantitativ" als Gegensatz zu „quantitativ" versteht man überdies sofort richtig und ohne Missverständnisgefahr. Es gibt sowohl internationale als auch nationale normative Dokumente, in denen das „nichtquantitativ" bereits benutzt ist. Ein nationales Beispiel ist DIN 1319-2. Die Benennungen „Attributmerkmal" oder „attributives Merkmal" für nichtquantitative Merkmale werden nicht empfohlen, weil gemeinsprachlich jede Merkmalsart als ein Attribut betrachtet werden kann.

[2]) Die Benennung „Klassifikatorisches Merkmal" wird nicht empfohlen, weil sie zu Missverständnissen mit den für die Wertebereiche von Merkmalen benutzten Begriffen Klassierung und Klassifizierung führt.

[3]) Häufiger Unterbegriff eines Nominalmerkmals mit nur zwei möglichen Merkmalswerten. Auch die nicht empfohlenen Benennungen „dichotomes Merkmal" und „Binärmerkmal" kommen dafür vor.

[4]) Die Merkmalswerte von Ordinalmerkmalen werden oft „Noten" genannt. Ein spezielles Beispiel für diese Benennung ist die „Zeugnisnote" einer Ausbildungseinrichtung.

[5]) Die Benennung „Zählmerkmal" ist wegen ihrer Missverständlichkeit nicht empfehlenswert.

[6]) Die früher üblichen Benennungen „messbares Merkmal", „Variablenmerkmal" oder „stetiges Merkmal" sind wegen ihrer Missverständlichkeit nicht empfehlenswert.

Abb. 5: *Fundamentale Unterscheidung von Merkmalen nach vier Merkmalsarten*

Die Anmerkungen zu Bild 5 sind bedeutungsvoll für das Verständnis und die Anwendung dieses fundamental wichtigen Denkprinzips »Merkmalsarten«. Man sollte zudem wissen: Durch die spezielle Festlegung des betrachteten Merkmals ist die Art des Merkmals (z. B. eine

Farbe oder eine Länge) und damit auch die Art des Merkmalswertes
(z. B. »rot« oder »3,27 m«) festgelegt. Die Zusammenhänge und die
normativen Festlegungen sollte man jedenfalls in [22] oder/und in
[23] studieren.

Leider muss allerdings festgestellt werden, dass es viele Führungskräfte gibt, die diese nationalen Normen nie zur Hand nehmen. Als
Praktiker und Angehörige einer großen Exportnation plädieren sie
erfahrungsgemäß andererseits dafür, künftig nur noch internationale
Normen anzuwenden. Für Exportaufträge – so ihre durchaus nicht
immer zutreffende Argumentation – hätten in der Regel nur diese internationalen Normen Geltung. Dass in diesen vieles nicht zu finden
ist oder gar – wie ausführlich beschrieben – sogar beseitigt wurde, ist
ihnen vermutlich nicht bekannt.

## 1.2.4 Die rechtliche Bedeutung der Beschaffenheit

Über 100 Jahre lang galt im Recht der Schuldverhältnisse (§§ 241
bis 853) der Sachmängelparagraph 459 des BGB, nämlich von 1900
bis 2002. Die »Sache« (die im Management »Einheit« genannt wird)
durfte keinen Fehler haben, der »den Wert oder die Tauglichkeit zu
dem gewöhnlichen oder zu dem nach dem Vertrage vorausgesetzten
Gebrauch aufheben oder mindern«. Zudem war es ein Fehler, wenn
die Sache nicht die »zugesicherten Eigenschaften« hatte. Beide so
definierten Fehler nannte man »Mangel« (daher der Name »Sachmängelparagraph«). Sowohl über die beiden Tauglichkeiten als auch
über den Begriff der zugesicherten Eigenschaften entwickelte sich eine
umfangreiche oberste Rechtsprechung. Generation um Generation
wirtschaftlich tätiger Menschen musste darüber unterrichtet werden.
Mängelfreiheit bestand also nur, wenn die beiden Arten von Fehlern
bei der Sache *nicht* vorhanden waren. Dann und nur dann hatte der
für die Sache Verantwortliche die angemessene Sorgfalt walten lassen.

Seit dem 01.01.2002 gilt das geänderte Recht der Schuldverhältnisse. Auch wenn es übliche Verfahrensweise des Gesetzgebers ist, bei

neu ins Gesetz aufgenommenen Begriffen deren »rechtliche Bedeutung« nicht selbst festzulegen, sondern durch die oberste Rechtsprechung im Lauf der Jahre entwickeln zu lassen, kann es keinen Zweifel geben, welche schwer wiegende Bedeutung es für den gesamten Wirtschaftsverkehr hat, dass die neuen Sachmängelparagraphen 434 und 633 qualitätsbezogenes Vokabular übernommen haben. Danach wird nun die Mängelfreiheit positiv ausgedrückt: Die Sache muss (bei Gefahrübergang) die *vereinbarte Beschaffenheit* haben. Nur wenn es keine vereinbarte Beschaffenheit gibt, kommen als Hilfskonstruktionen wieder die beiden Arten von Tauglichkeit zum Zuge. Sie haben jetzt allerdings ebenfalls neue Namen. Man spricht jetzt von der »nach dem Vertrag vorausgesetzte Verwendung« und der »gewöhnlichen Verwendung«, wobei nichts anderes gemeint ist als früher mit den beiden Tauglichkeiten.

Die früher glasklare begriffliche Ordnung, was ein Fehler und was ein Mangel ist [17], hat der Gesetzgeber nicht aufrechterhalten (siehe [19], Kapitel 11). Die Vermischung begann beim Produkthaftungsgesetz 1990. In der Produkthaftungsrichtlinie stand »defect«. Diese international zweifelsfrei zum Mangel gehörige englische Benennung »defect« wurde ins Deutsche fehlerhaft mit »Fehler« übersetzt.

## 1.2.5 Von der geforderten zur vereinbarten Beschaffenheit

Die Forderung an die Beschaffenheit, kurz auch »geforderte Beschaffenheit«, ist zunächst Sache einer einzigen Partei, beispielsweise entweder nur des Anbieters oder nur des Kunden. Erst wenn zwischen beiden darüber ein Vertrag geschlossen wird, kann man von einer (vertraglich) vereinbarten Beschaffenheit sprechen. Es ist für die rechtliche Beurteilung eines Streitfalls vor Gericht bezüglich der Erfüllung der Forderung an die Beschaffenheit von erheblicher Bedeutung, ob diese Vereinbarung getroffen wurde. Das gilt insbesondere bei Serienfertigungen. Bei Folgefertigungen stehen nämlich meist Preis und Liefertermin im Vordergrund. Ob das (oft nur telefonische)

»wie gehabt« dann als »vereinbarte Beschaffenheit« rechtlich anerkannt wird, erscheint mindestens prüfenswert.

## 1.3 Die Schwerpunktsbedeutung des Qualitätsmanagements im Managementsystem

Um diese oft bestrittene, ja zuweilen sogar als Anmaßung bewertete
Schwerpunktsbedeutung objektiv darzulegen, bedarf es einer überbli-
ckenden Betrachtung des Gegenstands des Qualitätsmanagements im
Managementsystem.

In Managementsystemen von Organisationen werden alle Arten
von materiellen und immateriellen Produkten realisiert. Viele davon
sind Angebotsprodukte. Viele andere dienen als interne Produkte der
Aufrechterhaltung der Leistungsbereitschaft.

### 1.3.1 Das Angebotsprodukt

In [8] selbst findet man den folgenden Eintrag für das Angebotsprodukt:

**Angebotsprodukt (engl.: offered product)** = Produkt, das eine Organisation zur Erreichung ihrer Ziele für externe Organisationen oder Personen vorsieht

**Anmerkung 1:** Angebotsprodukte werden z. B. auf dem Markt zum Verkauf angeboten oder externen Anwendern oder Kunden als Besitz oder zur Benutzung zur Verfügung gestellt. Es gibt auch Produkte für externe Stellen, die deshalb keine Angebotsprodukte sind, weil sie nicht der Erreichung der Ziele der anbietenden Organisation dienen, sondern vom Empfänger verlangt werden, wie Umsatzsteuervoranmeldung für das Finanzamt oder ein von einem Kunden verlangtes Zertifikat.

**Anmerkung 2:** Vom Angebotsprodukt sind Produkte zu unterscheiden, welche in der Organisation ausschließlich für die Organisation realisiert werden, beispielsweise der Betriebsabrechnungsbogen.

**Anmerkung 3:** Auch aus Steuern finanzierte, für den Empfänger aber unmittelbar unentgeltliche Leistungen der öffentlichen Hand sind Angebotsprodukte.

Inwieweit ein Zertifikat gemäß Anmerkung 1 für einen Kunden der Erreichung der Ziele der Organisation dient oder nicht, sollte man fallweise einer Prüfung unterziehen. In Anmerkung 2 wäre als Satz 2 nützlich: »Sie heißen ,interne Produkte' «.

### 1.3.2 Übergeordnete Kategorien von Angebotsprodukten

Unübersehbar vielfältig ist die Art von Angebotsprodukten. Eine (nur) logische Systematisierung dieser Vielfalt ist kaum möglich. Man könnte hunderte von Produktkategorien schaffen. Es gibt auch zahlreiche Institutionen und Aufgabenstellungen, bei denen es solche umfangreichen Zusammenstellungen gibt.

Dennoch ist es nützlich, in die genannte Vielfalt von Produkten eine grobe Ordnung zu bringen. Das geschah bereits in [12]. Dass die schließlich verabschiedeten vier Produktkategorien als die »übergeordneten« bezeichnet wurden, ist sehr sinnvoll.

Für diese international geltende Grobeinteilung wurden zwei materielle und zwei immaterielle übergeordnete Produktkategorien geschaffen. Das ist auch für die Systematik des Managements von Bedeutung. In [5] selbst ist dieses Unterscheidungswerkzeug, das ursprünglich eine generelle Ausführung zu [12] war, zu einer Anmerkung zum Begriff Produkt geworden (dort unter der Nummer 3.4.2). Nur einige Definitionen sind dort noch vorhanden, die Benennungen aber unverändert. Im Bild 6 sind die bestehenden Definitionen wiedergegeben. Unter den Definitionen findet man im Bild 6 einige Beispiele, darunter die in [5] gegebenen.

### 1.3.3 Notwendige Unterscheidung von Tätigkeiten und Ergebnissen

Schon bei Tätigkeiten zur Realisierung materieller Produkte – die oft auch als »Prozesse« betrachtet werden – entsteht häufig Unsicherheit

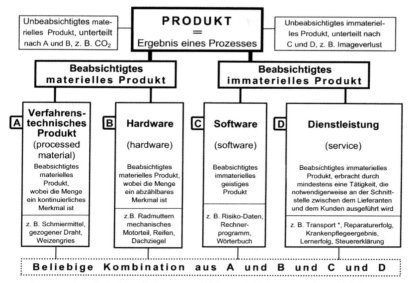

Die folgenden Inhalte der Abbildung:

| Unbeabsichtigtes materielles Produkt, unterteilt nach A und B, z. B. $CO_2$ | **PRODUKT**<br>=<br>Ergebnis eines Prozesses | Unbeabsichtigtes immaterielles Produkt, unterteilt nach C und D, z. B. Imageverlust |
| --- | --- | --- |

| **Beabsichtigtes materielles Produkt** | **Beabsichtigtes immaterielles Produkt** |
| --- | --- |

| A **Verfahrens-technisches Produkt** (processed material) | B **Hardware** (hardware) | C **Software** (software) | D **Dienstleistung** (service) |
| --- | --- | --- | --- |
| Beabsichtigtes materielles Produkt, wobei die Menge ein kontinuierliches Merkmal ist | Beabsichtigtes materielles Produkt, wobei die Menge ein abzählbares Merkmal ist | Beabsichtigtes immaterielles geistiges Produkt | Beabsichtigtes immaterielles Produkt, erbracht durch mindestens eine Tätigkeit, die notwendigerweise an der Schnittstelle zwischen dem Lieferanten und dem Kunden ausgeführt wird |
| z. B. Schmiermittel, gezogener Draht, Weizengries | z.B. Radmuttern mechanisches Motorteil, Reifen, Dachziegel | z. B. Risiko-Daten, Rechnerprogramm, Wörterbuch | z. B. Transport *, Reparaturerfolg, Krankenpflegeergebnis, Lernerfolg, Steuererklärung |

**Beliebige Kombination aus A und B und C und D**

* genauer formuliert: Ortsveränderung vom Ort A zum Ort B der transportierten Einheit
Die Definitionen A bis C stammen aus früheren internationalen Normen; Detail–Definition D aus [5]

Abb. 6:  *Die vier übergeordneten Kategorien von Produkten*

bei der unterscheidenden Trennung der Ergebnisse von den Tätigkeiten zur Realisierung dieser Ergebnisse.

Erleichtert wird das erforderliche permanente Denken an diese notwendige Unterscheidung durch eine international eingeführte Darstellungsmethodik. Sie veranschaulicht, dass Ergebnisse stets Resultate von Tätigkeiten sind. Diese Darstellung wird auch in diesem Kapitel noch mehrfach angewendet werden. Das Bild 7 zeigt sie mit eingetragenen Beispielen. Daraus sieht man zudem: Tätigkeit und Ergebnis bestehen aus Elementen. Je nach Aufgabenstellung im Managementsystem ist es zweckmäßig, den Elementen ein (abgekürztes) Bestimmungswort hinzuzufügen.

Hier wird die Schwerpunktaufgabe Qualitätsmanagement behandelt. Man könnte sie auch »Beschaffenheitsmanagement« nennen. Das im Bild 7 beispielhaft eingetragene Element der Tätigkeit ist

**39**

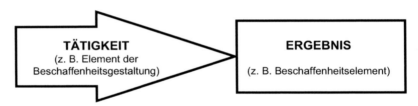

*Prinzipiell übliche Darstellung der zu unterscheidenden Einheiten Tätigkeit und Ergebnis (»Tätigkeit führt zum Ergebnis«)*

durch die Ergänzung »der Beschaffenheitsgestaltung« näher bezeichnet. Das beispielhaft eingetragene Element des Ergebnisses enthält direkt das Bestimmungswort »Beschaffenheits–«. Man könnte natürlich als Beispiele auch die Qualitätselemente der Beschaffenheiten der Tätigkeit und des Ergebnisses eintragen, die bekanntlich auf die betreffenden Forderungen bezogen sind. Tätigkeitselemente beim Qualitätsmanagement sind QM-Elemente.

Ein Beispiel für die eingangs dieses Abschnitts genannte Schwierigkeit bei dieser Unterscheidung ist SPC (siehe [19], Kapitel 23). Man sieht das auch aus der häufig anzutreffenden Verwechslung zwischen Qualität und Fähigkeit bei Tätigkeiten.

⇨ *Qualität* einer *Tätigkeit,* beispielsweise die eines mechanischen Bearbeitungsprozesses, betrifft die Relation zwischen den ermittelten Werten der Tätigkeitsmerkmale und den zugehörigen vorgegebenen Werten, die man auch Einzelforderungen an die Qualitätsmerkmale dieser Tätigkeit nennt. Beispiel für ein solches Qualitätsmerkmal ist die Positionierunsicherheit eines im Werkzeughalter einzuspannenden spanabhebenden Werkzeugs in einer Drehbank durch den Maschinenführer. Zu beachten ist allerdings: Die Qualität einer Tätigkeit wird oft anhand des Ergebnisses der Tätigkeit gemessen. Die Frage lautet dann im Beispielfall: Liegt der realisierte Durchmesser der Welle im Toleranzbereich und ggf. wo dort? Aus diesem Ergebnis kann man auch folgern, inwieweit die Tätigkeit des Maschinenführers die Einzelforderungen an diese erfüllt. Dennoch sind beide zu unterscheiden, die Tätigkeit und das Ergebnis. Bei der Qualität geht es dabei stets um das, was im Augenblick festgestellt wird oder festgestellt werden könnte.

⇨ *Fähigkeit* einer *Tätigkeit* – oder eines *Prozesses* – betrifft hingegen ihre (seine) Eignung, dass sie (er) die Einzelforderungen an die Beschaffenheit des Tätigkeits-/Prozess*ergebnisses* erfüllen wird (erfüllt die Frisur die Erwartungen der Dame stets so gut, dass sie immer wieder zu diesem Frisör geht?). Bei der Fähigkeit geht es also weitgehend um das Vertrauen in das künftige Können, das man aber nur anhand des gegenwärtigen Könnens ermitteln kann. Dies genau ist das Anliegen der in diesem Buch behandelten Begutachtung (Auditierung oder Assessment) sowie der ggf. nachfolgenden Zertifizierung.

Erst recht sollte beachtet werden, dass auch bei immateriellen Produkten die Tätigkeiten (Prozesse) zu deren Erbringung streng von den Ergebnissen dieser Erbringung unterschieden werden, und ebenfalls ihre Qualität von ihrer Fähigkeit. Das wird am Beispiel des immateriellen Produkts Dienstleistung erläutert, zumal dort noch weitere wichtige Unterscheidungen zu beachten sind. Zunächst aber eine allgemeine Veranschaulichung dieser notwendigen und oft komplexen Trennung im Bild 8:

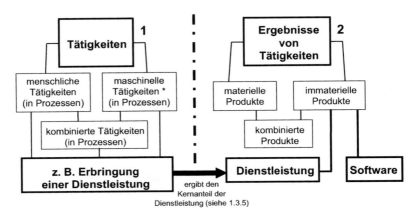

* im umfassenden Sinn sind hier nicht nur die Tätigkeiten von Maschinen gemeint, sondern auch die
von chemischen Substanzen, von Organismen usw.

Abb. 8:     *Die Dienstleistung im Rahmen der Arten von Tätigkeiten und Ergebnissen*
            *Anmerkungen: Die obigen Nummern 1 und 2 knüpfen an das Bild 3 an.*

## 1.3.4 Besonderheiten zur Trennung zwischen einer Dienstleistung und ihrer Erbringung

Nur scheinbar sind bei einer Dienstleistung die Tätigkeiten zu ihrer
Erbringung kaum von den Ergebnissen zu trennen, dem Produkt
Dienstleistung. Das liegt auch an der gemeinsprachlichen Homonymie der Benennungen für Tätigkeiten und ihr Ergebnis in vielen
Sprachen. Z. B. ist dies so bei »Dienstleistung« und bei »service«:
Beide haben, nicht nur in der deutschen und der englischen Gemeinsprache, sowohl die Bedeutung des Tuns als auch die des Ergebnisses
dieses Tuns. Zur Verwechslung trägt weiter bei, dass die betrachtete
Einheit in ISO-Texten häufig und immer wieder irreführend mit
»product or service« aufgeführt wird. Viele Normanwender überse-
hen, dass »service« fachsprachlich nicht etwa ein Tun, sondern wie
Software ein spezielles Produkt ist und damit ein Unterbegriff des Begriffs Produkt (siehe auch Bild 6).

Dennoch gilt bei einer Dienstleistung ebenso wie bei allen anderen Produkten die gedankliche und praktische Notwendigkeit der systematischen Trennung von Tätigkeit und Ergebnis. Mit Bild 8 kann man sich auch vergegenwärtigen, warum diese Trennung nötig ist: Für die Tätigkeiten zur Erbringung einer Dienstleistung gelten andere Einzelforderungen als für ihr Ergebnis, also für die Dienstleistung. Es bedarf demnach auch der getrennten Planung der Beschaffenheiten der Tätigkeiten einerseits und ihres Ergebnisses andererseits.

Eine wesentliche und für das praktische Management grundsätzlich bedeutsame Konsequenz dieser Überlegungen lautet außerdem:

> Eine Tätigkeit ist weder ein immaterielles Produkt noch eine Dienstleistung.

Das besagt auch die spezielle und hier empfohlene Erklärung eines Vorgängers von 1997 zu [5] für jene Tätigkeiten, deren Ergebnis eine Dienstleistung ist. Diese Tätigkeiten umfassen – logischerweise – *nicht* die ggf. zur Vervollständigung der Dienstleistung nötigen Tätigkeiten des Empfängers (Kunden) der Dienstleistung:

> **Erbringung einer Dienstleistung (engl.: provision of a service)** = diejenigen Tätigkeiten eines Lieferanten, die zur Bereitstellung einer Dienstleistung nötig sind

In [5] selbst gibt es weder für die Dienstleistung noch für ihre Erbringung eine Definition. Nur noch mit einem speziellen Aspekt ist ihre Erbringung in Anmerkung 2 zum Begriff Produkt (Nr 3.4.2) angesprochen, nämlich mit jener speziellen Tätigkeit, die »notwendigerweise an der Schnittstelle zwischen dem Lieferanten und dem Kunden ausgeführt wird« (siehe Bild 6, D). Wegen dieses internationalen Fehlens wurde der obige Begriff Erbringung einer Dienstleistung bereits

**43**

in die erste Entwurfsfassung von DIN 55350-11 [8] aufgenommen. Dort sind zwei Anmerkungen ergänzt:

**Anmerkung 1:** Für die Erbringung einer Dienstleistung können auch Tätigkeiten des Kunden an der Schnittstelle zum Lieferanten wesentlich sein. Diese Tätigkeiten des Kunden gehören nicht zur Erbringung der Dienstleistung durch den Lieferanten, werden aber grundsätzlich durch den Lieferanten geplant.

**Anmerkung 2:** Lieferung oder Anwendung materieller Produkte oder von Software können mit der Erbringung der Dienstleistung kombiniert sein.

Nützlich erscheint schließlich auch eine Definition zum Begriff Dienstleistung gemäß [20], die allerdings nur einen Teilaspekt enthält. Dieser wurde lange Zeit diskutiert:

**Dienstleistung (engl.: service) =** immaterielles Produkt, das dem Zweck dient, unmittelbar den Zustand des Kunden zu verbessern

Die Anmerkungen 2 und 5 dazu sind ebenfalls aufschlussreich. Deren Nummerierung berücksichtigt, dass [20] als Beiblatt zu international definierten Begriffen nur Anmerkungen dazu enthalten durfte. Die obige Definition war deshalb Anmerkung 1.

**Anmerkung 2:** Der Zustand des Kunden bezieht sich auf seine Gesundheit (eingeschlossen die Umweltsituation), auf seinen Informationsstand und sein Wissen, auf seine wirtschaftliche und soziale Situation, auf seine Möglichkeit der Benutzung von Produkten und auf seine Versorgung mit Energie, Verpflegung, Transportmitteln, mit Mitteln zur Verbesserung seiner Sicherheit usw.

**Anmerkung 5:** »Unmittelbar« ist nicht im Sinn von »sofort« zeitlich zu verstehen, sondern wirkungsmäßig.

44

## 1.3.5 Weitere Besonderheiten zur Dienstleistung und ihrer Erbringung

Die Intensität der Verknüpfung zwischen Lieferant und Kunde ist bei Dienstleistungen außerordentlich unterschiedlich, jedenfalls aber meist sehr viel unmittelbarer als bei materiellen Produkten und vielen Arten von Software. Kaum überschätzbar ist die Vielfalt von Dienstleistungen. In der zurückgezogenen Dienstleistungs-Grundnorm [21] fand sich ein Überblick über die 12 Hauptgebiete, zu denen es jeweils zahlreiche Untergebiete gibt. Im Grunde war auch dieser Überblick noch lückenhaft.

Schon diese Vielfalt macht es schwer, generell geltende Regeln zu Dienstleistungen und zu ihrer Erbringung aufzustellen. Prinzipiell aber kann eine Dienstleistung sowie ihre Erbringung, deren jeweils lieferantenbezogener Anteil zweckmäßig den Namen
⇨ »dienstleistungsbezogener Kernanteil«
erhält, in der Regel ergänzt sein durch das Dienstleistungselement
⇨ »Anteil kundenseitig nötiger Tätigkeiten«.

Erst durch diesen kundenseitigen Anteil wird die Dienstleistung ggf. vollständig.
Die Dienstleistung ist außerdem oft kombiniert mit anderen Einheiten, nämlich
⇨ mit der Einheit *Anwendung eines anderen Produkts* und/oder
⇨ mit der Einheit *zu transportierendes anderes Produkt* und/oder
⇨ mit der Einheit *zu lieferndes anderes Produkt.*

Im Einzelnen ist dazu zu sagen:
Der *dienstleistungsbezogene Kernanteil* entspricht der Gesamtheit aller durch den Lieferanten selbst für die Dienstleistung zu erbringenden Tätigkeiten, eingeschlossen diejenigen, die durch ihn unmittelbar an der Schnittstelle zum Kunden zu erbringen sind, etwa die Beratung durch einen Notar zu einem Erbvertrag oder die Ausgabe einer Fahrkarte durch einen Fahrkartenautomaten an einen Reisekunden.

**45**

Der *Anteil kundenseitig nötiger Tätigkeiten* ist eine entscheidende Besonderheit nahezu jeder Dienstleistung. Man kann ihn wie folgt erklären: Es sind »*kundenseitig synchron oder zeitlich versetzt zur lieferantenseitigen Erbringung der Dienstleistung nötige Tätigkeiten*«. Dabei werden an die Synchronizität mehr oder weniger scharfe Forderungen gestellt. Für die kundenseitigen Tätigkeiten können an der Schnittstelle zum Lieferanten Personen oder Maschinen eingesetzt sein. Ein viel diskutiertes Beispiel sind sehr komplexe Fahrkartenautomaten in Nahverkehrssystemen.

Bezüglich der Beschaffenheit dieser kundenseitig nötigen Tätigkeiten kommt es auf eine zielsichere Planung der Einzelforderungen an sie durch den Lieferanten an. Vielfach sind vorher Kundenbefragungen nützlich. Ohne sie mutet man Kunden allzu leicht zu viel zu oder plant zu kompliziert. Entscheidend ist dabei generell auch Auswahl und Festlegung der nötigen und zweckmäßigen Tätigkeiten des Kunden durch den Lieferanten und deren Abstimmung auf sein Erbringen der Dienstleistung.

Die *Kombination mit der Einheit »Anwendung eines anderen Produkts«* kann fast als Regel bezeichnet werden; leider aber auch die diesbezüglich irrige Meinung, diese anderen Produkte seien Bestandteil der Dienstleistung oder ihrer Erbringung.

Wer eine Dienstleistung erbringt, muss meist andere Produkte anwenden. Selbstverständlich fast ist heute mindestens eine elektronische Datenverarbeitung. Darüber hinaus sind vielfach Vorrichtungen und Einrichtungen sowie Geräte und Maschinen erforderlich. Man denke etwa an Reinigungsmaschinen, an Fahrkarten- und Geldautomaten, an die Einrichtungen der Deutschen Bahn zur Erbringung von Transportleistungen für Güter und Personen bis hin zu den modernsten Multistückelungsautomaten der Bundesbank-Zweigstellen, welche die Bestückung von Geldautomaten mit nur echten und gut brauchbaren Banknoten sicherstellen und wesentlich rationeller arbeiten als bisherige Verfahren. Zur »Anwendung anderer Produkte« gehört aber noch viel mehr. Von der Frisörschere über das Chirurgenskalpell, die Lehrgangsunterlagen und den Putzlumpen hinaus gibt es tausende Beispiele. Auch die Instandhaltung aller dieser Einrichtungen ist eine wichtige Voraussetzung für ein erfolgreiches Erbringen der jeweiligen Dienstleistung. Es gibt zu diesen bei der Erbringung einer Dienstleistung angewendeten anderen Produkten und Einrichtungen, die nicht zur Dienstleistung gehören, zur Sicherstellung ihrer jeweiligen Brauchbarkeit keine Besonderheiten des Managements. Das gilt sowohl für angewendete materielle als auch für angewendete immaterielle Produkte. Es ist einleuchtend, dass bei einer nicht zufriedenstellenden Qualität der angewendeten anderen Produkte auch die Qualität der Dienstleistung in Mitleidenschaft gezogen werden kann.

Ein spezielles Beispiel ist der Ausfall von Computern. Eine Bank oder ein Verkehrssystem können dadurch für Stunden lahm gelegt sein. Man kann kein Geld vom eigenen Konto mehr abheben oder pünktlich zu einem auswärtigen Termin kommen. Auch heute erlebt man bei einer zu erbringenden Bankdienstleistung noch die schicksalhaft anmutenden Aussage: »Unser Computer ist ausgefallen«. Die oberste Leitung einer solchen Dienstleistungs-Organisation sollte erkennen, dass dies ein Problem der Zuverlässigkeit der Dienstleistung und möglicherweise ein Problem der Redundanzgestaltung der Computerausstattung ist, nicht ein bedauerlicher, unabwendbarer Schicksalsschlag.

*Die Kombination mit der Einheit »zu transportierendes anderes Produkt«* ist bekannt und ebenfalls Anlass, dass häufig die unzutreffende irrige Ansicht auftaucht, eine Dienstleistung habe einen materiellen Anteil. Anderweitig hat man längst die systematisch trennende Betrachtung gelernt. Man weiß z. B., dass ein Spielzeug mit Software zwei Arten von Einheiten kombiniert, nämlich eben diese Software und das materielle Produkt dazu, etwa beim laufenden Bären, beim hüpfenden Frosch oder beim Modellflugzeug. Deshalb gilt auch hier: Was als »anderes Produkt« transportiert wird, das ist zwar mit der immateriellen Dienstleistung Transport kombiniert, nicht aber ihr Bestandteil, ebenso wenig wie zahlreiche materielle oder kombinierte Einrichtungen wie etwa ein LKW, die für den Transport angewendet werden. Weder was transportiert wird, noch womit es transportiert wird, ist Bestandteil der immateriellen Einheit Dienstleistung Transport. Die Dienstleistung selbst ist stets immateriell.

Die *Kombination mit der Einheit »zu lieferndes anderes Produkt«* ist für das Management ebenfalls ein bekanntes Grundelement. Bei der Erbringung einer Dienstleistung kann und sollte diese mit der Dienstleistung kombinierte Einheit »Liefergut« und seine Behandlung ohne Veränderung der Systematik des Managements separiert betrachtet werden. Alle von Produkten her generell bekannten Qualitätsmanagement-Verfahrensweisen sind auch dann übernehmbar, wenn mehr als der reine Transport der zu liefernden Produkte gefragt sein sollte. Das ist recht häufig der Fall, nicht nur bei Lebensmitteln, die während des Transports des Produkts in einem festgelegten Temperaturbereich gehalten werden muss. Es gibt auch kritische Aufgaben bei Lieferungen. Ein Beispiel ist der Abtransport radioaktiven Abfalls aus der Medizin. Erwähnt sei schließlich, dass als weitere Kombination die Sicherheit des Transports viele zusätzliche Aufwendungen nötig machen kann. (Beispiele: Geldtransporte, Castortransporte).

Im Bild 9 sind alle diese besprochenen Kombinationen veranschaulicht. Bei Betrachtung dieses Bildes 9 ist der bereits im Bild 3 im untersten Kasten besonders herausgestellte *Grundsatz* zu beachten:

Abb. 9:  *Kombination der immateriellen Einheit Dienstleistung mit anderen materiellen oder immateriellen Einheiten*

Eine Zusammenstellung (Kombination) von Einheiten ergibt eine neue Einheit, ebenso wie sich auch bei einer Unterteilung einer Einheit neue Einheiten ergeben.

Zusammenfassend sei für alle Kombinationen aus dem immateriellen Produkt Dienstleistung und anderen Produkten hervorgehoben: Wie bei materiellen Produkten niemand auf die Idee kommt, Fertigungseinrichtungen für deren Realisierung seien Bestandteile des materiellen Produkts, so wäre es auch unrichtig und irreführend, materielle Mittel, mit denen eine Dienstleistung realisiert wird (z. B. einen Lastwagen, einen ICE), oder bei der Erbringung einer Dienstleistung angewendete andere materielle oder immaterielle Produkte als Bestandteile der immateriellen Einheit Dienstleistung zu betrachten. Auch zu liefernde oder zu transportierende Produkte oder Personen sind nicht Bestandteil der betreffenden immateriellen Dienstleistung.

## 1.3.6 TQM als Schwerpunktsaufgabe Qualitätsmanagement?

TQM (umfassendes Qualitätsmanagement) war für die EFQM lange Zeit Mittelpunkt ihrer Aktivitäten. Das war als erster Schritt durchaus richtig gesehen, wenn man das Managementsystem wirkungsvoll gestalten wollte. In [12] fand man noch eine ausführliche Definition für TQM, die weniger den Sachverhalt wiedergab als die große Bedeutung einer hervorragenden Motivierung aller Beteiligten. Weil diese Motivierung aber bei einer Definition grundsätzlich ebenso vom Sachverhalt zu trennen ist wie eine Tätigkeit vom Ergebnis, war eine sachbezogene Definition gefragt. Die fehlte aber in den Nachfolgern von [12]. Wiederum war dieses Fehlen einer Erklärung Anlass dazu, eine solche Definition wenigstens national in [8] zu präsentieren:

**Umfassendes Qualitätsmanagement (engl.: total quality management) =**
in allen Bereichen einer Organisation angewendetes Qualitätsmanagement

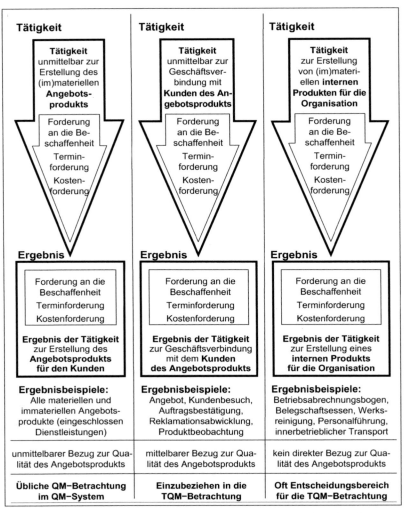

| Tätigkeit | Tätigkeit | Tätigkeit |
|---|---|---|
| **Tätigkeit** unmittelbar zur Erstellung des (im)materiellen **Angebots-produkts** | **Tätigkeit** unmittelbar zur Geschäftsver-bindung mit **Kunden des An-gebotsprodukts** | **Tätigkeit** zur Erstellung von (im)materi-ellen **internen Produkten für die Organisation** |
| Forderung an die Be-schaffenheit | Forderung an die Be-schaffenheit | Forderung an die Be-schaffenheit |
| Termin-forderung | Termin-forderung | Termin-forderung |
| Kosten-forderung | Kosten-forderung | Kosten-forderung |
| Ergebnis | Ergebnis | Ergebnis |
| Forderung an die Beschaffenheit | Forderung an die Beschaffenheit | Forderung an die Beschaffenheit |
| Terminforderung | Terminforderung | Terminforderung |
| Kostenforderung | Kostenforderung | Kostenforderung |
| **Ergebnis der Tätigkeit** zur Erstellung des **Angebotsprodukts für den Kunden** | **Ergebnis der Tätigkeit** zur Geschäftsverbindung mit dem **Kunden des Angebotsprodukts** | **Ergebnis der Tätigkeit** zur Erstellung eines **internen Produkts für die Organisation** |
| **Ergebnisbeispiele:** Alle materiellen und immateriellen Angebots-produkte (eingeschlossen Dienstleistungen) | **Ergebnisbeispiele:** Angebot, Kundenbesuch, Auftragsbestätigung, Reklamationsabwicklung, Produktbeobachtung | **Ergebnisbeispiele:** Betriebsabrechnungsbogen, Belegschaftsessen, Werks-reinigung, Personalführung, innerbetrieblicher Transport |
| unmittelbarer Bezug zur Qua-lität des Angebotsprodukts | mittelbarer Bezug zur Qua-lität des Angebotsprodukts | kein direkter Bezug zur Qua-lität des Angebotsprodukts |
| **Übliche QM–Betrachtung im QM–System** | **Einzubeziehen in die TQM–Betrachtung** | **Oft Entscheidungsbereich für die TQM–Betrachtung** |

Abb. 10: *Unterscheidung der Tätigkeiten und ihrer Ergebnisse bezüglich Qualität der Ange-botsprodukte der Organisation im Hinblick auf TQM*

Für diese neue, sachbezogene Selbstverständlichkeit waren auch keine Anmerkungen mehr erforderlich. Die Möglichkeit der Beibehaltung einer unveränderten Methodik der Beschaffenheitsbetrachtung aller Einheiten schränkt die Diskussion wegen des Abstraktionsgrades des Begriffs Einheit darüber, was das Neue am umfassenden Qualitätsmanagement ist, glücklicherweise außerordentlich ein: Es verbleibt allenfalls die Frage, welche Einheiten betrachtet werden sollten.

Zur Erläuterung dieser Frage dient das Bild 10. In ihm wird wie üblich die unterschiedliche Darstellung von Tätigkeiten und Ergebnissen mit Pfeil und Rechteck genutzt. Dieses durchaus komplexe Bild besteht aus drei Säulen. Es ist für die Darlegung der Entscheidungs–Problematik zum umfassenden Qualitätsmanagement im Grunde immer noch zu primitiv. Anhand von drei Beispielen sei dies erläutert:

⇨ Tätigkeiten der mittelbaren und der unmittelbaren Qualitätslenkung beim Angebotsprodukt (in der linken Säule) wirken sehr unterschiedlich auf dessen Qualität. Sie gehören aber – obwohl nicht separiert dargestellt – beide zur linken Säule.

⇨ Die Dienstleistung »innerbetrieblicher Transport« hat keinen direkten Kundenbezug, gehört also zur rechten Säule. Sie kann aber die Qualität des Angebotsprodukts durch dessen Beschädigung beeinträchtigen, vielleicht sogar erheblich.

⇨ Der Beschaffenheitsbezug zum Angebotsprodukt der linken Säule bezieht selbstverständlich auch Unterlieferanten ein (die nicht eingezeichnet sind). Ein erfolgreich dem Prinzip des umfassenden Qualitätsmanagements unterworfenes Verhältnis zwischen Auftraggeber und seinen Lieferanten ist deshalb ebenfalls ein wesentlicher Beitrag zu dessen Gesamterfolg.

Dennoch zeigt dieses Bild 10 wichtige systematische Erkenntnisse zum umfassenden Qualitätsmanagement, die nachfolgend für die drei Säulen behandelt werden.

Selbstverständlich stehen auch in einer Organisation mit umfassendem Qualitätsmanagement die Angebotsprodukte und die Tätigkeiten zu ihrer Planung und Realisierung im Mittelpunkt. Diese Angebotsprodukte sind repräsentiert durch die *die linke Säule* im Bild 10. Man kann sie dem herkömmlichen Beschaffenheitsmanagement (Qualitätsmanagement) fortgeschrittener Art zuordnen, bei dem die Tätigkeiten und Prozesse zur Planung und Realisierung des Angebotsprodukts beschaffenheitsbezogen mit der gleichen Sorgfalt geplant werden wie die Angebotsprodukte selbst. Freilich ist das durchaus (noch) nicht überall verwirklicht.

Wer sein QM-System systematisch plant und betreibt, wird bei den Tätigkeiten und Ergebnissen *der mittleren Säule* des Bildes 10 alle jene in sein Beschaffenheitsmanagement (Qualitätsmanagement) einbeziehen, die QM-Elemente dieses Systems bzw. Prozesse in diesem System sind. Nur deren die ganze Organisation umfassende, systematisch beschaffenheitsbezogene Betrachtung schafft darlegbar ausreichendes Vertrauen für den Kunden, dass der Lieferant die Forderung an die Beschaffenheit des Angebotsprodukts und alle damit direkt oder indirekt zusammenhängende Aufgaben erfüllen können wird.

Das scheinbar wesentlich Neue am umfassenden Qualitätsmanagement ist die Einbeziehung aller Einheiten *der rechten Säule* des Bildes 10, also auch hier der Beschaffenheitskomponenten der Tätigkeiten und ihrer Ergebnisse. Die Beispiele in dieser rechten Säule zeigen, dass es sich um jene Einheiten handelt, durch welche der Bezieher eines Angebotsprodukts allenfalls sehr indirekt betroffen ist.

Inwieweit die beschaffenheitsbezogenen Komponenten der rechten Säule des Bildes 10 zum umfassenden Qualitätsmanagement gehören (sollten), lässt sich nicht begrifflich entscheiden. Dazu gibt es mehrere unterschiedliche Standpunkte. Inzwischen hat aber die jahrelange Preisvergabe zum Management von Organisationen in aller Welt erwiesen, dass auch hier gegen die ursprünglich als höchst abstrakt eingestufte Logik aufgrund praktischer Auswertungsergebnisse nichts einzuwenden ist: Es besteht kein Grund dafür, auch nur eine einzige Einheit einer Organisation der systematischen Betrachtung von Einheiten entsprechend den Managementgrundsätzen nicht zu unterwerfen.

Wichtig für die Einführung des umfassenden Qualitätsmanagements in einer Organisation ist es daher, dass durch die oberste Leitung von Anfang an klargestellt wird, dass es in der Organisation keinen Bereich und keine Einheit gibt, die von der Einbeziehung in das umfassende Qualitätsmanagement ausgenommen wäre. Das sollte auch schriftlich bekannt gemacht werden.

Eine weitere wichtige Entscheidung betrifft die QM-Zuständigkeitsarten für die erweiterten beschaffenheitsbezogenen Aufgabenbereiche. Man sollte sie keinesfalls »TQM–Zuständigkeiten« nennen. Zuliebe der Unmittelbarkeit der Einflussnahme sollte man diese QM-Zuständigkeit den Chefs der Bereiche übertragen und das ebenfalls schriftlich bekannt machen. Ein meist sehr brisantes Beispiel sind dabei die beschaffenheitsbezogenen Komponenten von Vertriebstätigkeiten. Andererseits ist festzustellen, dass frühere Vorstellungen zur »qualitätsbezogenen Überwachung durch das zentrale Qualitätswesen« in zunehmendem Maße verlassen werden, und zwar zu Gunsten der QM-Verantwortlichkeit der Führungskräfte des Bereichs selbst.

Aus alledem ergibt sich von selbst die Notwendigkeit, alle diese Chefs intensiv in beschaffenheitsbezogenem Management zu schulen.

## 1.3.7 Begründung der Schwerpunktsbedeutung des Qualitätsmanagements im Managementsystem

Nach klarer »TQM-Entscheidung« kann kein Zweifel mehr bestehen: Die effektive und effiziente Gestaltung der Beschaffenheit aller Einheiten der Organisation, die bisher aus historischen Gründen «Qualitätsmanagement« hieß, ist Schwerpunkt aller Managementaufgaben im Managementsystem. Das Funktionieren dieses Beschaffenheitsmanagements sei anhand eines Überblicks mit Bild 11 veranschaulicht. An dessen Basis ist das Hauptthema dieses Buches zu erkennen, nämlich die Begutachtung (Auditierung oder Assessment) und Zertifizierung des Managementsystems.

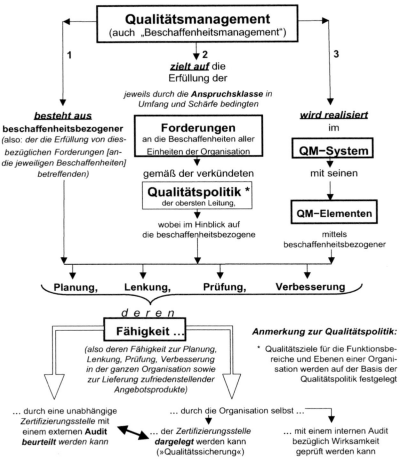

Abb. 11:   *Überblick über das Qualitätsmanagement als Schwerpunktsaufgabe im Managementsystem, dargestellt als dreifach verzweigte Beschreibung*

Die Schwerpunktsbedeutung des Qualitätsmanagements, das man
– hierzulande nicht zuletzt aus rechtlicher Sicht (siehe 1.2.4) – auch
»Beschaffenheitsmanagement« nennen kann, legt nahe: Seine seit
Jahrzehnten weit entwickelte Systematik sollte auch auf alle ande-

ren Teilaufgaben im Managementsystem angewendet werden. Das gilt für Forderungen an die Beschaffenheit anderer Tätigkeiten und Ergebnisse und deren Erfüllung im Hinblick auf die jeweiligen Zielsetzungen dieser Management-Teilaufgaben, und zwar sowohl für die traditionell bekannten Teilaufgaben Qualitätsmanagement, Terminmanagement oder Kostenmanagement, die in allen Management-Teilaufgaben anfallen, als auch für spezifische Management-Teilaufgaben wie z. B. für Umwelt(schutz)management, Arbeitsschutzmanagement oder für Teile davon. Es gibt bereits oberste Leitungen, die das selbst fördern.

**Anmerkung 1:** Ein gemäß Terminforderung eingehaltener Termin und gemäß Kostenforderung eingehaltene Kosten sind wie die bei Tätigkeiten und Ergebnissen erfüllten Beschaffenheitsforderungen die gewünschten Managementergebnisse, wobei Tätigkeiten und Ergebnisse der Termingestaltung und der Kostengestaltung mit ihren Beschaffenheitsforderungen ebenfalls zu beachten sind.

**Anmerkung 2:** Jeder Termin und jede Wertangabe zu Kosten sind Werte von Einzelmerkmalen, während die Beschaffenheit die Gesamtheit der inhärenten Merkmale und Merkmalswerte einer Einheit ist.

## 1.3.8 Der genormte (ergebnisbezogene) und der zielorientierte Qualitätsbegriff

International festgelegt ist der fachliche Qualitätsbegriff seit 1972 im Sinne von

**Qualität =** realisierte Beschaffenheit bezüglich geforderter Beschaffenheit

Der zielorientierte Qualitätsbegriff ist zwar nicht genormt, wird aber ständig angewendet. Bei der DGQ-Fachtagung 2006 wurde er vorgeschlagen im Sinne von

> **Qualität\*** = Zielsetzung zum Nutzen aller Interessierten für alle Einheiten einer Organisation, die jeweiligen Einzelforderungen durch überragende Praktiken wirtschaftlich und erfolgreich zu erfüllen

## 1.4 Analogie der verschiedenen Aufgaben im Managementsystem

### 1.4.1 Teile des Managements, Benennungen und Zusammenhänge

Auch wenn zunehmend von den unterschiedlichen Aufgaben im Managementsystem gesprochen wird, sollte beachtet werden: Es gibt außerdem noch viele andere übliche Benennungen. Fast am ältesten und weit verbreitet ist der Begriff des Projektmanagements. Er kennzeichnet eine Art »Organisation in der Organisation«.

Jedenfalls erscheint es wegen dieser Benennungsvielfalt nötig, nach dem Projektmanagement die unterschiedlichen üblichen und sinnvollen Benennungen von Teilen des Managementsystems in das Managementsystem mit allen seinen Teilaufgaben einzuordnen. Betrachtet als »Teil des Managements« sei zunächst

> **projektspezifisches Management = Projektmanagement =** Management bezüglich eines angegebenen Projekts in der Organisation

Die Benennung »Projektmanagement« ist nicht nur üblich. Sie wird sogar bevorzugt. Das Projektmanagement enthält mehr oder weniger alle nachfolgend behandelten Managementarten spezifischer Art. Je größer das Projekt ist (beispielsweise ein neuer Flughafen), desto mehr ist das betreffende Projektmanagement ein (verkleinertes) Abbild des Managementsystems der Organisation, in der das Projektmanagement abläuft. Einziger grundsätzlicher Unterschied ist der Zeitaspekt: Mit dem Abschluss des Projekts (das viele Jahre bis zur Vollendung dauern kann) ist auch das projektspezifische Management beendet.

Als Teile des Managements sollten allerdings vor allem die spezifischen Aufgaben betrachtet werden:

**Aufgabenspezifisches Management** = Management bezüglich einer angegebenen aufgabenspezifischen Forderung

Die kurze Benennung »Aufgabenmanagement« ist nicht üblich. Beispiele zum aufgabenspezifischen Management sind in Tabelle 1 gezeigt:

| Tabelle 1: Beispiele zum aufgabenspezifischen Management | |
|---|---|
| **Bezeichnung des aufgabenspezifischen Managements** | **Definition des aufgabenspezifischen Managements aus den aufgabenspezifischen Forderungen:** »Management im Hinblick auf die Erfüllung der Forderung an die Beschaffenheit ..... |
| Qualitäts-management | ..... der Angebotsprodukte und der internen Produkte selbst sowie der Tätigkeiten zu deren Planung und Realisierung«. |
| Termin-management | ..... des Terminplans für die betrachteten Produkte sowie der Tätigkeiten zu dessen Erstellung und Umsetzung«. |
| Kosten-management | ..... des Kostenplans für die betrachteten Produkte sowie der Tätigkeiten zu dessen Erstellung und Umsetzung«. |
| Umwelt(schutz)-management | ..... des Umweltschutzes für die betrachteten Bereiche«. |
| Arbeitsschutz-management | ..... des Arbeitsschutzes für die betrachteten Bereiche«. |

Schon in den letzten beiden Zeilen der Tabelle 1 erkennt man eine Überschneidung mit dem bereichspezifischen Management:

**bereichsspezifisches Management** = Management bezüglich eines angegebenen sachlichen oder organisatorischen Teilbereichs der Organisation

Auch hierzu ist die kurze Benennung »Bereichsmanagement« nicht üblich.

Beispiele zum bereichsspezifischen Management sind in Tabelle 2 gezeigt.

| Tabelle 2: Beispiele zum bereichsspezifischen Management | |
| --- | --- |
| **Bezeichnung des bereichs- spezifischen Managements** | **Definition des bereichsspezifischen Managements aus den bereichsspezifischen Forderungen:** »Management im Hinblick auf die Erfüllung der Forderung an die Beschaffenheit von Tätigkeiten und Ergebnissen ... |
| Personal- management | ..... zur Mitarbeiterverwaltung und Mitarbeiterführung« |
| Outsourcing- management | ..... zur Ausgliederung von Aufgabenbereichen« |
| Vertriebsstellen- management | ..... in allen Vertriebsstellen der Organisation« |

Bei einigen Teilen (Arten) des spezifischen Managements ist es schwer zu entscheiden, ob es sich um einen aufgabenspezifischen oder einen bereichsspezifischen Teil des Managements handelt. Tabelle 3 zeigt dazu einige Beispiele:

| Tabelle 3: Beispiele für die oft bestehende Unsicherheit der Einordnung als auf- gabenspezifischer oder bereichspezifischer Teil des Managements | |
| --- | --- |
| **Bezeichnung des spezifischen Managements** | **Definition des projektspezifischen Managements aus den projektspezifischen Forderungen:** »Management im Hinblick auf die Erfüllung der Forderung an die Beschaffenheit der Tätigkeiten und Ergebnisse ... |
| Sinnmanagement | ..... zur Motivierung bezüglich Aufgabenziele« |
| Reklamations- management | ..... zur Abwicklung von Kundenreklamationen« |
| Druckbehälte- rrmanagement | ..... zur Fertigung Druckbehälterreihe für Pumpen« |

Bei den Tabellen 1-3 kann das jeweils erste Wort »Management« der Erklärung durch die zugehörige Definition in 1.1.1 substituiert werden.

Sind die in Tabelle 3 gezeigten spezifischen Teile des Managements aufgabenspezifische oder bereichsspezifische Teile?

Weil die Entscheidung dazu mehr oder weniger willkürlich wäre, wird empfohlen, *grundsätzlich nur von aufgabenspezifischen Teilen des Managements* zu sprechen. Diese Entscheidung sollte sogar das Projektmanagement einschließen. Entschließt man sich dazu, hat dies sogar systematische Vorteile: Man erkennt einerseits, dass es keine ernsthaften Gründe gibt, ein spezifisches Projekt einer Organisation (z. B. den durch ein Bauunternehmen zu erstellenden Flugplatz im Ausland) nicht als eine spezifische Aufgabe anzusprechen. Andererseits wird gerade bei einem solchen umfangreichen Projekt klar, dass für Zusammenstellbarkeit und Unterteilbarkeit der aufgabenspezifischen Teile des Managements dieselbe (im untersten Kasten des Bildes 3 besonders hervorgehobene) Regel gilt wie für andere betrachtete Einheiten, nämlich die Regel der Zusammenstellbarkeit und Unterteilbarkeit von Einheiten. Mit ihrem Anspruch an das Abstraktionsvermögen ist diese Regel vielen Mitarbeitern aber so unsympathisch, dass sie sie nie anwenden.

Spezifische Begriffe für Teilaufgaben des Managements werden ständig neu erfunden. Oft entsteht ein ernsthaftes Verständnisproblem, etwa bei dem in Tabelle 3 erwähnten Sinnmanagement, eingeführt durch Prof. Gertrud Höhler. Manchmal dauert es lange, bis man weiß, was gemeint ist, zumal häufig nur die Benennung bekannt und betrachtet wird: Siehe die Benennungen in den drei vorausgehenden Bildern jeweils in der linken Spalte. So könnte man zum »Umwelt(schutz)management« in Tabelle 1 anmerken: Diese hochrangig bewerteten Tätigkeiten des Umweltschutzes werden als »Umweltmanagement« bezeichnet, obwohl sie »Umweltschutzmanagement« heißen sollten. Seit Jahrzehnten schon wird nämlich die Gestaltung des umfangreichen Gebiets der klassifizierten Umweltbedingungen, der Umweltprüfungen und der Umweltbeständigkeit von Produkten als »Umweltmanagement« bezeichnet. Dazu gibt es auch zahlreiche Normen. Aus allen diesen Gründen wird nachfolgend zur Vermeidung von Irrtümern von »Umwelt(schutz)management«

gesprochen, wenn das eben beschriebene Umweltmanagement nicht gemeint ist. Oder sollte man zum Arbeitsschutzmanagement »Arbeitsmanagement« sagen? Hier zeigt sich das Problem der Benennungs–Zweckmäßigkeit. Es ist eine nicht unbedeutende terminologische Frage. Dieses Problem hat übrigens beim Management sogar eine vergnügliche Seite, nämlich Witzkompendien zum »management by ...«.

Bei diesem *Benennungsproblem* geht es oft darum, einen Kompromiss zwischen der Verständlichkeit des Begriffs gemäß Benennung und der erwünschten Kürze der Benennung zu finden. Das misslingt oft, bei Übertragungen aus Fremdsprachen sogar besonders häufig. Dann entstehen Irrtümer leichter. Grundsätzlich muss jedenfalls klar sein: Aus einer Benennung dürfen keine logischen Schlüsse auf den (definierten) Begriffsinhalt gezogen werden. Den liefert prinzipiell nur die Definition.

Wichtig erscheint für das Management und seine Teilaufgaben und -bereiche, dass es eine diese gesamte Begriffs-Problematik erheblich erleichternde Substitution gibt. ISO hat sie 1994 mit den »quality-related costs« eingeführt. Zu diesem Begriff ist damals national nach langen Überlegungen die (hier dem Forderungsbegriff angepasste) Definition entstanden: »qualitätsbezogen = die Erfüllung diesbezüglicher Forderungen betreffend«. Besonders nützlich an dieser Definition ist die vollständige Übertragbarkeit auf andere Aufgabenstellungen wie etwa »kostenbezogen« oder »terminbezogen«,

**Benennung**
qualitätsbezogen/beschaffenheitsbezogen
terminbezogen
kostenbezogen
umwelt(schutz)bezogen
arbeitsschutzbezogen
zuverlässigkeitsbezogen
sicherheitsbezogen
informationssicherheitsbezogen

**Definition** (in allen Fällen)

= **die Erfüllung diesbezüglicher Forderungen betreffend**

Abb. 12:  *Vereinfachung der aufgabenbezogenen Betrachtung von Teilen des Managementsystems durch aufgabenbezogene Hilfswörter*

jeweils mit wortgleicher Definition rechts. Das Bild 12 zeigt die Analogie zu einigen anderen aufgabenbezogenen Teilen des Managements:
Mit den drei letztgenannten »Bezüglichkeiten« wird beispielhaft gezeigt, dass sich die Managementaufgabe auch auf eine spezifische Merkmalsgruppe beziehen kann, etwa die Gruppe der Zuverlässigkeitsmerkmale oder der Sicherheitsmerkmale.

Durch die Benutzung dieser Hilfswörter werden die obigen Definitionen der Tabellen 1 bis 3 kürzer und prägnanter. Zudem werden Überlegungen überflüssig, ob es sich um ein aufgabenspezifisches oder um ein bereichsspezifisches Management handelt, wobei die Übergänge zwischen diesen ohnehin fließend sind. So hätte man z. B. Tabelle 1 knapper fassen können, nämlich wie Tabelle 4.

Allerdings ist vorstellbar, dass Probleme mit der Akzeptanz einer zur Abstraktion neigenden Definition entstehen wie mit der aus dem Bild 12 rechts mit den »diesbezüglichen Forderungen«. Man müsste diese »diesbezüglichern Forderungen« nämlich in Tabelle 4 bei den jeweiligen Bezugswörtern rechts substituieren. Gerade das unabdingbare Ziel, einfache Denkmodelle für das Managementsystem mit seinen vielen unterschiedlichen Teilaufgaben zu schaffen, ist ohne die Bereitschaft zur Akzeptanz von abstrakt wirkenden Definitionen indessen nicht zu erreichen.

| Tabelle 4: Kürzer formulierte Beispiele zum aufgabenspezifischen Management | |
|---|---|
| **Bezeichnung des aufgabenspezifischen Teils des Managements** | **Definition des aufgabenspezifischen Managements aus den aufgabenspezifischen Forderungen:** (kürzere, alternative Definitionen zur Tabelle 1) |
| Qualitätsmanagement | »beschaffenheitsbezogenes*) Management« |
| Terminmanagement | »terminbezogenes*) Management« |
| Kostenmanagement | »kostenbezogenes*) Management« |
| Umwelt(schutz)management | »umweltschutzbezogenes*) Management« |
| Arbeitsschutzmanagement | »arbeitsschutzbezogenes*) Management« |
| *) siehe die übereinstimmende Definition dazu im Bild 12 | |

## 1.4.2 Andere Unterteilungen von Managementaufgaben

*Teilaufgaben* des Beschaffenheitsmanagements hat [5] als »Teile des Qualitätsmanagements« definiert. Tabelle 5 zeigt sie mit den terminologischen Erleichterungen:

| Tabelle 5: Die wichtigsten Teile des Qualitätsmanagements gemäß [5] | | | |
|---|---|---|---|
| **Derjenige Teil des Qualitätsmanagements, der qualitätsbezogen ...** | | | |
| ... Ziele, Prozesse und Ressourcen, festlegt, heißt | ... direkt die Erfüllung der Forderungen bezweckt, heißt | ... auf Vertrauen in die Qualitätsfähigkeit zielt, heißt | ... auf eine Erhöhung der Qualitätsfähigkeit zielt, heißt |
| **»Qualitätsplanung«** | **»Qualitätslenkung«** | **»Qualitätssicherung«** | **»Qualitätsverbesserung«** |

Anstelle von »quality-related« benutzt [5] vielfach »related to quality«. Damit ist zwar ebenfalls »qualitätsbezogen« gemeint, aber wegen der überwältigend häufigen Missverständnisse zum Fachbegriff Qualität entstehen dabei viel häufiger Fehlinterpretationen. Man vermeide deshalb die Formulierung »bezogen auf die Qualität«.

Zur Qualitätsplanung sei ergänzend erwähnt: Jener Teil des Qualitätsmanagements, der im Zuge der Entwicklung die Forderungen an Einheiten festlegt, etwa an Tätigkeiten oder deren Ergebnisse (Produkte), hieß früher ebenfalls »quality planning«. In [5] heißt er nun »design and development« und ist mit »Entwicklung« übersetzt. Sie steht für eine spezielle Konkretisierungsstufe der Forderungsplanung. Weil an die Stelle der Qualitätsforderungen die Ziele, Prozesse und Ressourcen getreten sind (siehe Tabelle 5), könnte darunter auch dasselbe wie früher gemeint und der jetzt »Entwicklung« genannte Begriff ein Unterbegriff sein. Die neue englische Doppelbenennung kennzeichnet aber noch ein anderes Benennungsproblem: Man hätte »design« in wesentlich besserer Übereinstimmung mit beiden Gemeinsprachen für das Ergebnis der Tätigkeit »Entwicklung« nehmen können.

Es war beabsichtigt und beschlossen, solche begriffliche Diskrepanzen wie früher mit [20] zu [12] in einem nationalen Beiblatt zur internationalen Norm zu klären. Inzwischen ist aber klar, dass dies aus Gründen der ständig abnehmenden Arbeitskapazität nicht gelingen wird. Diese ist in der nationalen Normung dramatisch geschrumpft.

### 1.4.3 Zusammenwirken der Teile des Managements

Jedes Mitglied einer Organisation hat zu vielen Teilzielen der Organisation einen mehr oder weniger großen Beitrag zu leisten. Das gilt für alle Bereiche und in allen Hierarchie-Ebenen. Jede Tätigkeit in einer Organisation unterliegt zugleich vielen spezifischen Forderungen, z. B. beschaffenheitsbezogenen Forderungen, Kostenforderungen, Umwelt(schutz)forderungen, Terminforderungen und anderen.

Daraus folgt, dass es einerseits Teile des Managements gibt, die fast alle Mitglieder der Organisation wahrzunehmen haben. Andere aufgabenspezifische Teile des Managements betreffen hingegen nur spezielle Fachkräfte der Organisation.

Deshalb können sich komplexe Zusammenhänge ergeben. Man sollte die Matrixstruktur des Zusammenwirkens der Management-Teile erkennen. Dieses Zusammenwirken ist wie für eine Aufbauorganisation üblich nicht darstellbar. Was in die Praxis umzusetzen ist, und welche individuellen Verflechtungen dort wie zu beachten und möglicherweise auch formal zu ordnen sind, hängt von vielen Faktoren ab, etwa von der Organisationsstruktur und vom Angebotsprodukt; beispielsweise ob es sich um Hundefutter, Stahlträger oder Rechnersoftware handelt. In den meisten Fällen ist es empfehlenswert, dazu eine QM-Zuständigkeitsmatrix zu entwickeln.

Besonders sei noch auf folgendes hingewiesen:
*Teile des Managements sollte man, wenn man sie anspricht, schon durch die Wortwahl stets vom Ganzen klar unterscheiden.*

Das ist allerdings oft sehr unbequem. Beispielsweise ist zwar die Aussage zutreffend, dass Beschaffenheitsmanagement auch Management sei, die Umkehrung dieser Aussage aber ist nicht erlaubt. Wenn man also Beschaffenheitsmanagement meint, sollte man nicht Management sagen (obwohl es nicht falsch und sehr bequem ist). Entsprechendes gilt für alle anderen Teilaufgaben des Managements: Wer »Prüfung« sagt, obwohl er »Wiederholprüfung« meint, wird häufiger missverstanden. Gleiches gilt für »Qualitätsaufzeichnung« und »Aufzeichnung« und für viele andere Unterbegriffe zu Oberbegriffen. Meint man Unterbegriffe, dann nenne man sie auch.

### 1.4.4 Managementgrundsätze

In der ISO 9000–Familie tauchten sie erstmals in [5] auf. Sie sind »für die Verwendung durch die oberste Leitung entwickelt, um die Organisation zu verbesserter Leistung zu führen«. Es geht demnach nicht nur um Qualitätsmanagement, sondern um Management mit allen Aufgaben. Die acht in [5] und im Bild 13 aufgeführten Managementgrundsätze meinen also umfassend die Führung einer Organisation.

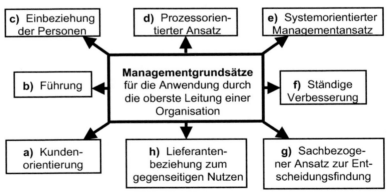

Abb. 13:     *Überblick über acht Managementgrundsätze des ISO/TC 176 gemäß den genormten Überschriften dazu*

Das Bild 13 gibt anhand der genormten Überschriften zunächst einen Überblick. Diese Managementgrundsätze spielen in der aktuellen Diskussion und in der qualitätsbezogenen Normung eine immer größere Rolle. Hintergrund ist der alte, in zögernd zunehmender Weise sich erfüllende Wunsch der mit der Aufgabe Qualitätsmanagement befassten Personen, die obersten Leitungen sollten sich um dieses Qualitätsmanagement selbst kümmern.

Bislang hatten sich für Qualitätsmanagement zuständige Gremien nicht berufen gefühlt, Grundsätze für die oberste Leitung von Organisationen aufzustellen. Wegen ihrer beschriebenen, zunehmenden Bedeutung werden diese Grundsätze aber dennoch nachfolgend im Einzelnen zitiert:

a) *Kundenorientierung:* Organisationen hängen von ihren Kunden ab und sollten daher gegenwärtige und zukünftige Erfordernisse der Kunden verstehen, deren Forderungen erfüllen und danach streben, deren Erwartungen zu übertreffen.

b) *Führung:* Führungskräfte schaffen die Übereinstimmung von Zweck und Ausrichtung einer Organisation. Sie sollten das interne Umfeld schaffen und erhalten, in dem sich Menschen voll und ganz für die Erreichung der Ziele der Organisation einsetzen.

c) *Einbeziehung der Personen:* Auf allen Ebenen machen Menschen das Wesen einer Organisation aus. Ihre vollständige Einbeziehung ermöglicht es, ihre Fähigkeiten zum Nutzen der Organisation einzusetzen.

d) *Prozessorientierter Ansatz:* Ein gewünschtes Ergebnis lässt sich effizienter erreichen, wenn Tätigkeiten und zugehörige Ressourcen als Prozess geleitet und gelenkt werden.

e) *Systemorientierter Managementansatz:* Erkennen, Verstehen, Leiten und Lenken von miteinander in Wechselbeziehung stehenden Prozessen als System trägt zur Effektivität und Effizienz der Organisation beim Erreichen ihrer Ziele bei.

f) *Ständige Verbesserung:* Die ständige Verbesserung der Gesamtleistung der Organisation stellt ein permanentes Ziel der Organisation dar.

g) *Sachbezogener Ansatz zur Entscheidungsfindung:* Effektive Entscheidungen beruhen auf der Analyse von Daten und Informationen.

h) *Lieferantenbeziehung zum gegenseitigen Nutzen:* Eine Organisation und ihre Lieferanten sind voneinander abhängig. Beziehungen zum gegenseitigen Nutzen erhöhen die Wertschöpfungsfähigkeit beider Seiten.

In d) ist noch die Auffassung von [12] verblieben, dass Ressourcen zum Prozess gehören. Schon in [5] ist diese ungewöhnliche Definition verlassen worden. Die Ressourcen sind nicht mehr Definitionsbestandteil.

Der Ersteller dieser Grundsätze, ISO/TC 176, hat wohl wegen seines auf die Teilaufgabe Qualitätsmanagement/Qualitätssicherung eingeschränkten Aufgabengebiets diese für das Managementsystem mit allen seinen Aufgaben geltenden Grundsätze mit der Benennung für seine spezifische Management-Teilaufgabe überschrieben, nämlich mit »Qualitätsmanagement-Grundsätze«.

## 1.5 Dokumentation und Dokumente

### 1.5.1 Das Dokument und seine zwei Arten

In DIN EN ISO 9001:1994 war der Abschnitt »4.5 Lenkung der Dokumente und Daten« durch 10 Abschnitte und 10 Seiten vom Abschnitt »4.16 Lenkung von Qualitätsaufzeichnungen« getrennt. Das hat vielfach die Meinung hervorgerufen, es gebe einerseits Dokumente und andererseits Aufzeichnungen, die nicht Dokumente seien.

Das wurde zwar durch DIN EN ISO 9001:2000 korrigiert. Dort wurde festgestellt: »Aufzeichnungen stellen einen besonderen Dokumententyp dar«. Damit war den Vertretern des Gegensatzes von Dokumenten und Aufzeichnungen die Grundlage entzogen; aber es gibt sie noch immer. Daher sei mit Bild 14 klargestellt: Es gibt zwei Arten von Dokumenten, für die ein wichtiges Unterscheidungskriterium gilt;

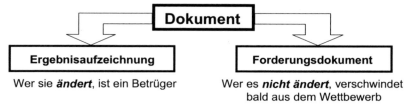

Abb. 14: *Unterscheidungskriterium für die beiden Dokumentenarten Ergebnisaufzeichnung und Forderungsdokument*

Ein Forderungsdokument heißt nach [5] auch »Spezifikation«.

Auch jetzt wird in ISO 9001:2000 leider immer noch der oben erläuterten Verwirrung Vorschub geleistet: Es wird dort zwischen dem Abschnitt »4.2.3 Lenkung von Dokumenten« und dem Abschnitt »4.2.4 Lenkung von Aufzeichnungen« unterschieden, als ob Aufzeichnungen etwas anderes als Dokumente wären.

## 1.5.2 Die Tätigkeit Dokumentation und ihre Ergebnisse

»Dokumentation« scheint zwar ein klares Wort zu sein. Es wird aber in der Praxis in unterschiedlicher Weise benutzt. Das hätte Anlass sein können, in [5] Klarheit zu schaffen. Dort ist dies aber nicht nur nicht geschehen, sondern es wurde durch etliche Praktiker, welche die Sprechweise der Praxis kannten, sogar durchgesetzt, dass in einer Anmerkung 2 zum Begriff Dokument folgendes steht: »Ein Satz von Dokumenten, z. B. Spezifikationen und Aufzeichnungen, wird häufig als ‚Dokumentation‘ bezeichnet«. Das ist zwar in der Praxis tatsächlich so, aber mit dieser Anmerkung 2 wird normativ eine Homonymie geschaffen, die nach dem Normungsprinzip der Vereinheitlichung unerwünscht ist. Zudem entsteht auch einen Gegensatz zur offiziellen, in allen Behörden durchgängig festgelegten Auffassung. Die zugehörige Definition kann man in Band 5 von [7] und in [26] wie folgt nachlesen:

> **Dokumentation (engl.: documentation) =** für die Fachinformation wesentliche Tätigkeit, die das systematische Sammeln und Auswählen, das formale Erfassen, inhaltliche Auswerten und Speichern von Dokumenten umfasst, um sie zum Zweck der gezielten Information rasch und treffsicher auffinden zu können

Hier zeigt sich bereits die Möglichkeit, eine grundlegend wichtige Betrachtungsweise anzuwenden, die mit Bild 7 vorgestellt ist: Die Tätigkeit Dokumentation sollte von ihren Ergebnissen streng getrennt betrachtet werden, weil an die Beschaffenheiten der beiden Einheiten unterschiedliche Forderungen gestellt werden. Bild 15 macht auf diese Unterscheidungszweckmäßigkeit aufmerksam:

Die Aufzählung bei »Ergebnisse« der Dokumentation in diesem Bild 15 ist sicherlich nicht vollständig, aber sie zeigt prinzipiell, worauf es ankommt, nämlich sowohl an die Tätigkeiten der Dokumentation zu denken als auch an deren Ergebnisse.

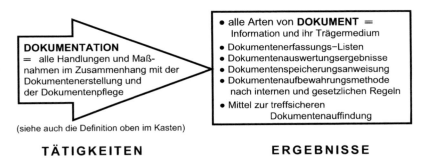

DOKUMENTATION
= alle Handlungen und Maßnahmen im Zusammenhang mit der Dokumentenerstellung und der Dokumentenpflege

(siehe auch die Definition oben im Kasten)

- alle Arten von **DOKUMENT** = Information und ihr Trägermedium
- Dokumentenerfassungs–Listen
- Dokumentenauswertungsergebnisse
- Dokumentenspeicherungsanweisung
- Dokumentenaufbewahrungsmethode nach internen und gesetzlichen Regeln
- Mittel zur treffsicheren Dokumentenauffindung

**TÄTIGKEITEN**                    **ERGEBNISSE**

Abb. 15:     *Tätigkeiten und Ergebnisse zur Dokumentation*

Aus der Tatsache, dass beim Management die Dokumentation *Tätigkeiten* sind, folgt z. B., dass es für die Dokumentation auch eine Prozesslenkung gibt. Alle deren Werkzeuge können für die Erbringung der Dienstleistung Dokumentation eingesetzt werden.

Ursache für die unterschiedliche Benutzung des Wortes »Dokumentation« in der Gemeinsprache (und auch in Fachsprachen) ist, dass spezielle *Ergebnisse* einer Dokumentation ebenfalls diesen Namen haben. So wird etwa eine Zusammenstellung von Dokumenten zu einem speziellen Thema »Dokumentation« genannt. Insbesondere werden unter Benutzung von Dokumenten (authentisch) erstellte, breitenwirksame Medienberichte von Presse, Ton– und Bildfunk so genannt. Das geht bis hin zur »Dokumentation« der Initialen urzeitlicher Höhlenmenschen an ihrer Höhlenwand, die natürlich Ergebnisse von Tätigkeiten sind. Diese Erklärungen sollten aber nicht darüber hinwegtäuschen, dass hier nachdrücklich die sorgsame Unterscheidung von Tätigkeiten und ihren Ergebnissen gemäß Bild 15 empfohlen ist.

In der oben zitierten Definition für den Begriff Dokumentation wird der Begriff der Fachinformation verwendet. Zu ihm ist zu sagen: »*Fachinformation*« nennt man jedes auf einem Datenträger gespeicherte und bereitstellbare Wissen, das zum Zweck der Erfüllung fachlicher Aufgaben erfasst, aufbereitet und zur Verfügung gestellt wird. Bekannt sind die branchenbezogenen, öffentlich zugänglichen Fachinformationszentren mit dem abgekürzten Namen »FIZ«. Für das Beschaffenheitsmanagement (Qualitätsmanagement) ist es das Deutsche Informationszentrum für technische Regeln im DIN (DITR).

### 1.5.3 Das System beschaffenheitsbezogener Dokumente

Die im Ergebniskasten von Bild 15 angegebene Kurzdefinition hat die »Langform«

**Dokument =** auf einem Trägermedium festgelegte Information, die bei entsprechender Bedeutung als Gesamtheit durch ein Dokumentenkennzeichen eindeutig identifizierbar und dem zugelassenen Zugriff zugänglich ist

Diese »Langform« gilt für den Fachbereich der Dokumentationstechnik.

National wurde das »System qualitätsbezogener Dokumente«
schon vor fast zwei Jahrzehnten geklärt. Das war und ist möglich ohne
jeden Widerspruch zu den Normen der DIN EN ISO 9000-Familie.
Das Ergebnis wurde in [25] veröffentlicht und in die Erläuterungen
der Grundnorm [12] aufgenommen. Diese demnach seit 1990 bestehende Systematik wird im Bild 16 gemäß [8] wiedergegeben:

| | | ART DER EINHEIT, auf welche sich das Dokument bezieht | | | |
|---|---|---|---|---|---|
| | | beliebige Einheit | Tätigkeit oder Prozess | Produkt | |
| **INHALT** | Beliebiger qualitäts- bezogener Inhalt | QUALITÄTS- BEZOGENES DOKUMENT Nr 12 | QM- DOKUMENT Nr 12.1 | QUALITÄTS- DOKUMENT Nr 12.2 | ⬅ **Ober- begriffe** |
| **DES QUALI- TÄTS- BEZOGE- NEN** | qualitätsbe- zogene For- derungen* | QUALITÄTS- FORDE- RUNGS- DOKUMENT[a]* Nr 12.3 | **QM- Verfahrens- dokument** Nr 12.3.1 | **Qualitäts- bezogene Produkt– Spezifikation** Nr 12.3.2 | |
| **DOKU- MENTS** | erreichtes qualitätsbe- zogenes Ergebnis oder Nach- weis ausge- führter qualitätsbe- zogener Tätigkeiten | QUALITÄTS- AUF- ZEICHNUNG[b] Nr 12.4 | **Tätigkeits- oder pro- zessbezo- gene Quali- täts- aufzeichnung** Nr 12.4.1 | **Produkt- bezogene Qualitäts- aufzeichnung** Nr 12.4.3 | |

**↑ Ober- begriffe**

[a] Oberbegriff: Spezifikation
[b] Oberbegriff: Aufzeichnung

\* In der Norm „Anforderung" (die betreffende Benennungsan-
ordnung DIN zum Begriff requirement wird weder hier noch
von der DGQ mitgemacht, damit Unterscheidungsmöglichkeit
zwischen Forderung und Anforderung verbleibt; siehe [27])

Abb. 16:     *Begriffsteilsystem qualitätsbezogenes Dokument*

Gegenüber der genormten Fassung sind lediglich die Anmerkung mit Stern unten sowie die Abschnittsnummern in den Kästen ergänzt. Eine entsprechende Darstellung mit englischen Benennungen gibt es in [25].

Zur Gestaltung der Dokumentation von Managementsystemen siehe auch [24].

Dokumentation und Dokumente sind aber nicht wie die Darstellung von [24] nur für Qualitätsmanagementsysteme von großer Relevanz. Sie sind vielmehr für alle Teilaufgaben des Managements von erheblicher Bedeutung. Ihr Umfang und der für sie nötige Arbeitsaufwand hängen zwar von der Produktart ab, das ändert aber nichts and der Zweckmäßigkeit der mit Bild 16 vorgestellten Systematik.

Allgemein ist festzustellen: Dokumentenkennzeichen können eine Dokumentennummer, ein Filename oder eine Stücklistennummer sein. Das System der Dokumentenkennzeichen für die verschiedenen Dokumente einer Organisation ist im DV-Zeitalter ein Problem und damit eine Aufgabe ersten Ranges. Der elektronische Informationsaustausch darüber innerhalb der Organisation und vor allem mit deren Partnern hängt nämlich entscheidend von der Anpassung der Lösung dieses Problems an überbetriebliche Systeme ab. Am Anfang steht dabei die Abgrenzung der kennzeichnungspflichtigen gegen die nicht kennzeichnungspflichtigen Dokumente. Nicht jede Strichliste eines Qualitätsprüfers braucht eine Dokumentennummer zu erhalten.

Die im Bild 16 fett hervorgehobenen vier Kernbegriffe sind in den vier Kästen des Bildes rechts unten in einem Rechteck enthalten, das mit einer besonders fetten Linie umrandet ist. Die Spalte links davor und die Zeile darüber enthalten die Benennungen der jeweiligen *Oberbegriffe*. Auf diese Oberbegriffe ist auch an den Rändern des Begriffsteilsystems mit (auffällig herausstehenden) besonderen Kästen hingewiesen. Der gemeinsame Oberbegriff »Qualitätsbezogenes Dokument« ist der Kreuzungspunkt der erwähnten Oberbegriffszeile und -spalte. Dieses Benennungssystem für Dokumente ist schon fast aus sich selbst heraus verständlich.

Im Bild 16 kommt sieben Mal »qualitätsbezogen« vor. Nach der hier vorgetragenen Auffassung müsste es überall durch »beschaffenheitsbezogen« ersetzt werden (siehe Bild 17). Das Bild 16 stammt indessen aus [8], ist also eine genormte Fassung. Hinzugefügt sind (wie erwähnt) lediglich die neun Hinweisnummern und unten die Anmerkung mit Stern. Die Bedeutung der Hinweisnummern ist nachfolgend erläutert.

Die in neun Kästen des Bildes 16 eingetragenen Nummern weisen auf die zugehörigen jeweiligen Begriffsdefinitionen in der bereits seit Jahren in Erneuerung befindlichen, aber noch geltenden Grundnorm [26] hin. Es lohnt sich, diese Begriffe beizubehalten und ihre Definitionen »aufzubewahren«, weil es im Zuge der immer weiter fortschreitenden »Rationalisierung der Terminologie« voraussichtlich keine einzige dieser neun Definitionen mehr im späteren Nachfolger von [26] geben wird. Für diesen Nachfolger ist [8] ein erster Entwurf, dem 2007 ein zweiter Entwurf folgen wird. Schon im ersten Entwurf fehlten alle im Bild 16 mit Nummern aus [26] aufgeführten Begriffe.

Betrachtet man das Managementsystem entsprechend der Aufgabenstellung dieses Buches mit allen seinen Teilaufgaben, kann man das Bild 16 durch das wesentlich einfachere Bild 17 ersetzen:

| beschaffenheits-bezogenes Dokument | Tätigkeits-bezogenes Dokument | produkt-bezogenes Dokument | Oberbegriff ⬅ |
|---|---|---|---|
| Forderungs-Dokument * | tätigkeitsbezogenes Forderungsdokument | produktbezogenes Forderungsdokument | |
| Ergebnis-aufzeichnung | tätigkeitsbezogene Ergebnisaufzeichnung | produktbezogene Ergebnisaufzeichnung | |
| ⬆ Ober-begriff | * in [5] „Spezifikation" | | |

Abb. 17:  *Vereinfachtes Bild 16 der Dokumente für das Managementsystem mit allen Teilaufgaben*

Die vier Kernbegriffe sind wie im Bild 16 fett umrandet. Die angewendeten Wörter mit Bezugsangaben bewirken, dass die Begriffe keine weitere Definition benötigen.

### 1.5.4 Einordnung von Dokumenten ins System der Bilder 16 bzw. 17

Zu vorliegenden Dokumenten wird man oft die Frage zu beantworten haben, zu welcher der vier Grundarten von Bild 16 bzw. Bild 17 es gehört. Das wird oft schwierig zu entscheiden sein, weil Dokumente derzeit meist noch andere Namen haben als die in diesen Bildern gemäß der dargestellten Systematik genannten. Die Beantwortung dieser Frage wird anhand dreier praktischer Beispiele erörtert:
In [26] sind beispielsweise drei weitere Unterarten zu Qualitätsaufzeichnungen definiert. Es sind die folgenden:

⇨ Ein »*QM-Nachweisdokument*« ist eine zur Darlegung der Qualitätsfähigkeit von Prozessen oder QM-Elementen eines QM-Systems im Rahmen eines externen Qualitätsaudits oder Zertifizierungsaudits vorgelegte oder vorzulegende tätigkeitsbezogene Ergebnisaufzeichnung. Sie ist in [26] definiert unter der Nr. 12.4.2. Ein solches QM-Nachweisdokument ist ein Unterbegriff zur Nummer 12.4.1 im Bild 16 und hat bekanntlich rechtlich zuweilen eine herausragende Bedeutung.

⇨ Ein »*Interner Qualitätsbericht*« ist eine für alle Hierarchie-Ebenen einer Organisation wichtige Zusammenstellung produktbezogener Ergebnisaufzeichnungen. Er ist für die Qualitätsplanung, die Qualitätslenkung oder die Qualitätsprüfungen erforderlich oder nützlich. Er ist in [26] definiert unter der Nr 12.4.4 und ist ein Unterbegriff zur Nummer 12.4.3 im Bild 16.

⇨ Ein »*Qualitätsnachweis*« ist eine weitere produktbezogene Ergebnisaufzeichnung. Sie dient gemäß der Definition in [26] (unter der Nr 12.4.5) als Nachweis darüber, dass die Forderung an die Beschaffenheit des betreffenden materiellen oder immateriellen oder kombinierten Angebotsprodukts der Organisation erfüllt ist. Im Bild 16 ist der Qualitätsnachweis indirekt im rechten unteren der vier mit besonders dicken Linien umrandeten Kästen enthalten. Qualitätsnachweise sind Dokumente, die vor allem für die Geschäftsbeziehung zu Abnehmern der Angebotsprodukte überaus wichtig sind.

Schließlich ist anzumerken: Auch alle Qualitätsnachweise, die bei der Abwicklung von EU-Konformitätsbewertungsverfahren (siehe [19], Kapitel 14) gefordert werden, gehören zu dieser Dokumentenart. Das gilt auch für »Werkatteste«.

Allgemein kann man zu Qualitätsnachweisen sagen: Je kleiner die Fertigungstiefe einer Organisation ist, je mehr Material und Vorprodukte sie also einkauft, umso wichtiger sind für sie Qualitätsnachweise über solche Zulieferungen.

Ein generelles Problem bei der Einordnung sind Dokumente, in denen zu mehreren Arten der vier Kerndokumente Aussagen zusammengefasst sind. Dann sollte sich der Anwender entscheiden, ob er sie künftig nach dem Ordnungsschema des Bildes 17 aufteilen oder dafür Sonderablagen bilden will.

### 1.5.5 Aufbewahrungspflicht, Aufbewahrungsfrist, Trägermedium

Die Aufbewahrung von Dokumenten verlangt einen erheblichen Mitteleinsatz. Zwar ist die Form der Aufbewahrung, insbesondere das Trägermedium (Dokument auf Papier, als Bild, mittels EDV) dem Aufbewahrungspflichtigen freigestellt. Nicht jedoch gilt Gleiches für die Aufbewahrungsfrist. Deshalb sollte man die betreffenden Begriffe, Regelungen und Zusammenhänge kennen. Zunächst die eingängige Erklärung für die Aufbewahrungspflicht:

**Aufbewahrungspflicht =** Verpflichtung des für eine Dokumentation Zuständigen zur geeigneten Aufbewahrung von Dokumenten mindestens bis zum Ende der Aufbewahrungsfrist

Unter *Aufbewahrungsfrist* versteht man dabei die Zeitspanne, für welche das Dokument dem zugelassenen Zugriff zugänglich sein muss. Es gibt gesetzlich festgelegte (z. B. nach § 147 AO, im HGB früher nach § 44, jetzt nach HGB § 257), aber auch organisationsbezogene, nämlich durch Kunden oder organisationsintern festgelegte Aufbewahrungsfristen (siehe Bild 1.23). Für Dokumente ist die Aufbewahrungsfrist meist in ganzen Jahren festgelegt. Sie beginnt, wenn nicht anders festgelegt, am Schluss des Kalenderjahres, in welchem das Dokument entstanden ist.

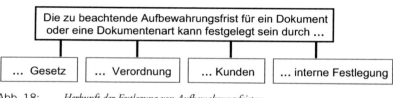

Abb. 18:    *Herkunft der Festlegung von Aufbewahrungsfristen*

Dokumente mit festgelegter Aufbewahrungsfrist sollten diese Festlegung am Aufbewahrungsort leicht erkennen lassen. Diese Empfehlung gilt unabhängig davon, ob die Aufbewahrungsfrist durch Gesetz oder Verordnung, durch Kunden oder intern festgelegt ist. Stammen unterschiedliche Aufbewahrungsfristen für ein Dokument oder eine Dokumentenart von mehreren Stellen, ist die längste zu beachten.

Vielfach genügt es, wenn das betreffende Ordnungsmittel für die Aufbewahrung der Dokumente – beispielsweise ein Aktenordner – unmittelbar erkennbar den betreffenden Hinweis auf das Ende der Aufbewahrungsfrist trägt. Gesetzliche Festlegungen zur Aufbewahrungsfrist findet man im oben schon erwähnten HGB § 257, Absatz 4 für Dokumente und Schriftverkehr eines Kaufmanns. Das Bild 19 gibt dazu einen Überblick.

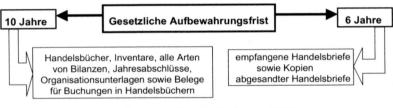

Abb. 19:    *Gesetzliche Aufbewahrungsfristen für Kaufleute nach HGB*

Auch Dokumente zum Management, um die es hier primär geht, werden in aller Regel im Rahmen von Handelsbriefen (siehe Bild 19) zwischen den Geschäftspartnern übermittelt. Deren Organisationen sind meist im Handelsregister eingetragen und unterliegen damit dem HGB. So gehören dazu beispielsweise die Dokumente mit den Forderungen an die Beschaffenheit alles dessen, was bestellt wurde und geliefert werden wird. Für keines der beschaffenheitsbezogenen Dokumente des Begriffsteilsystems des Bildes 16 oder 17, eingeschlossen die im Text ergänzend erwähnten Dokumentenarten (Unterbegriffe), gilt allerdings eine Aufbewahrungsfrist von 10 Jahren. Keines gehört nämlich zum linken Kasten des Bildes 19.

Wenn nicht intern Anderes festgelegt ist, können demnach beschaffenheitsbezogene Dokumente nach Ablauf von sechs Jahren vernichtet werden. Ausnahmen von dieser Vernichtungsempfehlung sind häufig qualitätsbezogene Dokumente, die

⇨ im Fall einer Produkthaftung gemäß §§ 823 BGB ff oder nach dem Produkthaftungsgesetz für die Beurteilung von Bedeutung sein können;

⇨ für die Organisation selbst ggf. von Interesse sind und deren Zugriffsfähigkeit die Organisation deshalb für eine längere Zeitspanne als 6 Jahre sicherstellen will, z. B. Konstruktionsunterlagen von Angebotsprodukten, für die auch noch nach Jahrzehnten mit Nachlieferungs– oder Ersatzteilanforderungen zu rechnen ist;

*Anmerkung:* Hier beispielsweise benötigt man den in der deutschen Normensprache in diesem Sinn seit 2000 nicht mehr verfügbaren Begriff der Anforderung, nicht den der Forderung);

⇨ erfahrungsgemäß für Änderungskonstruktionen eine wertvolle Hilfe sein könnten;

⇨ für Langzeitstudien der Organisation über eine Zeitspanne von mehr als sechs Jahren interessant sein könnten.

## 1.5.6 Aufbewahrungsbedingungen

In DIN EN ISO 9001:1994 war zur geeigneten Aufbewahrung von Dokumenten bei einer Auditierung die Darlegung der Erfüllung folgender Einzelforderungen verlangt: Die Dokumente »*müssen in Einrichtungen unter geeigneten Aufbewahrungsbedingungen zur Vermeidung von Beschädigungen oder Beeinträchtigungen und zur Verhütung eines Verlustes so aufbewahrt und in Ordnung gehalten werden, dass man sie leicht wieder auffinden kann.*«. In den Nachfolgenormen vom Jahr 2000 gibt es dazu keine Festlegungen mehr. Regelmäßige Prüfungen der Aufbewahrungsorte der Dokumente durch die dafür Zuständigen im Hinblick auf solche normativen oder andere (z. B. interne) Einzelforderungen sind sehr zu empfehlen. Dass bei den Aufbewahrungsbedingungen auch die Frage eine große Rolle spielt, auf welchem Medium ein Dokument aufbewahrt wird, ist fast selbstverständlich.

## 1.5.7 Die Managementelemente Dokumentationsgrundsätze und Dokumentation

Bereits mit Bild 16 ist jene Teilmenge von Dokumenten behandelt, die in einer Organisation für das Qualitätsmanagementsystem von Bedeutung sind, nämlich die beschaffenheitsbezogenen Dokumente. Nicht nur Gedanken zum umfassenden Qualitätsmanagement (siehe 1.3.6) legen es nahe, dass man die Dokumentation für alle – oder mindestens für einen genau bezeichneten Teil aller – Dokumente aller Bereiche der ganzen Organisation nach den gleichen Dokumentationsgrundsätzen handhabt, also für das Management mit möglichst allen seinen Teilaufgaben. Dabei sind nach [26] Dokumentationsgrundsätze *»Grundsätze, nach denen die Verfahren und die Tätigkeiten der Dokumentation gestaltet werden«.* Beispiele sind Grundsätze für die Beantragung, Erstellung, Prüfung der Angemessenheit, Genehmigung, Herausgabe, Verteilung, Änderung und Einziehung von Dokumenten.

### 1.5.8 Übergeordneter normativer Anhaltspunkt für die möglichst einheitliche Gliederung ähnlicher Dokumente

Man findet ihn in der Norm DIN 820-2:2000-01, die dreisprachig ausgeführt ist. Insbesondere enthält deren Abschnitt 5.1.3 »Gliederung innerhalb einer Norm« auch eine Tabelle mit dem Titel »Beispiel für eine übliche Gliederung der Elemente einer Norm«, die für die generelle Gliederung von Dokumenten eines Managementsystems wertvolle Anregungen geben kann.

Prof. Dr.-Ing. **Walter Geiger** studierte zuerst Allgemeine Elektrotechnik und dann Hochfrequenz- und Fernmeldetechnik, letztere an der TH München, wo er auch promoviert wurde. Nach sechs Jahren Entwicklungstätigkeit war er zehn Jahre Leiter des Qualitätswesens eines in unterschiedlichen Bereichen des Maschinenbaus und der Elektrotechnik tätigen Unternehmens, zwölf weitere Jahre Leiter einer zentralen Stabsabteilung Qualitätswesen in einem großen Unternehmen. Seit 1982 ist er beratender Ingenieur für das Spezialgebiet Qualitätsmanagement. Seine besonderen Aktivitäten gelten der nationalen und internationalen Vereinheitlichung von Verfahren und Begriffen auf diesem Gebiet. Von 1972 bis 1987 hielt er zum Fachgebiet Qualitätslehre Vorlesungen an der Universität Hannover. Seit 1994 ist er Ehrenmitglied der DGQ.

# Literatur

*Vorbemerkung: Literaturstellen vor 1994 mit dem Titelinhalt oder Bestimmungswort »Qualitätssicherung« oder dem vorgeschalteten Kürzel »QS-« behandeln meist Qualitätsmanagement (vorgeschaltetes Kürzel »QM-«).*

[1]   *Random House Webster's College Dictionary, Random House New York, Toronto, London, Sydney, Auckland, 1991*

[2]   *DIN 820-1, Normungsarbeit – Grundsätze*

[3]   *ISO/IEC Guide 2, Standardization and related activities – General vocabulary*

[4]   *DIN EN 45020, Allgemeine Fachausdrücke und deren Definitionen betreffend Normung und damit zusammenhängenden Tätigkeiten*

[5]   *DIN EN ISO 9000:2005-12, Qualitätsmanagementsysteme – Grundlagen und Begriffe*

[6]   *Duden, Das große Wörterbuch der deutschen Sprache in 10 Bänden, Dudenverlag, Mannheim, Leipzig, Wien Zürich*

[7]   *Brockhaus Enzyklopädie in 24 Bänden, F. A. Brockhaus, Mannheim, Vierzehnter Band, Schlüsselbegriff Management*

[8]   *E DIN 55350–11:2004-03, Begriffe zu Qualitätsmanagement und Statistik, Teil 11: Begriffe des Qualitätsmanagements – Ergänzung zu DIN EN ISO 9000:2000-12*

[9]   CARL VON CLAUSEWITZ: *Vom Kriege. Das philosophische Standardwerk über Strategie und Taktik. Weltbild Verlag GmbH, Augsburg 1998*

[10]  MICHAEL STÜRMER: *Nur der Wille führt zum Sieg. Zum 175. Todestag von Carl von Clausewitz. DIE WELT 16.11.2006. Der Autor ist Professor für mittlere und neuere Geschichte seit 1973*

[11]  *DIN Deutsches Institut für Normung e. V. Herausgeber: DIN-Fachbericht 121: Leitlinien zur Begründung und Erarbeitung von Managementsystemnormen. Guidelines for the justification and development of management system standards, 1. Auflage 2002*

[12]  *DIN EN ISO 8402:1995-08, Qualitätsmanagement – Begriffe*

[13]  *DIN 40041:1990-12, Zuverlässigkeit – Begriffe*

[14]  *www.qm-infocenter.de/begriffe , Begriff des Monats QZ 09/2001, Seite 1124*

[15]  *Qualität und Zuverlässigkeit – Qualitätsmanagement in Industrie und Dienstleistung, Organ der Deutschen Gesellschaft für Qualität e.V. und der Quality Austria GmbH. Carl Hanser Verlag Kolbergerstr. 22, 81679 München*

[16]     JACOB UND WILHELM GRIMM: *Deutsches Wörterbuch, Verlag von S. Hirzel. Band 1 (1854) A – Biermolke, Spalte 1544. Fotomechanischer Nachdruck 1984 der Erstausgabe durch dtv*

[17]     GEIGER, W.: *Jeder Mangel ist ein Fehler – aber nicht umgekehrt. Werkstatt und Betrieb 110 (1977) Heft 11, Seiten 782 bis 784. Carl Hanser Verlag, München*

[18]     *DIN 55350–11:1987-05. Begriffe der Qualitätssicherung und Statistik – Grundbegriffe der Qualitätssicherung*

[19]     GEIGER, W. UND KOTTE, W.: *Handbuch Qualität. Grundlagen und Elemente des Qualitätsmanagements: Systeme – Perspektiven. Friedr. Vieweg & Sohn Verlag. 5., vollständig überarbeitete und erweiterte Auflage 2008*

[20]     *Beiblatt 1 zu DIN EN ISO 8402:1995-08, Qualitätsmanagement; Anmerkungen zu Begriffen*

[21]     *DIN ISO 9004–2:1992-06, Qualitätsmanagement und Elemente eines Qualitätssicherungssystems; Leitfaden für Dienstleistungen*

[22]     *DIN 55350–12:1989-03. Begriffe der Qualitätssicherung und Statistik; Merkmalsbezogene Begriffe*

[23]     *DIN–Taschenbuch 223, Qualitätsmanagement und Statistik, Begriffe. 4. Auflage Februar 2006*

[24]     *ISO/TR 10013:2001-07, Leitfaden für die Dokumentation von Qualitätsmanagementsystemen*

[25]     *Dokumentation – künftig klarer und rationeller. Qualität und Zuverlässigkeit 35 (1990) 9, Seite 483. Carl Hanser Verlag, München*

[26]     *DIN 55350–11:1995-08. Begriffe zu Qualitätsmanagement und Statistik – Begriffe des Qualitätsmanagements*

[27]     GEIGER, W.: *Kleiner Unterschied ganz groß – Gegen ein sach- und verfahrenswidriges Ersetzen des Begriffs Forderung durch »Anforderung« in der deutschen Normensprache durch das DIN. Qualität und Zuverlässigkeit 46 (2001) 1; Seiten 16 und 17*

[28]     KAMISKE, G. F. und BRAUER, J.-P.: *Qualitätsmanagement von A bis Z. Erläuterungen moderner Begriffe des Qualitätsmanagements. Carl Hanser Verlag München Wien, 5. aktualisierte Auflage 2006*

[29]     GEIGER, W.: *Was man tut, fängt im Kopf an. Zur Tragweite von Begriffen für Managementsysteme. Qualität und Zuverlässigkeit, 52 (2007) 6, S. 18-20, Carl Hanser Verlag, München*

## Zusammenfassung

Der Beitrag erläutert kritisch die notwendigen begriff-
lichen Grundlagen von Managementsystemen. Unentbehrliche Grundbegriffe fehlen schon in den Normen
zu Qualitätsmanagementsystemen, z.B. der Begriff Einheit. Schwerpunkt des Managements ist die Beschaffenheit von Tätigkeiten und Ergebnissen. Im neuen BGB
von 2002 hat sie auch eine neue rechtliche Bedeutung.
International aber fehlen zur Beschaffenheit vereinheit-
lichende Definition und Benennung. Nur mit diesem
Begriff aber ist sofort zu erkennen, warum QM objektiv
Schwerpunktsbedeutung hat. Es geht nämlich um die
Beschaffenheit aller Tätigkeiten und Ergebnisse in der
Organisation, um das Beschaffenheitsmanagement. Es
wird anhand der unterschiedlichen Arten von Angebots-
und internen Produkten sowie der Tätigkeiten zu deren
Erstellung behandelt. Maßgebend für erfolgreiches
Management ist die strikte Trennung der Tätigkeiten
von den Ergebnissen. Diese Trennung ist bei der im-
materiellen Produktart Dienstleistung i.d.R. schwierig.
Auch zur Kombination des stets immateriellen Produkts
Dienstleistung mit angewendeten, bearbeiteten, trans-
portierten oder gelieferten anderen Produkten ist eine
umfassende Klärung nötig.
Wichtig ist die Eindämmung der Anzahl erforderlicher
Modellvorstellungen. Je geringer sie ist und je einfacher
die Modellvorstellungen, umso besser können auch
Managementgrundsätze angewendet werden, egal ob
sie von der EFQM, vom ISO/TC 176 oder einer anderen
Quelle stammen. Dokumentation und Dokumente sind
ein weiterer kritischer Punkt. Sie haben je nach der
Risikosituation einer Produktpalette unterschiedliches
Volumen. Auch hier geht es um klare Begriffe und ein-
fache, aber ebenfalls wenig bekannte Grundsätze.

# 2 Der Weg zur Zertifizierung eines Managementsystems

**Die Zertifizierung eines Managementsystems bietet Vorteile, weil sich in der Regel neben der Qualität des Unternehmens auch seine Attraktivität für Kunden und Geschäftspartner steigert. Aber wie läuft eigentlich die Zertifizierung eines Managementsystems ab und was ist im Vorfeld zu beachten?**

**In diesem Beitrag erfahren Sie:**
- wie sich eine Organisation auf eine Zertifizierung vorbereiten sollte,
- welche Kriterien bei der Auswahl der Zertifizierungsstelle helfen,
- wie die Begutachtung eines MS abläuft, an einem bzw. an mehreren Standorten.

KLAUS PETRICK, FRANK GRAICHEN

## 2.1 Einleitung

Worauf es bei einem Managementsystem (MS) ankommt, können wir dem voranstehenden Beitrag dieses Buches entnehmen. Welchen Forderungen (Erwartungen und Erfordernissen) ihrer Interessenpartner eine Organisation im Markt und durch den Staat gegenübersteht, ersehen wir aus dem Beitrag, der dem vorliegenden folgt. Dort wird zwischen Forderungen an die Fähigkeiten der Organisation und den Forderungen an deren Ergebnisse unterschieden. Die Zertifizierung von Managementsystemen dient der Bildung von Vertrauen in die grundlegenden Fähigkeiten der Organisation, Ergebnisse zu liefern, die die Forderungen an diese Ergebnisse erfüllen. Eine stetig zunehmende Ausrichtung an einem Exzellenz-Modell (z.B. der EFQM, IBEC) birgt die Chance, die Grundfähigkeit und den Erfolg der

Organisation weit über den Durchschnitt der betreffenden Branche hinaus zu steigern.

Dieser Beitrag illustriert, wie Begutachtungen üblicherweise ablaufen. Dabei soll nicht verschwiegen werden, dass in der Praxis nicht nur beispielhafte Wege gegangen werden. Häufig sind die Erwartungen der Zertifizierungsstelle und/oder der zu zertifizierenden Organisation unangemessen, überfrachtet oder werden zu leicht genommen. National und international, zwischen den Branchen und zwischen Zertifizierungsstellen/ Assessment-Organisationen gibt es große Unterschiede.

Die in diesem Beitrag beschriebenen Verfahrensweisen berücksichtigen die Erfahrungen einer zwanzigjährigen Begutachtungspraxis.

## 2.2 Wir wollen das MS-Zertifikat. Wie sind wir richtig vorbereitet?

Eine typische Situation:

Wir wollen das Zertifikat und wollen möglichst viel Nutzen daraus ziehen. Dieser besteht aus dem Wunsch nach Stärkung unserer Marktposition durch interne Verbesserungen. Vom Zertifikat als Nachweis unserer Fähigkeit erhoffen wir uns höheres Vertrauen bei unseren Interessenpartnern, einige Kunden von uns verlangen das Zertifikat regelrecht. Wir haben uns entschieden, unser Managementsystem (MS) so weit wie möglich aus eigener Kraft aufzubauen. Trotzdem benötigten wir etwas externe Hilfe. Dabei hatten wir uns die folgenden Empfehlungen zueigen gemacht:

⇨ Wir interpretieren die Rolle des MS-Beraters als Coach unserer Mannschaft.

⇨ Wir haben den MS-Berater ausgewählt aufgrund der positiven Erfahrungen wichtiger Partner oder Kollegen von uns (Referenzen).

⇨ Wir klären, dass der MS-Berater eine erfolgsabhängige Honorierung akzeptiert.

⇨ Der Berater ist in erster Linie als Coach tätig, nicht jedoch als Autor unseres MS-Handbuchs; unsere Mitarbeiter verstehen schließlich unsere eigenen Aufgaben und Prozesse am besten und werden angemessen am Aufbau und an der Dokumentation des Systems beteiligt.

⇨ Der Berater ist unabhängig und garantiert nicht den Erfolg der MS-Zertifizierung durch eine ihm genehme Stelle.

Nach erfolgter Einführung unseres Managementsystems dürften wir, d.h. unsere Organisation als Ganzes, auf die Zertifizierung richtig vorbereitet sein, wenn wir uns selbst folgende Fragen in Bezug auf unser Managementsystem (MS) mit »ja« beantworten können:

⇨ Steht unsere oberste Leitung (ggf. in Absprache mit Gesellschaftern/Aufsichtsrat) positiv hinter dem eingeführten dokumentierten Managementsystem, das die gewählte MS-Forderungsnorm erfüllen soll? Hilft sie, Verbesserungen voranzutreiben?

⇨ Hat unsere oberste Leitung unsere relevanten Interessenpartner (einschließlich ihrer Eigner oder Träger) mit ihren Forderungen an unsere Fähigkeiten und an die Ergebnisse unserer Organisation identifiziert?

⇨ Hat sie entsprechend ihre Politik und Grundsätze sowie darauf gründende messbare Ziele (einschließlich Zeitrahmen) für Funktionsbereiche und Ebenen der Organisation festgelegt, und hat sie für ein Verfahren zur periodischen Bewertung derselben gesorgt und ihren MS-Beauftragten aus dem Leitungskreis (Idealfall: der Chef fühlt sich selbst als Beauftragter) eingesetzt?

⇨ Stellt sie die zur Aufrechterhaltung unseres MS und zum Erreichen der Ziele notwendigen Ressourcen (Personen, Finanzen, Infrastruktur, Arbeitsumgebung) sowie eine angemessene Organisationsstruktur mit Rollen, Verantwortlichkeiten und Befugnissen bereit?

⇨ Sind die für die Erbringung der gewünschten Ergebnisse unserer Organisation notwendigen Prozesse (einschließlich Interessenpartner-bezogene Prozesse, Entwicklung, Beschaffung, Ergebnisrealisierung, Notfallregelungen, Qualifizierungen/Schulungen/Bewusstseinsbildungen, interne Kommunikation, Risikoanalysen) angemessen geplant, verknüpft, gelenkt und dokumentiert?

⇨ Haben wir Mechanismen (Überwachungen, Messungen, Fehler-behandlungen, Methoden bezüglich Interessenpartner-Zufrieden-heit, interne MS-Audits) zur Beurteilung der Wirksamkeit von Prozessen, Ergebnissen und des MS festgelegt und halten wir uns daran?

⇨ Arbeiten wir systematisch an und nach Verfahren der Verbesserung unserer Prozesse, unseres MS und unserer Leistungen (Korrektur-maßnahmen, Vorbeugungsmaßnahmen, Maßnahmen zur ständi-gen Verbesserung)?

⇨ Haben wir schon mindestens ein internes Audit erfolgreich absol-viert und für die Managementbewertung bereitgestellt?

Die Fragen sind relevant für das Managementsystem als Ganzes oder für jeweils eines seiner aufgabenbezogenen Teile (z.B. QMS, UMS, AMS, FMS, ISMS, FMS, RMS), wofür eine externe Begutachtung/ Auditierung und ggf. Zertifizierung in Frage kommt, unabhängig davon, ob die Begutachtung für jeden Teil getrennt oder für mehrere Teile kombiniert erfolgt. Aus fachlichen und wirtschaftlichen Grün-den sind alle relevanten aufgabenbezogenen Teile bzw. Management-felder miteinander verzahnt, d.h. integriert im MS.

## 2.3 Wer sollte unser Zertifizierungspartner sein?

Eine typische Situation:

Natürlich soll unsere Zertifizierungsstelle ihre Kompetenz nachge-wiesen haben und vom anerkannten Akkreditierer für die uns betref-fende Branche akkreditiert sein.

Darüber hinaus konzentrieren wir uns auf weitere Kriterien, um den geeigneten Zertifizierer auszuwählen. Hier die wichtigsten in Frageform, die wir in unserem Bestreben anwenden, dass unsere Or-ganisation durch eine Zertifizierung kompetenter und erfolgreicher im Markt wird:

⇨ Kann die Zertifizierungsstelle ihre Kompetenz nicht nur gegen-über ihrer Akkreditierungsstelle darlegen, sondern kann sie auch uns als ihrem potentiellen Kunden von ihrer besonderen Kompetenz, die wir verlangen, überzeugen (Einzelheiten siehe zu den folgenden Punkten)?

⇨ Hat die Zertifizierungsstelle eine Unternehmenspolitik, die sich an der Erwartung ihrer Kunden und Eigner orientiert, dass sie uns durch ihre hochwertigen Dienstleistungen zur Begutachtung und Förderung der Managementsysteme eine spürbare Wertschöpfung und aktive Unterstützung beim Erschließen von Verbesserungspotentialen erbringt?

⇨ Ist die Stelle in der Lage, ihre Begutachtungen individuell auf unsere Bedürfnisse zuzuschneiden und dabei die Begutachtungen nach verschiedenen MS-Normen/Regelwerken in einem Verfahren zu integrieren? Wie stellt sie dieses sicher?

⇨ Kann uns die Stelle über ihre Kriterien informieren, die sie zur Berufung von Auditoren/Assessoren und zur Aufrechterhaltung von deren hoher Qualifikation, Praxiserfahrung und Sozialkompetenz anwendet (Bürokraten und Kontrolleurstypen unerwünscht)? Können wir davon ausgehen, dass diese Auditoren/Assessoren zu den Besten gehören?

⇨ Ist die Stelle fähig, alle unsere Standorte im Inland und weltweit aufeinander abgestimmt zu begutachten und ggf. standortübergreifende Zertifikate zu erteilen?

⇨ Genießen die Zertifikate des Zertifizierers nach unseren eigenen Kenntnissen und nach den Erfahrungen von Branchenkollegen oder von anderen anerkannten Organisationen der Wirtschaft national und international hohe Anerkennung?

⇨ Genießen Zertifikate dieser Stelle große Anerkennung bei den Hauptkunden unserer Organisation, d.h. können wir darauf bauen, dass ihr Vertrauen in unsere Fähigkeiten, Ergebnisse (z.B. unsere Angebotsprodukte) zu liefern, die ihre Forderungen erfüllen, tatsächlich wesentlich durch unser Zertifikat begründet sein wird?

⇨ Ist die Information, welche Organisationen bereits welche Zertifikate erhalten haben, öffentlich zugänglich?

⇨ Bietet die Stelle auch Begutachtungsleistungen (z.B. nach Exzellenzkriterien) an, die unserer Organisation nach der Zertifizierung helfen können, dass sie zu den Besten und Leistungsfähigsten in unserer Branche oder in unserem Gebiet gehören?

⇨ Ist der Zertifizierer eine wirklich unabhängige Stelle, die keine Dienstleistungen (insbesondere keine MS-Beratung) anbietet, die im Interessenkonflikt mit ihrer neutralen Begutachter-Aufgabe steht? Können wir sicher sein, dass ein eventuell niedriges Kostenangebot der Stelle nicht auf einer unstatthaften Verrechnung mit Beratungsleistungen gar unseres eigenen Beraters basiert?

⇨ Kümmert sich der Zertifizierer um die aktuellen MS-Themen national und international, zum Beispiel durch Beteiligung an der relevanten Normungsarbeit und eventuellen Arbeit von Verbänden und informiert er seine Kunden über die neuesten Entwicklungen? Kennt er die neuesten relevanten gesetzlichen Regelungen?

⇨ Haben wir genügend Informationen, die uns erlauben, ein Kostenangebot für eine Zertifizierung nachzuvollziehen?

Eine andere typische, wenn auch fachlich unerfreuliche Situation:

Eine Organisation ist lediglich am Erhalt des MS-Zertifikats mit dem geringstmöglichen sachlichen, personellen, finanziellen und zeitlichen Aufwand interessiert, denn ihr Kunde verlangt rein formal ein Zertifikat, ohne auf dessen Qualität zu achten. Die Fragen zur Auswahl der Zertifizierungsstelle würden dann lediglich lauten:

⇨ Ist die Stelle für unsere Branche akkreditiert?

⇨ Macht die Stelle das billigste Angebot?

## 2.4 Wir haben eine Zertifizierungsstelle im Auge. Wie wird sie vorgehen?

Jede Zertifizierungsstelle hat ihre eigene spezielle Art und Weise des Vorgehens. Beispielhaft wird hier diejenige der DQS mit ihren wesentlichen Schritten als typisch und neutral beschrieben und im folgenden Bild skizziert.

Auf Anfrage unterbreitet die Zertifizierungsstelle dem potentiellen Kunden ihr Angebot über die zu erbringende Begutachtungs- und Zertifizierungsdienstleistung. Dazu werden wesentliche Kundendaten

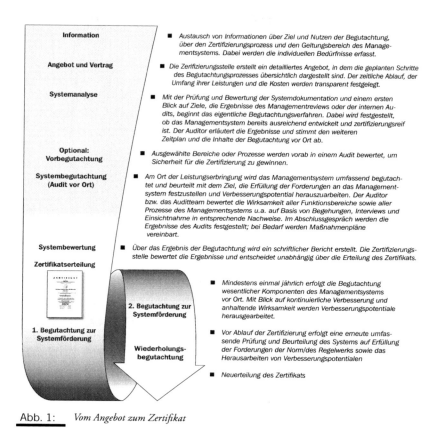

**Information**

- Austausch von Informationen über Ziel und Nutzen der Begutachtung, über den Zertifizierungsprozess und den Geltungsbereich des Managementsystems. Dabei werden die individuellen Bedürfnisse erfasst.

**Angebot und Vertrag**

- Die Zertifizierungsstelle erstellt ein detailliertes Angebot, in dem die geplanten Schritte des Begutachtungsprozesses übersichtlich dargestellt sind. Der zeitliche Ablauf, der Umfang ihrer Leistungen und die Kosten werden transparent festgelegt.

**Systemanalyse**

- Mit der Prüfung und Bewertung der Systemdokumentation und einem ersten Blick auf Ziele, die Ergebnisse des Managementreviews oder der internen Audits, beginnt das eigentliche Begutachtungsverfahren. Dabei wird festgestellt, ob das Managementsystem bereits ausreichend entwickelt und zertifizierungsreif ist. Der Auditor erläutert die Ergebnisse und stimmt den weiteren Zeitplan und die Inhalte der Begutachtung vor Ort ab.

**Optional: Vorbegutachtung**

- Ausgewählte Bereiche oder Prozesse werden vorab in einem Audit bewertet, um Sicherheit für die Zertifizierung zu gewinnen.

**Systembegutachtung (Audit vor Ort)**

- Am Ort der Leistungserbringung wird das Managementsystem umfassend begutachtet und beurteilt mit dem Ziel, die Erfüllung der Forderungen an das Managementsystem festzustellen und Verbesserungspotential herauszuarbeiten. Der Auditor bzw. das Auditteam bewertet die Wirksamkeit aller Funktionsbereiche sowie aller Prozesse des Managementsystems u.a. auf Basis von Begehungen, Interviews und Einsichtnahme in entsprechende Nachweise. Im Abschlussgespräch werden die Ergebnisse des Audits festgestellt; bei Bedarf werden Maßnahmenpläne vereinbart.

**Systembewertung**

**Zertifikatserteilung**

- Über das Ergebnis der Begutachtung wird ein schriftlicher Bericht erstellt. Die Zertifizierungsstelle bewertet die Ergebnisse und entscheidet unabhängig über die Erteilung des Zertifikats.

**2. Begutachtung zur Systemförderung**

- Mindestens einmal jährlich erfolgt die Begutachtung wesentlicher Komponenten des Managementsystems vor Ort. Mit Blick auf kontinuierliche Verbesserung und anhaltende Wirksamkeit werden Verbesserungspotentiale herausgearbeitet.

**1. Begutachtung zur Systemförderung**

**Wiederholungsbegutachtung**

- Vor Ablauf der Zertifizierung erfolgt eine erneute umfassende Prüfung und Beurteilung des Systems auf Erfüllung der Forderungen der Norm/des Regelwerks sowie das Herausarbeiten von Verbesserungspotentialen

- Neuerteilung des Zertifikats

Abb. 1:     *Vom Angebot zum Zertifikat*

ermittelt (Basisdaten), die dann Grundlage für ein qualifiziertes, individuelles Angebot sind. Dieses Angebot berücksichtigt immer verbindliche Akkreditierungsforderungen zu den jeweiligen Regelwerken. Auf Wunsch präsentiert die Stelle ihr Angebot vor Ort beim Kunden.

Zur Erbringung von Begutachtungen werden ausschließlich von der Zertifizierungsstelle berufene Gutachter und Experten eingesetzt, die sowohl die jeweils geforderte Regelwerkskompetenz als auch angemessene Branchenerfahrung nachweisen können. Die Stelle stellt ausgewählte Gutachter mit einer Kurzbiographie den jeweiligen Interessenten vor und hält den Kontakt zum Kunden.

Die Zertifizierungsstelle plant Begutachtungen schriftlich und wo sinnvoll mit drei Monaten Vorlauf. Große Begutachtungsprojekte können auch auf ein bis drei Jahre geplant werden. Audittermine werden dem Kunden schriftlich bestätigt und bei den beauftragten Gutachtern schriftlich bestellt. Die jeweiligen Bestätigungen und Bestellungen enthalten alle relevanten Daten zur Leistungserbringung bzw. verweisen darauf; sie sind ein wesentlicher Teil der Auditplanung.

Der Begutachtungsprozess erbringt die wesentliche Wertschöpfung für Kunden. Hier sind die hohe Kompetenz der eingesetzten Gutachter und eine sorgfältige Planung wesentliche Erfolgsfaktoren. Die Begutachtungsergebnisse sind immer schriftlich zu dokumentieren.

Der Begutachtungsprozess umfasst die Systemanalyse, Systembegutachtung sowie die Begutachtung zur Systemförderung und die Wiederholungsbegutachtung gemäß Ablaufschema.

Während der Systembegutachtung stellt das Auditteam die Umsetzung und Wirksamkeit des Managementsystems fest und bewertet sie. Somit kann es wichtige Verbesserungspotentiale aufzeigen. Bei festgestellten Nichtkonformitäten werden Korrekturmaßnahmen festgelegt, deren Umsetzung und Wirksamkeit verfolgt wird.

Die Nichtkonformitäten werden in Haupt- und Nebenabweichungen klassifiziert. Nichtkonformitäten müssen in jedem Fall vor der Zertifikatserteilung korrigiert sein. In der Regel erfolgt eine Nachbegutachtung vor Ort.

Detaillierte Anweisungen für die Gutachter hinsichtlich Begutachtungen von Managementsystemen sind von der Zertifizierungsstelle in produktspezifischen Richtlinien festgelegt.

Auf Grundlage der schriftlichen Nachweise über die Durchführung und die Ergebnisse der Begutachtung, entscheidet die Zertifizierungsstelle über die Erteilung eines Zertifikats, d.h. über eine Konformitätsbescheinigung zu Forderungen der festgelegten Regelwerke. Für diese Entscheidung setzt die sie fachlich qualifizierte, berufene Experten ein, die immer unabhängig von allen Parteien des Begutachtungsprozesses sein müssen. Dieser Prozess ist dokumentiert; sein Ergebnis wird immer schriftlich nachgewiesen.

Das Zertifikat hat in der Regel eine Gültigkeit von drei Jahren unter der Bedingung, dass die Aufrechterhaltung des Managementsystems mindestens einmal jährlich nachgewiesen wird.

*Zertifikate:* Die Zertifizierungsstelle verfügt über Regeln zum Gebrauch von Zertifikaten und Zertifizierungssymbolen, um etwaigen Missbrauch auszuschließen. Diese Regeln sind Bestandteil der vertraglichen Vereinbarungen mit Kunden und werden im Rahmen der regelmäßigen Begutachtungen überwacht. Gegebenenfalls können Zertifikate auch ausgesetzt oder entzogen werden; dazu sind entsprechende Regeln dokumentiert.

*Kombinierte Begutachtungen:* Begutachtungen nach unterschiedlichen Regelwerken (z.B. ISO 9001, ISO 14001, OHSAS 18001)und zur Berücksichtigung von Änderungen des Geltungsbereichs eines bestehenden Zertifikates können kombiniert werden. Falls erforderlich, erfolgt eine Zusammenarbeit mit einem entsprechenden Partner.

*Änderungen des Geltungsbereichs oder des Regelwerks:* Änderungen von Zertifikaten bedürfen einer erneuten Zertifizierungsentscheidung.

*Produktzertifizierungen:* Gehört zum Leistungsumfang der Zertifizierungsstelle neben der Begutachtung und MS-Zertifizierung auch eine im direkten Zusammenhang damit erforderliche Produktzertifizierung, stellt die zuständige Person der Zertifizierungsstelle die zu erfüllenden Bedingungen (z. B. Normforderungen, Probenahme, Prüfungen usw.) zusammen. Die Zertifizierungsstelle stellt die Eignung und Kompetenz der an Prüfung, Inspektion und Zertifizierung beteiligten Personen sicher.

## 2.5 Die Besonderheiten der Begutachtung standortübergreifender Managementsysteme im Stichprobenverfahren für Zertifizierungen nach ISO 9001, ISO 14001, OHSAS 18001, ISO/IEC 27001

Bei Organisationen, deren Managementsystem auf mehrere Standorte ausgelegt ist, kann bei obigen Normen, aber muss nicht, ein Stichprobenverfahren angewendet werden. Ein Stichprobenverfahren ist jedoch nicht bei allen Regelwerken zugelassen; beispielsweise nicht bei Zertifizierungen nach ISO/TS 16949 bzw. VDA-Regelwerken.

Die Planung des Stichprobenverfahrens ist für jedes zutreffende Regelwerk von einem mit dem Fall unbefassten fachlichen Prüfer des Zertifizierers abschließend zu prüfen und zu genehmigen.

Das Stichprobenverfahren ist möglich, wenn die Standorte des Unternehmens

⇨ über ein übergeordnetes Managementsystem verfügen, das zentral verwaltet und intern auditiert wird und einer zentralen Bewertung durch die oberste Leitung unterliegt,

⇨ eine rechtliche oder vertragliche Verbindung mit der Zentrale besteht und der Zertifizierungsstelle nachgewiesen wird, dass die Zentrale das Recht hat, Korrekturmaßnahmen an Standorten einzuführen, und dass nachgewiesen wird, dass interne Audits an allen Standorten durchgeführt wurden,

⇨ und die Gleichartigkeit der Standorte nach Branche, Art der Prozesse und Komplexität gegeben ist.

Für diese Gleichartigkeit gibt es wie für andere Bedingungen zusätzliche Vorgaben der Akkreditierungsstelle je nach Norm, z.B. bezüglich ISO/IEC 27001 wird vergleichbare Komplexität und Risikoklasse der Informationssysteme und der informationsverarbeitenden Systeme gefordert.

In Stichprobenverfahren ist die Zentrale der Organisation jährlich zu begutachten. Als Zentrale gelten die Mitarbeiter, die Tätigkeiten zentral planen, überwachen und leiten (i.W. Geschäftsführung, Managementbeauftragte, Controlling, Weiterbildung).

Weitere zentrale Funktionen (wie bspw. Dokumentenverwaltung, Entwicklung, Beschaffung und Öffentlichkeitsarbeit) sind entsprechend ihrer Bedeutung alle ein, zwei oder spätestens drei Jahre zu auditieren.

Sofern die Zentrale und/oder zentrale Funktionen auf mehrere Standorte verteilt sind, kann die Begutachtung ggf. an einem zentralen Ort erfolgen; Ansprechpartner und Nachweise müssen verfügbar sein.

Zusätzlich zu der Zentrale und den zentralen Funktionen wird in jedem Jahr ein Teil der gleichartigen Standorte begutachtet. Wurden Standorte aufgrund unterschiedlicher Tätigkeiten und/ oder Hierarchiestufen zu unterschiedlichen Gruppen zusammengefasst, ist jeweils eine separate Stichprobe pro Gruppe zu ziehen. Die anzuwendenden Stichprobenumfänge unterscheiden sich je nachdem, ob es sich um eine Systembegutachtung, eine Begutachtung zur Systemförderung oder um eine Wiederholungsbegutachtung handelt, wie groß die Anzahl der Standorte ist und welche Komplexität und welches Risikopotential die Standorte haben.

Das Unternehmen ist frühestens drei Monate vor der geplanten Begutachtung verbindlich darüber zu informieren, welche nach festgelegten Kriterien ausgewählten Standorte im Rahmen des Stichprobenverfahrens begutachtet werden. Aufgrund des Ergebnisses der Begutachtung der Zentrale, der weiteren zentralen Funktionen und der internen Audits erfolgen die Detailfestlegungen und Änderungen der Planung.

Der Aufwand für die Begutachtung (in Personentagen) der Zentrale ist tabellarisch strikt festgelegt.

Der Aufwand für die Begutachtung der weiteren zentralen Funktionen richtet sich nach der Mitarbeiteranzahl in diesem Unternehmensbereich.

Der Aufwand der Begutachtung an den Standorten richtet sich nach der Mitarbeiterzahl und ggf. der Arbeitsschutz-, Umweltrelevanz bzw. Komplexität bzgl. Informationssicherheit der Standorte. Soweit die regelwerksspezifischen Vorgaben dies zulassen, kann eine Schichtbereinigung erfolgen. Temporäre Standorte sind entsprechend ihrer Bedeutung (Auftragswert, Dauer, Arbeitskräfte, Komplexität) zu begutachten.

Nach Planung der einzelnen Begutachtungsschritte muss eine abschließende Bewertung durch einen fachlichen Prüfer erfolgen. Über die Prüfung der Stichprobenfähigkeit und die Planung des Stichprobenverfahrens sind für jeden Standort zahlreiche Sachverhalte zu dokumentieren.

Bei jedem Begutachtungsschritt muss mindestens einer der eingesetzten Gutachter die regelwerksspezifische Auditleiter- und Branchenzulassung haben. Bei komplexen Verfahren wird i.d.R. ein Auditorenteam eingesetzt.

Das Begutachtungsverfahren basiert auf den allgemeinen Regelungen der Zertifizierungsstelle zum Begutachtungsverfahren, ergänzt durch eine Reihe von speziellen Punkten, auf die zu achten ist und die eine spezielle Aufzeichnung erfordern.

Die Zentrale und ausgewählte zentrale Funktionen werden jährlich begutachtet. Dabei sind alle Normforderungen zu berücksichtigen; Schwerpunkte bilden die Ergebnisse interner Audits und andere Führungselemente.

An jedem ausgewählten Standort ist im Rahmen des Stichprobenverfahrens die Erfüllung der relevanten Normforderungen vollumfänglich zu prüfen. Aus den Aufzeichnungen der Begutachtungen müssen die begutachteten Standorte hervorgehen.

Werden im Rahmen der Begutachtung Abweichungen an einem Standort festgestellt, sollte dieser Sachverhalt an den anderen Standorten besonders beachtet werden.

Es ist zu unterscheiden zwischen

⇨ systematischen Abweichungen, die die Funktionsfähigkeit des Managementsystems in Frage stellen und

⇨ standortspezifischen Abweichungen, die sich zweifelsfrei nur auf einen oder mehrere Standorte beziehen.

Spätestens nach Abschluss der Begutachtung aller Standorte muss der Gutachter/ Teamleiter die Abweichungen bewerten und entscheiden, ob Abweichungen, die an einem oder mehreren Standorten festgestellt wurden, systematisch sind. Bei systematischen Abweichungen sind die Korrekturmaßnahmen standortübergreifend umzusetzen; systematische Abweichungen sind relevant für die Zertifikatsentscheidung bzw. den Entzug des Zertifikates für den gesamten Geltungsbereich.

Wenn sich eine Abweichung zweifelsfrei nur auf einen oder mehrere Standorte bezieht, werden die Korrekturmaßnahmen nur auf diese/n Standort/e angewendet, bzw. können diese Standorte von der Zertifizierung ausgeschlossen werden; ggf. ist dann der Stichprobenumfang zu erhöhen, um das Vertrauen in die Wirksamkeit des Systems wiederherzustellen. Sofern Abweichungen als standortspezifisch eingestuft werden, ist diese Einschätzung durch den Gutachter/ Teamleiter zu begründen. Das geplante Vorgehen ist vor dem Abschlussgespräch mit einem fachlichen Prüfer abzustimmen und durch ihn zu genehmigen.

Die Durchführung und Prüfung auf Wirksamkeit der Korrekturmaßnahmen ist sowohl bei systematischen als auch bei standortspezifischen Abweichungen durch die Zentrale zu gewährleisten.

Der Kunde erhält nach Abschluss der Begutachtung einen Bericht, in dem die standortübergreifende Umsetzung und Wirksamkeit des Managementsystems dargestellt wird.

Der Bericht muss eine Aussage enthalten, dass die Stichprobenfähigkeit in allen Punkten gegeben ist. Bei den Normforderungen »interne Audits« und »Managementreview« ist darzustellen, ob diese standortübergreifend durchgeführt wurden und die Wirksamkeit des Managementsystems gegeben ist.

Das Unternehmen erhält ein Zertifikat mit der Angabe des Namens und der Adresse der Zentrale.

## 2.6 Wie werden die Kosten für die Zertifizierung ermittelt?

Die Kosten für den Aufbau und die Aufrechterhaltung eines zertifizierungsfähigen Managementsystems übersteigen die Kosten für dessen Begutachtung/Audit/Assessment und Zertifizierung (und Aufrechterhaltung des Zertifikats) bei weitem (mindestens um eine Größenordnung).

Die Begutachtung und Zertifizierung wird für die betreffende Organisation individuell geplant. Maßgeblich hierbei sind u.a. die Vielfalt und Komplexität der Produkte (Waren und Dienstleistungen), die

die Organisation anbietet, die Komplexität der Arbeitsprozesse und Verfahren, besondere Produktmerkmale, umweltrelevante Anlagen, Forderungen aus gesetzlichen Regelungen, Größe der Organisation, Mitarbeiterzahl, Automatisierungsgrad, Organisationsstruktur und Standortverteilung. Die für die Zertifizierungsstelle gültigen Akkreditierungs- und Zulassungsbestimmungen sind zu befolgen.

Nach der Ermittlung des Aufwandes durch die Zertifizierungsstelle werden die Anzahlen der Begutachtungstage in einer Vereinbarung mit der zu zertifizierenden Organisation abgestimmt. Die Preise für einen Gutachtertag für Tätigkeiten wie MS-Analyse, MS-Begutachtung und Projektplanung unterscheiden sich von Zertifizierer zu Zertifizierer. Ist es nötig, dass die Gutachter für mehrere oder besonders komplexe MS-Normen/Regelwerke kompetent sind, werden erhöhte Tagessätze angesetzt.

Während i.a. die an die Begutachtung anschließende MS-Bewertung inklusive einem schriftlichen Bericht nach Aufwand erfolgt, sind die Preise für die Berichte bei der 1. und 2. Systemfördrung (s. Bild über den Ablauf) vorgegeben. Auch für die Erstellung und Erteilung des Zertifikats sind i. a. feste Preise (mit Zuschlägen für mehrere Sprachversionen) vorgegeben. Bei einigen Regelwerken sind spezielle Datenbankeintragungen/Registrirungen odwer Gebühren an Dritte gewünscht bzw. gefordert. Hiefür sind entsprechende Preise festgelegt.

## 2.7 Erfahrungen aus 20 Jahren Auditpraxis – ein Rückblick und eine Vorschau

Wagen wir einen Zeitsprung zurück in das Jahr 1987!
Der Auditor betritt das Unternehmen.

Nach einem relativ kurzen Einführungsgespräch mit der Leitung wird zunächst ein intensiver Blick auf die Systematik der Dokumentenlenkung gerichtet, es folgt eine lebendige Diskussion darüber, ob in den Fußleisten gelenkter Dokumente Ersteller, Prüfer und Freigeber genannt und per Unterschrift identifizierbar sein müssen.

Nach kurzer Zeit wird ein nicht gelenktes Dokument auf dem Schreibtisch eines Mitarbeiters entdeckt – die erste Abweichung ist erteilt. Weiter zu den Qualitätsaufzeichnungen: Keine 10 Minuten später wird im Wareneingang ein Prüfprotokoll ohne Datumseintrag entdeckt – Abweichung Nr. 2! Jetzt aber zu *dem* Schlachtfeld der Auditoren und QMB's in den 80er Jahren: Prüfmittel!! Der Auditor stößt die grundsätzliche Diskussion an »Was ist eigentlich ein Prüfmittel?« und kämpft sich durch zur Frage »Sind alle Prüfmittel identifiziert und entsprechend kalibriert?«. Je nach investierter Zeit durch die Auditoren ist fast immer ein nicht identifiziertes und nicht kalibriertes Prüfmittel auffindbar – Abweichung Nr. 3.

Unzureichende Stellenbeschreibungen, nicht aktuelle Organigramme, fehlende Unterschriften, nicht freigegebene Arbeitsanweisungen – dies waren häufig die Dimensionen, in denen Audits und Qualitätsmanagement in den späten 80ern erlebt wurde. Sicherlich war/ist Dokumenten- und Prüfmittellenkung wichtig und kann in unsystematischer Anwendung stark risikobehaftet sein, aber der heute geforderte und erwartete Fokus auf Unternehmensziele, auf Prozesse und deren erwartete Ergebnisse spielte seinerzeit nur eine untergeordnete Rolle. Auditoren, die Effektivität und Effizienz von Prozessen und betriebswirtschaftlichen Ergebnissen zum normalen Bestandteil von ISO 9001-Audits machten, gab es, waren aber die Ausnahme.

Mit der Revision von ISO 9001 im Jahr 1994 und der Entwicklung der Umweltmanagementsystem-Normen begann eine mehr ganzheitliche Betrachtung von Managementsystemen. Unternehmenspolitik und -ziele, Korrektur- und Vorbeugungsmaßnahmen traten mehr in den Vordergrund. Es war der Schritt von der Qualitätssicherung zum Managementsystem – dennoch war auch damals ISO 9001 immer noch ein Dokument, mit dem sich primär Qualitätsmanagementbeauftragte zu befassen hatten. Unternehmensleitungen, Vorstände, Geschäftsführer waren von den Inhalten dieses Dokumentes in der Majorität ziemlich unbeleckt. Typische Originalaussagen waren: »Qualität ist für uns ein sehr wichtiges Thema! Detaillierte Auskünfte dazu kann Ihnen unser QMB geben!«

Es hat sicherlich einige weitere Jahre in Anspruch genommen, Führungskräfte und Top-Manager davon zu überzeugen, dass Qualitäts- und Umweltmanagement sowie Audits helfen, die eigenen Prozess- und Ergebnisverantwortungen besser wahrnehmen zu können. Offen gesagt, gibt es auch heute einen nicht unerheblichen Anteil von Unternehmen, die Managementsysteme betreiben, aufrecht erhalten oder zertifiziert bekommen haben, um Marktzugänge zu erschließen, um damit Marketing zu betreiben, um damit an Ausschreibungen teilnehmen zu können, *ohne sie wirklich* zu nutzen.

Inzwischen gibt es zahlreiche empirisch belastbare Studien, die belegen, dass Unternehmen mit zertifizierten Managementsystemen tatsächlich erfolgreicher sind als nicht zertifizierte. Die DQS zum Beispiel verfolgt seit vielen Jahren die Insolvenzquote der durch sie zertifizierten Unternehmen und vergleicht diese mit dem allgemeinen Bundesdurchschnitt. Das Ergebnis ist beeindruckend: Im Durchschnitt ist das Risiko eines von der DQS zertifizierten Unternehmens um den Faktor 4 (!) niedriger, insolvent zu werden.

Für die Auditoren bedeutete diese Neuausrichtung der ISO 9001:1994 aber vor allen Dingen eine viel stärkere Einbeziehung von Geschäftsführungen und Leitungskräften in das Audit.

Mit der Revision zur ISO 9001:2000 hat der Prozessgedanke Einzug ins Qualitätsmanagement gehalten, wenn auch dieser Satz inhaltlich eigentlich so nicht haltbar ist. Denn viele Unternehmen, gerade aus dem Dienstleistungssektor, waren bereits viele Jahre vorher komplett prozessorientiert ausgerichtet und hatten ihre Managementsysteme dementsprechend bereits in dieser Form organisiert und dokumentiert. Dennoch hat diese Revision einen Ruck ausgelöst, Managementsysteme deutlich mehr an Ergebnissen auszurichten, mit Kennzahlen zu operieren, kontinuierliche Verbesserungen anzustreben und Unternehmensstrategie sowie betriebswirtschaftliche Aspekte mehr mit QM zu verknüpfen. Audits – interne wie externe – haben sich dadurch vom Mittel zur Konformitätsbetrachtung zur Methode der Prozessoptimierung entwickelt. Teilweise werden Audits bereits heute daran gemessen, in welchem messbaren Umfang die Ergebnisse der Prozesse tatsächlich verbessert wurden. Nichts desto trotz sind auch in der aktuellen ISO 9001 einige Themenfelder und Aspekte ziemlich »unterbelichtet«, wie z.B. Mitarbeiterorientierung und Mitarbeiterzufriedenheit. Hier liegen die Hoffungen auf die für das Jahr 2009 erwartete Revision der Normenreihe.

Was folgt nun aber in den nächsten Jahren? Wohin werden sich interne/externe Audits entwickeln? Zunächst sei die These gewagt, dass es Managementsysteme als Basis zur Steuerung von Unternehmen auf der Grundlage international abgestimmter Normen (als Leitfäden und als Forderungsnormen) und als Basis für den Nachweis der Erfüllung dort niedergelegter Forderungen weiterhin geben wird. Trotz vieler Unkenrufe sind die Steigerungsraten von Zertifizierungen weltweit seit über 20 Jahren stabil zweistellig. Selbst in Europa, hier könnte man ja eine Marktsättigung annehmen, wurden 2005 über 15% Prozent neue Zertifikate erteilt. Und diese Zahl sagt nur etwas über erteilte Zertifizierungen, die Dunkelziffer der Unternehmen, die Managementsystemnormen anwenden aber nicht zertifizieren lassen, ist beträchtlich.

Davon ausgehend werden interne und externe Audits weiterhin Bestand haben. Audits werden unverändert zum Ziel haben, Konformität mit Auditkriterien festzustellen, jedoch ist zu erwarten, dass viel stärker Ergebnis- und Problemlösungsaspekte in den Vordergrund treten werden. Möglicherweise werden Prozess- und/oder Projektaudits und Prozess- /Projektzertifizierungen einen noch viel größeren Stellenwert einnehmen. Wünschenswert wäre es auch, wenn Coaching und Wissenstransfer über Audits mit dem Ziel, den Unternehmenserfolg nachhaltig zu fördern, möglich und normenseitig beziehungsweise akkreditierungsseitig zulässig wäre.

## 2.8 Die ungeklärte Rolle von Anteilseignern und Aufsichtsgremium im Managementsystem der Organisation [1]

Führungsqualität ist ein zentraler Aspekt des EFQM-Modells und von Managementsystemen z.B. nach den ISO 9000- oder ISO 14000- Normen. Als zuständig hierfür wird die »oberste Leitung« identifiziert, also die »Person oder Personengruppe, die eine Organisation auf der obersten Ebene leitet und lenkt« (s. ISO 9000, Begriff 3.2.7). In Deutschland wird darunter allerdings stets der Vorstand bzw. die Geschäftsführung verstanden, also die Leitung, die für das operative Geschäft alleinige Verantwortung trägt. Diese Praxis greift zu kurz.

Über das Unternehmensorgan Vorstand bzw. Geschäftsführung (GF) hinaus gibt es oberste Organe, die übergeordnete Führungs-funktionen wahrnehmen. Auch die Versammlung der Anteilseigner und das Aufsichtsgremium (z.B. Aufsichtsrat) sind von grundsätz-lichen Regelungen des EFQM-Modells und der Normen betroffen und müssen daher involviert werden. Diese Organe entscheiden arbeitsteilig je nach gesetzlichen bzw. internen Zuständigkeiten über Satzung, Jahrespläne, Jahresabschlüsse und Gewinnverwendung. Sie entscheiden über Unternehmensgrundlagen wie sie z.B. in ISO 9004/9001, Abschnitt 5.1, aufgeführt sind als da sind Unternehmens-zweck, Vision, strategische Ziele und Politiken (z.B. Ethik, Corporate Governance, Stakeholder- vs. Shareholder-Konzepte). Und sie bestel-len und überwachen Vorstände bzw. Geschäftsführer und befinden über deren Rahmenbedingungen. Diese Gremien sind also mitbestim-mend dafür, ob die Vorstände/GF im Wertesystem des Unternehmens motiviert sind, ob sie mit hohem Vertrauen und der notwendigen Handlungsfreiheit ausgestattet sind und ob sie weitgehend angstfrei oder nur unter Misstrauen und in Angst wirken können.

In der gelebten Praxis des Zusammenwirkens der genannten drei Organe liegt ein Schlüssel für die durchgängige Nutzung der Vorteile des EFQM-Modells und der Normen und damit ein Schlüssel für hohe Führungsqualität und letztlich Erfolg des Unternehmens. Wenn diese Praxis des Zusammenwirkens unzureichend funktioniert, lassen sich das Modell und die Normen nur unzureichend nutzen und die Erfolgspotentiale nur unzureichend erschließen.
Nehmen wir das folgende Szenario an:

In einer kleinen Aktiengesellschaft finden auf hoher Unterneh-mensebene Diskussionen statt über gesellschaftliche Verantwortung und über die Erfahrung des Marktes, dass häufig Firmen mit einer starken Eigentümerfamilie in den obersten Organen zu den besonders erfolgreichen Unternehmen gehören, da sie langfristig Interesse am Erfolg einschließlich dem ihrer Partner haben, im Gegensatz zu einigen Unternehmen, die durch ihre veröffentlichten Vierteljahresbilanzen von der Börse getrieben sind.

Der Vorstand schlägt vor, zur Stabilisierung des Unternehmens zukünftig langfristige Konzepte zu verfolgen. Er will das EFQM-Modell gemeinsam mit den Leitfäden ISO 9004 und ISO 14004 nutzen. Er möchte, dass das Unternehmen ein nachhaltiges Stakeholder-Konzept anwendet und das bereits vorhandene Risikomanagement verbessert. Auch soll später ein Informationssicherheits-Managementsytem eingeführt werden.

Realistischerweise hat der Vorstand nur dann eine Chance zur Verwirklichung seiner Wünsche, wenn die grundsätzlichen Weichenstellungen gemeinsam von Vorstand, Aufsichtsrat und ggf. sogar von der Hauptversammlung besprochen und verbindlich verabredet werden. Erst dann kann der Vorstand das Managementsystem wirksam an die neuen Konzepte anpassen und z.B. die Regelungen in Bezug auf die Eigentümer (Shareholder) als auch auf die anderen Interessenpartner (Mitarbeiter, Lieferanten, Gesellschaft, Banken, ...) des Unternehmens berücksichtigen. Ist es nach der erfolgten Abstimmung nun nicht logisch und folgerichtig, in die nötigen internen und – im Fall einer Bewerbung um einen Qualitätspreis und/oder der Erlangung relevanter Managementsystem-Zertifikate – externen Assessments/Audits neben dem Vorstand auch Vertreter von Aufsichtsrat und im Sonderfall von Anteilseignern einzubeziehen? Müsste die Antwort nicht klar »ja« lauten?

Ähnlich wichtig für alle kleinen und großen Firmen sind solche von den obersten Organen gemeinsam getragene Weichenstellungen einschließlich der Akzeptanz dieser Organe, durch interne und ggf. externe Assessoren und Auditoren begutachtet zu werden, wenn es um Grundsatzfragen für die Firma geht und sofern der Geschäftsführer nicht selbst einziger Eigentümer ist.

Ein weiteres Szenario:

Eine Gemeinde entscheidet sich, mit Hilfe ihres bereits eingeführten und zertifizierten Umweltmangementsystems bis zum Jahr 2015 Energieautonomie zu erreichen, d.h. nur noch regenerative Energien zu nutzen. Auch bei diesem Beispiel ist es offensichtlich nötig, eine Abstimmung mit den übergeordneten Landesbehörden herbeizuführen. Und es ist folgerichtig, bei der Verwirklichung des Zieles und bei den internen und externen Begutachtungen zum Thema Führung die Landesbehörde einzubeziehen.

Die Lösung sollte lauten:

*Bei der Anwendung des EFQM-Modells und der Managementsystem-Normen durch ein Unternehmen sind im Managementsystem die relevanten Führungsrollen und Verantwortlichkeiten sowohl des Vorstands/der GF als auch der Versammlung der Anteilseigner und des Aufsichtsgremiums zu berücksichtigen. In die internen und externen Assessments und Audits sind Repräsentanten dieser drei Organe im Sinne der »obersten Leitung« aktiv einzubeziehen.*

Zusätzlich zur heutigen Praxis in Deutschland wäre also zu begutachten, ob und wie in der Versammlung der Anteilseigner und im Aufsichtsgremium die eigenen Grundsätze lebt und die sonstigen Vorgaben beachtet und wie diese dem Vorstand/der GF für das operative Geschäft an die Hand gegeben werden. (Statt um diese beiden obersten Organe kann es sich auch um eine Muttergesellschaft oder eine andere übergeordnete Organisation handeln. Statt um Unternehmen kann es sich auch um andere Organisationen, z.B. Vereine, Stiftungen oder staatliche Einrichtungen, handeln.)

Besonders bei externen Assessments im Rahmen eines Excellence-Wettbewerbs oder bei der Managementsystem-Zertifizierung, tun sich heute viele Assessoren und Auditoren schwer, zum Thema Führung ausreichend breit und tief zu begutachten, obwohl sie sich »nur« auf Vorstand/GF konzentrieren. Noch schwieriger dürfte das »Bohren« in Richtung Anteilseigner und Aufsichtsgremium werden. Für eine solche erweiterte Begutachtung bedarf es neuer Anstrengungen bei der Weiterqualifizierung der Assessoren und Auditoren. Sie müssen kompetent und in Augenhöhe mit Vertretern aller genannten Organe des Unternehmens wirken können. Hier trennt sich ohnehin die Spreu vom Weizen. Das Aufsichtsgremium und ggf. sogar Repräsentanten der Anteilseigner sollten dazu gebracht werden, das Problem und ihre in Grundsatzfragen entscheidende Rollen selbst zu erkennen. Diese interne Erkenntnis und die Ermunterung der internen Assessoren oder Auditoren sind wichtig. Für die externe Begutachtung ist dann der Boden bereitet. Es geht schließlich um Erfolg und Spitzenleistungen, die langfristig nur im Gleichschritt aller Unternehmensorgane erreicht werden können. Sind die Grundlagen richtig gelegt, können die Vorstände bzw. Geschäftsführer hohe Führungsqualität erreichen, die sich in dem geeigneten und gelebten Wertesystem zeigt, in ihrem Vertrauen in Menschen und in sich selbst, in ihrer Angstfreiheit, Offenheit, Glaubwürdigkeit, Kooperationsfähigkeit, Kompetenz und Vorbildfunktion.

Abschließend sei noch auf einige Unterschiede in den die obige Problematik berührende Unterschiede der deutschen und angloamerikanischen Rechtsgrundlagen für Firmen eingegangen.

Nach dem in Deutschland vorliegenden dualistischen System ist für das operative Geschäft einer AG, Kommanditgesellschaft auf Aktien oder Genossenschaft ihr Vorstand und für das operative Geschäft einer GmbH ihre Geschäftsführung (GF) allein verantwortlich.

Die Versammlung der Anteilseigner entscheidet über die Satzung, die Berufung des Abschlussprüfers, die Feststellung des Jahresabschlusses und die Gewinnverwendung.

Bei einer AG/Kommanditgesellschaft/Genossenschaft haben die Hauptversammlung (als Versammlung der Anteileigner) sowie, falls das Mitbestimmungsrecht greift, die Belegschaft die Aufgabe, ihre Vertreter in den Aufsichtsrat zu wählen (und zu entlasten). Auch eine GmbH kann bzw. muss ab einer festgelegten Größe einen Aufsichtsrat wählen; andernfalls ist das Aufsichtsgremium die Gesellschafterversammlung. Auch eingetragene Vereine legen sich häufig zusätzlich zur Mitgliederversammlung ein Gremium mit Aufsichtsfunktionen zu.

Das Aufsichtsgremium ist vor allem zuständig für die Berufung von und Aufsicht über den Vorstand/die GF. Ihm obliegt häufig in Ausfüllung der Satzung die Festlegung der Unternehmensgrundsätze und das Abstecken des Handlungsrahmens (z.B. bzgl. Anteilsverkäufen, Firmenzukäufen) für den Vorstand/die GF.

Übliche Aufgabe von Vorstand/GF ist es, neben der Führung des operativen Geschäfts im Rahmen der oben genannten Unternehmensgrundsätze Einzelheiten zur Unternehmenspolitik oder zum Leitbild oder zur Identität und zur Strategie des Unternehmens festzulegen; gegebenenfalls erfolgt hier eine Abstimmung mit dem Aufsichtsgremium.

Im angloamerikanischen monoistischen System gibt es die das operative Geschäft betreffende strikte Trennung von Aufsichtsgremium und Vorstand/GF nicht. Im »Board« sitzen in regelmäßigen Zeitabständen die Personen für beide Funktionen zusammen und beschließen gemeinsam sowohl über Grundsätze, Politik, Strategie, Bilanzen, Pläne usw. als auch über wesentliche operative Geschäfte. Board-Mitglieder, die im Wesentlichen Aufsichtsfunktionen über die Managing Directors ausüben, tragen also auch eine gewisse Mitverantwortung für operative Geschäfte.

Die von der EU im Jahr 2004 eingeführte Europäische AG (Societas Europea, S.E.) bietet übrigens die Option, das monoistische oder das dualistische System zu Grunde zu legen.

In einer deutschen Firma entscheidet über die Anwendung des EFQM-Modells und der Managementsystem-Normen heute in aller Regel allein ihr Vorstand/ihre GF. Das ist wohl auch der Grund, dass wir in aller Regel diesem Unternehmensorgan bei den genannten Anwendungen, wie dargelegt, für das Thema Führungsqualität bzw. »oberste Leitung« die gesamte Verantwortung zuweisen.

Für das der obigen Lösung entsprechende umfassendere Assessment und Audit, das vor den Anteilseignern und den Aufsichtspersonen nicht Halt macht, bietet das angloamerikanische System mit dem »Board« wohl einen einfacheren Einstieg. Im Board sind, wie oben gezeigt, zwei Organe, die in Deutschland getrennt agieren, vereint und diskutieren und entscheiden dort zwangsläufig gemeinsam die wesentlichen Fragen. Er ist deshalb auch der gemeinsame und damit, zumindest in der Theorie, auch einfacher zugängliche Ansprechpartner für die »Treiber« der Anwendung des EFQM-Modells und der Normen und für die internen und externen Assessoren und Auditoren.

Dr.-Ing. **Klaus Petrick** war bis Herbst 2003 Geschäftsführer der DQS GmbH Deutsche Gesellschaft zur Zertifizierung von Managementsystemen. Nach seiner Tätigkeit als wissenschaftlicher Mitarbeiter am Institut für Raumfahrttechnik und seiner Promotion an der TU Berlin betreute er als Angestellter im DIN nationale und internationale Normungsarbeiten zur Akustik und zu Statistik und Qualitätsmanagement. Er war Leiter der deutschen Delegation im ISO/TC 176, das die ISO 9000-Normenreihe erarbeitete. Er engagierte sich in deutschen, europäischen und internationalen Vorhaben und Organisationen zur Einrichtung von Managementsystem-Zertifizierungsverfahren und zur internationalen gegenseitigen Anerkennung von Zertifikaten und war 1998/1999 Präsident von IQNet The International Certification Network. Seine Arbeiten an Veröffentlichungen setzt er in seinem Ruhestand als freier Autor fort.

**Frank Graichen,** Jahrgang 1960, ist Mitglied der Geschäftsleitung der DQS GmbH und verantwortet heute den Bereich Personalmanagement Auditoren mit derzeit ca. 1500 freiberuflichen und festangestellten Auditoren. Nach einem Pädagogikstudium begann er seine Laufbahn bei CECC/CENELEC, einem europäischen Normungs- und Gütebestätigungssystem für Bauelemente der Elektronik, in der Funktion als Liaison Officer und später als stellvertretender Leiter des Generalsekretariates des CECC/ECQAC. 1995 wechselte er zur DQS und übernahm dort zunächst die Leitung der Weiterbildung der DQS-Auditoren. Von 1996 bis 2001 leitete er das Qualitätsmanagement und führte die DQS zu zahlreichen nationalen und internationalen Akkreditierungen.

## Literatur

[1]     *Text übernommen aus: Qualität und Zuverlässigkeit (QZ) Jahrgang 51 (2006) 4, S.22/23.*
        *»Die Rolle der obersten Leitung im Managementsystem - Nicht ohne den Aufsichtsrat.« Autor:*
        *Klaus Petrick*

**Zusammenfassung**

Organisationen jeder Branche und Größe mit beliebig
verteilten Standorten und individuell strukturierten
Managementsystemen steht heute ein praxiserprob-
tes Instrumentarium zur Verfügung, mit dem sie
standortbezogen oder standortübergreifend MS-Zertifikate nach unterschiedlichen Normen und Regelwerken von akkreditierten unabhängigen Zertifizierungsstellen erreichen können.

Trotz 20-jähriger Erfahrung mit derartigen Begutachtungen gibt es keinen Stillstand, denn die Verfahren
müssen stetig an die sich oft ändernden Erfordernisse der Praxis (neue Managementerkenntnisse und
-schwerpunkte) angepasst werden. Und es sind Lösungen für Probleme (wie die Rolle von Anteileignern
und Aufsichtsgremium im Managementsystem einer
Organisation und ihre Rolle auch bei dessen Zertifizierung) zu erarbeiten.

# 3 Argumente für Management-systeme und deren Zertifizierung

**Jede Organisation ist darauf angewiesen, Vertrauen bei ihren Interessenpartnern aufzubauen, um erfolg-reich zu handeln. Vertrauensbildend wirken besonders Zertifikate. Heute gibt es eine Vielzahl von Zertifizie-rungsmöglichkeiten, etwa für Managementsysteme, Produkte und Personen.**

**In diesem Beitrag erfahren Sie:**
- welche Interessenpartner (Stakeholder) eine Organisation berücksichtigen muss,
- welche Forderungen Stakeholder an die Organisation haben,
- welche Forderungen Prüf-, Zertifizierungs- und Akkreditierungsstellen erfüllen müssen.

KLAUS PETRICK

## 3.1 Einleitung

Jede im Markt tätige Organisation sucht den Erfolg. Dabei verfügt sie über große Freiheit und Gestaltungsmöglichkeiten, etwa bei der Entwicklung von neuen Produkten. Ihr Umfeld eröffnet Chancen, engt sie allerdings durch spezifische Erwartungen in ihrer Entfaltung auch ein. Welchen Forderungen eine Organisation ausgesetzt ist, wird im Folgenden dargestellt. Dabei wird deutlich, dass für die Interessen-partner (Stakeholder) das Vertrauen in die Fähigkeiten der Organisa-tion besonders wichtig ist.

## 3.2 Grundsätzliche Hinweise und Ordnungsgesichtpunkte

Ihr Managementsystem zu reorganisieren und funktionstüchtig zu erhalten, zählt für viele Organisationen zum Alltag. Im Grunde genommen hat jede funktionierende Organisation, die ja in irgendeiner Weise »gemanagt« wird, ein solches System mehr oder weniger systematisch aufgebaut, mehr oder weniger dokumentiert und wendet es mehr oder weniger gut an.

Historisch gesehen entwickelten sich die heutigen Managementsysteme (MS) vor allem aus dem Qualitätsmanagement (QM). Zum Thema QM entstanden, oft branchenbezogen, Lehrbücher, Leitfäden, technische Regeln und Normen. Sie wurden, je nach individueller Einstellung, von den Leitungen und Mitarbeitern der Organisation positiv aufgenommen oder akzeptiert, bisweilen auch mit Widerwillen hingenommen oder gar abgelehnt.

Die heute in jeder Branche anwendbaren Begriffe, Leitfäden und Forderungen der internationalen QM-System-Normen der ISO 9000-Reihe sind inzwischen mehrfach überarbeitet und weiterentwickelt worden. Sie lieferten Anstoß und ein Modell für entsprechende Arbeiten in weiteren Managementbereichen, zum Beispiel das Umweltschutzmanagement. Diese Normen sind Ergebnis einer alle Branchen (Wirtschaftssektoren) umfassenden Vereinheitlichungsarbeit und werden auch vornehmlich so angewendet. Sie sind heute in vielen Fällen Ausgangspunkt für branchen- oder produktspezifische Ergänzungen, die ihrerseits, gewollt oder ungewollt, Einzug in die Praxis finden. Diese umfasst die interne Praxis der Organisationen und die Praxis derjenigen Stellen, die Managementsysteme extern begutachten, gegebenenfalls zertifizieren oder dritte Stellen akkreditieren.

Die Normen der ISO 9000-Reihe bildeten gemeinsam mit den Grundlagen aus anderen Managementbereichen auch einen der wesentlichen Startpunkte für auf »Exzellenz« zielende Modelle, z. B. für das EFQM-Modell. Das Total Quality Konzept (TQM) lieferte seinerzeit die Basis für die Entwicklung dieses Modells. Dessen Anwendung kann aufgrund hohen internen Engagements, überzeugender Selbstbewertung und positiver Ergebnisse der notwendigen externen Assessments zur Auszeichnung einer Organisation führen, etwa als beste in ihrer Kategorie.

Bevor wir auf die diversen, heute in Gebrauch befindlichen Unterlagen mit Forderungs- oder Modellcharakter eingehen, möchten wir für die Leser, die sich einarbeiten wollen, einen Überblick schaffen und Ordnungsgesichtspunkte vorstellen. Dazu klären wir zuerst die Frage:

In welchem Umfeld bieten Organisationen (kleine Firmen, Konzerne, Krankenhäuser, Behörden, Schulen, wissenschaftliche Institute, Beratungsgesellschaften, Vereine, Stiftungen, Prüfstellen, Kalibrierstellen, Veranstalter, Zertifizierungsstellen, Akkreditierungsstellen usw.) ihre Produkte an, seien diese Produkte nun Hardware, Software, Dienstleistungen oder verfahrenstechnische Produkte oder, wie sehr häufig, Kombinationen aus Elementen dieser übergeordneten Produktkategorien?

## 3.2.1 Das Managementmodell

Das folgende Bild zeigt anhand eines einfachen Prozessmodells, auf was es beim Managen der Organisation im eigenen Interesse und in Bezug auf ihr Umfeld ankommt, nämlich welche Forderungen sie erfüllen sollte. Unter Forderungen werden dabei Erfordernisse oder Erwartungen verstanden, die festgelegt, üblicherweise vorausgesetzt oder verpflichtend sind.

Eine Organisation besteht aus Personen und Einrichtungen. Sie verfolgt mit ihrem Managementsystem ihre Ziele mittels eines angemessenen Netzwerks von Prozessen, mit einer angemessenen Organisationsstruktur, mit angemessenen Fähigkeiten usw. Das Bild des Managementmodells fasst dies alles in einer einzigen Veranschaulichung zusammen, wobei die Rückkopplungen eine besondere Rolle für die Anpassungsfähigkeit spielen.

In diesem Modell werden Eingaben (Inputs) der Organisation in Ergebnisse (Outputs) der Organisation umgewandelt.

An den Ergebnissen sind unterschiedliche Akteure interessiert oder von ihnen betroffen (so genannte Interessenpartner), die ihre eigenen

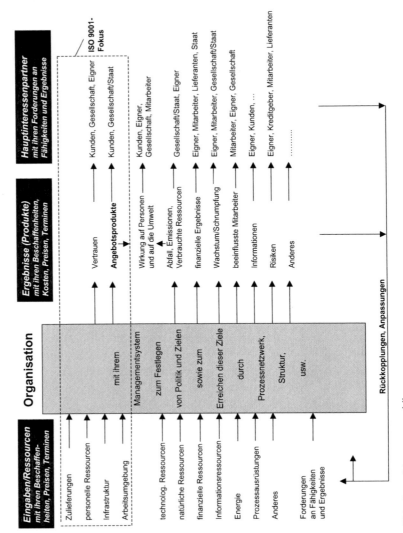

Abb. 1: *Managementmodell*

Forderungen an die Beschaffenheiten, Kosten (bzw. Preise) und Verfügbarkeit und Liefertermine der jeweiligen Ergebnisse stellen und auf die Erfüllung dieser Forderungen bestehen. Direkt von Interessenpartnern gestellt oder durch die Organisation selbst ermittelt, sind diese Forderungen Bestandteile der Eingaben (Inputs).

## 3.2.2 Die unterschiedlichen Interessenpartner und ihre Forderungen

In den nachfolgenden Punkten wollen wir nun die Interessenpartner und ihre Forderungen darstellen und ordnen:

⇨ Eine Organisation will mit ihren Produkten, die sie auf dem Markt im Wettbewerb oder als Monopolist (z. B. als eine Behörde) anbietet, Erfolg erzielen. Dies gilt auch für ihre sonstigen Ergebnisse, die sie geplant oder ungeplant oder unvermeidlich erzeugt. Die *Eigner* (privat oder öffentlich), sind diejenigen Interessenpartner der Organisation, deren Interesse am Bestand der Organisation und an deren Erfolg besonders hoch sind und für die ihre Forderungen nach Wirksamkeit und Wirtschaftlichkeit des Managementsystems der Organisation besonders wichtig sind. Weitere Interessenpartner wie z. B. *Mitarbeiter* und *Kunden* haben mit ihren jeweiligen Erfordernissen und Erwartungen an die Ergebnisse der Organisation ebenfalls ihre Interessen an deren Bestand. *Eigner* können aus Interesse an der Stabilität eines Erfolg versprechenden und die Risiken beherrschenden Managementsystems MS-Zertifikate für nützlich halten, wie sie unten beschrieben sind.

⇨ Der für die Organisation als besonders wichtig zu nennende Interessenpartner *Kunde* erwartet einen Nutzen durch das Erfüllen seiner Forderungen an die Beschaffenheit der (Angebots-)Produkte der Organisation, an deren Preise und deren Liefertermin. Und er erwartet, will er auch weiterhin Produkte beziehen, dass die Organisation fähig bleibt, diese Forderungen zu erfüllen. Zum Nachweis dieser Eignung kann er z. B. auf das Zertifikat nach

**111**

ISO 9001 für das Qualitätsmanagementsystem *(QMS)* vertrauen, denn das QMS ist ein wesentlicher Teil des Managementsystems. Im Bild des Managementmodells ist der sachliche Fokus von ISO 9001 durch Einrahmung hervorgehoben. Auch Produktzertifikate können hier nützlich sein, oder aber Qualitätsauszeichnungen, Warentestergebnisse o. ä. Als weiterer Interessenpartner ist die *Gesellschaft* (oder eine staatliche Stelle) zu nennen, sobald sie gesetzliche Forderungen an die Beschaffenheit der (Angebots-)Produkte stellt, vor allem bezüglich Sicherheit, Gesundheit, Umweltschutz, Verbraucherschutz und Korrektheit/Genauigkeit der Produkte.

⇨ Erwarten die *Gesellschaft* (z. B. der Staat, eine gesellschaftliche Gruppe), die *Kunden* oder auch die *Eigner* oder *Mitarbeiter* der Organisation als Interessenpartner Nachweise über die Fähigkeit der Organisation bezüglich Umweltschutz, geht es wiederum um das Erfüllen von Forderungen der jeweiligen Interessenpartner: Die Erfüllung der umweltschutzbezogenen Forderungen wird im Hinblick auf Angebotsprodukte (die ja bereits Gegenstand des Qualitätsmanagementsystems sind), auf den Ressourcenverbrauch, entstehende Abfälle und Emissionen sowie deren Effekte auf Mensch und Umwelt erwartet. So geht es beispielsweise um die Erfüllung von Reduktionsvorgaben für bedenkliche oder gar gefährliche Nebenprodukte. Und es geht außerdem darum, dass diese Fähigkeit der Organisation bezüglich des Umweltschutzes auch künftig erwartet werden kann. Das Vertrauen in diese Fähigkeit kann ein Zertifikat nach ISO 14001 für das Umweltmanagementsystem *(UMS)* der Organisation begründen, das die betreffenden umweltschutzbezogenen Aufgaben im Managementsystem wahrnimmt.

⇨ Die finanziellen Ergebnisse, die finanziellen Risiken sowie Wachstum oder Schrumpfung der Organisation sind von besonderem Interesse für ihre *Eigner, Mitarbeiter* und *Lieferanten*, aber auch für die Kredite gebenden Banken und für den *Staat.* Interne Finanzrevisionsergebnisse und die Testate des gewählten externen Wirtschaftsprüfers sind Nachweise korrekten Verhaltens. Sie sind auch vertrauensbildend für den jeweiligen Interessenpartner. Sie werden im Wesentlichen aufgrund von Prüfungen des Finanzmanagementsystems *(FMS)* der Organisation erbracht, das die Buchführung und weitere fachbezogene Aufgaben im Managementsystem wahrnimmt.

⇨ Das Arbeitsschutzmanagementsystem *(AMS)* der Organisation, das die betreffenden arbeitsschutzbezogenen Aufgaben im Managementsystem wahrnimmt, hat dafür zu sorgen, dass die arbeitsschutzrelevanten und gesundheitlichen Aspekte der Arbeitsabläufe und deren Ergebnisse beachtet und negative Auswirkungen auf die Mitarbeiter so weit wie möglich vermieden werden. Als Interessenpartner kommen neben den *Mitarbeitern* besonders die *Eigner,* der *Staat* mit seinen Behörden sowie die *Kunden* der Organisation mit ihren arbeitsschutzrelevanten und ethischen Forderungen in Frage. Vertrauen in die Fähigkeit der Organisation, den Arbeitsschutz in angemessener Weise zu gestalten, kann das AMS-Zertifikat nach OHSAS 18001 liefern.

⇨ Aspekte, die zum Thema Sicherheit von Informationen gehören, wie Vertraulichkeit und Integrität von Informationen, Datenschutz, Schutz vor Spionage, EDV-Schutz und die zugehörigen Informationssicherheitsrisiken werden heute zunehmend in einem Informationssicherheitsmanagementsystem *(ISMS)* behandelt. Es nimmt seine Aufgaben im Rahmen des Managementsystems der Organisation wahr. Die wesentlichen Interessenpartner an den Informationssicherheits-Ergebnissen und -Fähigkeiten sind die *Eigner, Mitarbeiter* und *Kunden*, die ihr Vertrauen auf ein ISMS-Zertifikat nach ISO/IEC 27001 stützen können.

⇨ Weitere Aspekte des Managementsystems lassen sich, falls nicht ohnehin schon durch die oben diskutierten Fälle abgedeckt, schwerpunktmäßig ins Auge fassen, z. B. in Form eines Risikomanagementsystem *(RMS)* oder in Form eines Systems der sozialen und ethischen Verantwortlichkeit der Organisation *(SAMS Social Accountability Management System),* und es lassen sich hierfür Interessenpartner mit ihren Forderungen betrachten und Zertifizierungen zu Fähigkeitsnachweisen durchführen. So kann die Organisation mit einem Zertifikat nach SA 8000 darlegen, dass sie sich selbst und ihre Lieferanten sozialverantwortlich verhalten.

Zu beachten ist, dass alle erwähnten, aufgabenbezogen betrachtbaren Anteile des Managementsystems zu Gunsten ihrer Wirksamkeit (Effektivität) und Wirtschaftlichkeit (Effizienz) miteinander verzahnt sind. Sie wirken in der Praxis also zusammen, zumal sie zahlreiche Überschneidungen und gemeinsame Wirkungsmechanismen aufweisen. Getrennte Betrachtungen z. B. im Rahmen der Festlegung der Politiken, Ziele usw. oder im Rahmen von Zertifizierungen sind allerdings möglich und zweckmäßig.

### 3.2.3 Die unterschiedlichen Forderungen

Aus dem obigen Bild und den Erläuterungen zum Managementmodell wird klar, dass wir typischerweise die folgenden Arten von Forderungen unterscheiden, die je nach Bedarf von externen Interessenpartnern an die Organisation gestellt werden können (und möglichst intern zu akzeptieren sind) und deren Grad der Erfüllung Gegenstand externer Begutachtungen durch unabhängige dritte Stellen sein kann: Forderung an

⇨ die Fähigkeit des Managementsystems oder eines spezifisch aufgabenbezogenen Teils davon (Forderung an die Qualifikation dieses Managementsystems oder des betreffenden Teils);

⇨ die Fähigkeit eines Prozesses (Forderung an die Qualifikation eines Prozesses);

⇨ die Fähigkeit einer Person (Forderung an die Qualifikation einer Person);

⇨ die Beschaffenheit eines Ergebnisses;

⇨ die Kosten eines Ergebnisses;

⇨ den Preis eines Ergebnisses;

⇨ Verfügbarkeit/Liefertermin eines Ergebnisses.

Im Folgenden betrachten wir nur noch Forderungen von drei Arten aus dieser Liste, weil sie heute häufig in normativen oder gesetzlichen Dokumenten festgelegt sind und als Grundlage für Vertragszwecke, für Zertifizierungen oder Akkreditierungen oder für anderweitige formelle Anerkennungen durch unabhängige dritte Stellen dienen. Diese Forderungen lassen sich wie folgt klassifizieren:

⇨ *Forderung an die Fähigkeit eines Managementsystems* (oder eines seiner Teile), nämlich seine Fähigkeit, Ergebnisse (z. B. Angebotsprodukte, Emissionen, finanzielle Ergebnissen, dokumentierte Informationen, ...) zu realisieren, welche die an sie gestellten Forderungen erfüllen werden. Hierfür ist sicherzustellen, dass die Gesamtheit der normativ oder in anderer Weise festgelegten Einzelforderungen an das System, welches dem Festlegen von Politik und Zielen sowie zum Erreichen dieser Ziele dient, erfüllt werden.

⇨ *Forderung an die Fähigkeit einer Person,* beispielsweise normativ oder in anderer Weise festgelegte Wissensbereiche und Fertigkeiten, welche die Person bei ihrer Tätigkeit anzuwenden in der Lage ist.

⇨ *Forderung an die Beschaffenheit eines Angebotsprodukts,* ausgedrückt durch einen normativ oder in anderer Weise festgelegten Satz von Einzelforderungen an die inhärenten Merkmale und die zugehörigen Merkmalswerte des Angebotsprodukts. Dieses kann zur übergeordneten Produktkategorie Hardware, Software, Dienstleistung oder verfahrenstechnisches Produkt gehören, ist aber oft auch eine Kombination daraus.

⇨ *Eine Kombination aus Forderungen* zweier oder der drei genannten Arten.

Nach diesen grundsätzlichen Hinweisen und Ordnungsgesichtspunkten können wir uns nun denjenigen Forderungen widmen, welche die Grundlagen bilden für die

⇨ Zertifizierung oder anderweitige Anerkennung von Managementsystemen einer Organisation;

⇨ Zertifizierung einer Person;

⇨ Zertifizierung eines (Angebots-)Produkts;
⇨ Akkreditierung einer unabhängigen dritten Stelle
  (Zertifizierungsstelle, Prüflaboratorium);
⇨ Zulassung einer Akkreditierungsstelle.

## 3.3 Grundsätzliches zu Normen und Regelwerken mit Forderungen an die Fähigkeit eines Managementsystems

### 3.3.1 Allgemeines

Um ihre Interessenpartner, seien sie privat oder staatlich, soweit wie möglich zufrieden zu stellen, stellt jede Organisation von sich aus sowohl Informationen, beispielsweise in Form von Konformitätserklärungen über ihre Ergebnisse, als auch ihre Fähigkeiten zur Verfügung. Adressaten sind:
⇨ Abnehmer (Kunden) der Angebotsprodukte und andere daran
  Interessierte, sowie
⇨ Interessierte an den anderen Ergebnissen
  (Anspruchsteller, Betroffene)

Ein Interessenpartner verlangt von der Organisation, dass das zu beziehende Ergebnis (oder das Ergebnis, von dem er betroffen ist) seine Einzelforderungen erfüllt. Diese Forderungen betreffen meist die Beschaffenheit, den Preis oder/und die Kosten und den Liefertermin des Ergebnisses. Zum Nachweis, dass die Einzelforderungen an die Beschaffenheit erfüllt werden, können Prüfungen am Ergebnis durchgeführt werden. Sehr häufig lässt sich allerdings der Grad der Erfüllung z. B. bei einem komplexen Angebotsprodukt oder bei einem finanziellen Ergebnis durch eine Endprüfung nicht vollständig feststellen. Oder anders ausgedrückt: Am Ergebnis kann nicht immer vollständig festgestellt werden, ob oder inwieweit jede der Einzelforderungen erfüllt ist.

Es ist meistens auch unmöglich, dass ein Interessenpartner das Entstehen des Ergebnisses bei der Organisation vor Ort beobachtet, um festzustellen, ob alle Einzelforderungen zu den Beschaffenheitsmerkmalen eines Ergebnisses und auch die Vorgaben des Terminplans erfüllt werden. Das verbietet sich meist schon aus wirtschaftlichen Gründen. Eine konkrete Gewissheit über die Erfüllung jeder Einzelforderung bei jedem relevanten Ergebnis ist also nicht möglich. Auch deshalb benötigt der Abnehmer bzw. Kunde *Vertrauen in die Fähigkeit der Organisation,* das heißt Vertrauen in ihre Fähigkeit, ein Ergebnis zu realisieren, dass die jeweiligen Einzelforderungen erfüllen wird.

Vertrauen muss gebildet und durch ständiges »Am-Ball-Bleiben« aufrechterhalten werden, auch wenn der betreffende Interessenpartner die Organisation schon lange kennt. Es muss insbesondere dann neu bestätigt oder neu gebildet werden,

⇨ wenn noch keine lange während Beziehung zwischen dem Interessenpartner und der Organisation besteht;
⇨ wenn Verschärfungen von Forderungen (zum Beispiel aus Haftungserwägungen) neue Bewertungen der Fähigkeiten erfordern;
⇨ wenn geplant ist, neue Lieferanten aus dem regionalen oder weltweiten Lieferantenpotenzial hinzunehmen,
⇨ wenn Organisationen mit z. B. unerwünschten Ergebnissen (Emissionen, Abfällen,…) oder unbekannten Risiken neu von einer Interessengruppe in Betracht gezogen werden (z. B. von einer Behörde, einer Kredite gebenden Bank).

Das Vertrauen dürfte im Allgemeinen dann gerechtfertigt sein, wenn die Organisation durch ein geeignetes Managementsystem eine wirksame Systematik eingeführt hat und aufrecht erhält, die auf die ständige Erfüllung der relevanten Forderungen an die Ergebnisse zielt, und wenn sie diese Systematik glaubhaft belegen kann. Die Zertifizierung des Managementsystems durch eine unabhängige dritte Stelle dient diesem Nachweis. Ist diese Zertifizierungsstelle in ihrer Kompetenz bekannt und anerkannt, erkennen Interessenpartner im Allgemeinen solche Zertifikate ihrer Lieferanten an und verzichten

auf eigene Audits (»second party audits«), oder sie reduzieren eigene
Audits in Umfang und Darlegungsgrad. Auch der Interessenpartner
Staat kann in solchen Fällen Reduzierungen seiner Überwachungen
vornehmen.

Managementsysteme lassen sich nicht normen. Das Managementsystem einer speziellen Organisation muss deren spezielle Gegebenheiten widerspiegeln. Trotzdem lassen sich allgemein gefasste, das
heißt branchen- beziehungsweise produktübergreifende Forderungen
an Managementsysteme normen. Dabei wird festgelegt, was gefordert
wird – aber nicht, wie diese Forderung erfüllt wird.

Nun hat sich, wie schon oben angedeutet, in der Praxis die Erkenntnis durchgesetzt, dass das Managementsystem einer Organisation aus fachlichen und wirtschaftlichen Gründen alle Managementaufgaben einschließen sollte, und dass in diesem zahlreiche Aufgaben
möglichst eng verzahnt behandelt werden. Deshalb wird auch jede
*Forderung an die Fähigkeit eines Managementsystems* grundsätzlich zugleich an alle diese Teilaufgaben adressiert. Dennoch wird heute kein
Zertifikat über diese Fähigkeit bezüglich aller Managementaufgaben
erteilt. Derzeit wird nämlich während der Begutachtung, auch wenn
sie kombiniert geschieht, jede spezifische Managementaufgabe in
ihren Schwerpunkten separat beurteilt und hierfür auch ein separates
Zertifikat erteilt. Damit soll auch die Eindeutigkeit der Fähigkeitsaus-
sage sichergestellt werden. Demzufolge existiert auch kein Regelwerk,
das die möglichen Forderungen bezüglich aller einzelnen Managementaufgaben in sich vereint.

### 3.3.2 Ansätze für übergeordnete Leitfäden und Modelle

Allerdings gibt es *Leitfäden und Modelle,* nach denen eine Organisation einerseits die Integration/Verzahnung der unterschiedlichen
Managementaufgaben selbst vornehmen und andererseits dann ihr
Managementsystem auch als Ganzes intern und extern begutachten
lassen kann, um eine Gesamtaussage über dessen aktuellen Status oder

**118**

dessen eventuelle Exzellenz zu erhalten. Einige dieser Grundlagen sind der Leitfaden *ISO 9004* (umfasst auch ISO 9001, allerdings nicht alle Managementaufgaben), das *EFQM-Modell* (oder ein anderes Exzellenz-Modell) und das *Bewertungskonzept IBEC (IQNet Business Excellence Class)*. Bei dem Letztgenannten wird das Assessment nach dem gewählten Exzellenz-Modell mit der Begutachtung und ggf. Zertifizierung nach relevanten Forderungsnormen/-regelwerken kombiniert.

Außerdem bietet der *ISO-Leitfaden 72* Leitlinien zur Begründung und Erarbeitung von Managementsystemnormen wichtige Hinweise. Er behandelt auch die hierbei zu beachtenden Risiken für Handelshemmnisse, Inkompatibilität, Redundanz und Ausuferung. Und er enthält Hinweise für zu beachtende gemeinsamen Elemente und Strukturen von ISO-Managementsystemnormen. Solche Hinweise, deren Hauptzweck eine Ergänzung der ISO/IEC Directives ist, sind ggf. auch nützlich für Organisationen, die ihr Managementsystem für alle Managementaufgaben gemeinsam aufbauen wollen.

Alle diese Arbeitsmittel ermöglichen es einer Organisation vor allem aber auch, ihre starken und schwachen Seiten zu erkennen, ihren Status zu bewerten, sich zu verbessern und dafür eine externe Aussage und ggf. Anerkennung zu erhalten.

## 3.4 Einzelne Normen und Regelwerke mit Forderungen an die Fähigkeit von Managementsystemen oder ihren Teilen

### 3.4.1 Branchenübergreifende MS-Normen und -Regelwerke

Die folgende Aufstellung fasst zusammen, welche grundlegenden *Normen/Regelwerke* existieren, die *branchenübergreifend Forderungen an die Fähigkeit eines Managementsystems* für eine spezifische Managementaufgabe enthalten. Sie sind also anwendbar von Organisationen in allen Branchen und eignen sich als Gegenstände für bilaterale Verträge zwischen einer Organisation und einer Zertifizierungsstelle oder zwischen einer Organisation und einem relevanten Interessenpartner, oder durchaus auch für interne Zwecke:

⇨ *ISO 9001* mit Forderungen an Qualitätsmanagementsysteme (QMS); zugehöriger Leitfaden ist ISO 9004, zugehörige Begriffs-norm ISO 9000;

⇨ *ISO 14001* und *\*EMAS* (VO(EWG)761/2001) mit Forderungen an Umweltmanagementsysteme (UMS); zugehöriger Leitfaden ist ISO 14004;

⇨ *OHSAS 18001* mit Forderungen an Arbeitsschutzmanagement-systeme (AMS);

⇨ *ISO/IEC 27001* mit Forderungen an Informationssicherheitsma-nagementsysteme (ISMS); zugehöriger Leitfaden ist ISO 17799;

⇨ *ONR 49000* mit Forderungen an Risikomanagementsysteme (RMS);

⇨ *SA 8000* mit Forderungen an Managementsysteme der sozialen Verantwortlichkeit/Social Accountability (SAMS).

⇨ *\*HGB, \*Aktiengesetz, \*GmbH-Gesetz* bzw. *\*Genossenschaftsge-setz* sowie Steuergesetze mit Forderungen des deutschen Staates an Finanzmanagementsysteme (besonders hinsichtlich der Befolgung der Grundsätze ordnungsgemäßer Buchführung einschließlich Bilanzierung)

### 3.4.2 Branchenspezifische MS-Normen und -Regelwerke

Die nächste Aufstellung zeigt, für welche *Branchen* bzw. Angebots-produkte bzw. Firmengruppen welche speziellen oder ergänzenden Normen/Regelwerke existieren. Sie eignen sich wie die obigen als Ge-genstände für bilaterale Verträge zwischen einer Organisation und ei-ner Zertifizierungsstelle oder zwischen einer Organisation und einem relevanten Interessenpartner, aber durchaus auch für interne Zwecke:

⇨ QMS Automobilindustrie: *ISO 16949, VDA 6.1, VDA 6.2, VDA 6.4, \*StVR;*

**120**

⇨ QMS Lebensmittelsicherheit und Hygienemanagement:
*ISO 22000, HACCP, IFS, BRC Global Standard Food, BRC/ IoP, QS-Charta, GMP, FAMI-QS, IFIS EurepGAP, *VO(EG) 1760/2000, DIN EN 14065;*
⇨ QMS Luft- und Raumfahrt: *EN 9100/ AS 9100, EN 9110/ AS 9110, EN 9120/ AS 9120;*
⇨ QMS Medizinproduktehersteller: *ISO13485, *Medical Device Directive 93/42/ EWG, ISO 15378;*
⇨ QMS Telekommunikationsindustrie: *TL 9000;*
⇨ QMS Gefahrguttransport: *SQAS, CDI-MPC;*
⇨ QMS Eisenbahnindustrie: *IRIS;*
⇨ QMS Bildungsunternehmen: *AZWV, PAS 1037:2004;*
⇨ QMS Gesundheits- und Sozialwesen: *KTQ, QMKD, QEP, Pflege Plus (MDK, PQsG), MAAS-BGW, AWO-Kriterien, QgP-Qualitätssiegel, Paritätisches Qualitätssiegel;*
⇨ ISMS/QMS IT-Dienstleister: *BS 15000/ ISO 20000;*
⇨ RMS für Banken und Kreditnehmer: *Basel II;*
⇨ RMS für deutsche Aktiengesellschaften und große GmbHs: *KonTraG;*
⇨ RMS für börsennotierte Gesellschaften in den USA und für US-Firmen im Ausland: *Sarbanes-Oxley Act.*

Die meisten Regelwerke dieser letzten Aufzählung wurden von nationalen oder internationalen Branchengruppierungen oder Normungsgremien erstellt. In dieser Aufstellung sind jedoch auch einige nationale und internationale bzw. europäische gesetzliche Regelungen (mit »*« gekennzeichnet) aufgeführt, die selbst MS-Forderungen enthalten oder zu solchen einen starken Bezug haben.

Zu beachten ist auch: Durch gesetzliche Regelungen können Normen/Regelwerke, die vornehmlich für die freiwillige Anwendung erarbeitet werden, als Ganzes oder in Auszügen in Bezug genommen und damit für rechtlich verbindlich erklärt werden.

Die *EU* setzt bei der Anwendung mehrerer Artikel des EWG-Vertrages zur Harmonisierung nationaler Rechts- und Verwaltungsvor-

schriften immer mehr auf Fähigkeitsnachweise vor allem von Qualitätsmanagementsystemen von Organisationen. Sie legt für Behörden
und Organisationen einheitliche Bedingungen durch einheitlich
anzuwendende EG-Richtlinien fest, die in jedem Mitgliedstaat in nationales Recht umzusetzen sind, sowie Verordnungen:

⇨ In EG-Richtlinien nach Artikel 100a des EWG-Vertrages geht es
um Sicherheit, Gesundheitsschutz und Verbraucherschutz von
Produkten und um die für die jeweilige Produktart wählbaren
Module der so genannten »Konformitätsbewertungsverfahren«
zur Erlangung der CE-Kennzeichnung (oder einer äquivalenten
Kennzeichnung) als europäisches Freihandelszeichen. Die Module
zum Nachweis des QMS entsprechen den Forderungen von ISO
9001 (Modul H), von ISO 9001 ohne Abschnitt 7.3 (Modul D)
und ISO 9001 ohne Abschnitte 7.1, 7.2.3, 7.3, 7.4, 7.5.1, 7.5.2,
7.5.3 (Modul E). Solche QMS-Module sind enthalten in den
Richtlinien über Bauprodukte, persönliche Schutzausrüstungen,
aktive implantierbare medizinische Geräte, Medizinprodukte,
In-Vitro-Diagnostika, Gasverbrauchseinrichtungen, nichtselbst-
tätige Waagen, Explosivstoffe für zivile Zwecke, Wirkungsgrade
von Warmwasserheizkesseln, Sportboote, Druckgeräte, Geräte
und Schutzsysteme für explosionsgefährdete Bereiche, Messgeräte,
Schiffsausrüstungen, im Freien betriebene Geräte und Maschinen
mit umweltbelastenden Geräuschemissionen.

⇨ In EG-Richtlinien nach Artikel 100a des EWG-Vertrages zur
Betriebserlaubnis von Kraftfahrzeugen und Kraftfahrzeugkompo-
nenten geht es um Forderungen an das QMS, die ISO 9001 ohne
Abschnitt 7.3 entsprechen.

⇨ In der EG-Richtlinie nach Artikel 100a des EWG-Vertrags über
Lebensmittelhygiene geht es um HACCP und die Empfehlung zur
Anwendung von Forderungen, die ISO 9001-Forderungen ent-
sprechen.

⇨ Nach einer EG-Richtlinie nach Artikel 75 des EWG-Vertrages
über den *Gefahrguttransport auf der Straße* können die EU Mit-

gliedstaaten Nachweise über die Erfüllung der Forderungen nach ISO 9001 und ISO 9001 ohne Abschnitt 7.3 vorschreiben.

⇨ In der EG-Richtlinie über Hochgeschwindigkeitsbahnsysteme gibt es Module, die den QMS-Forderungen von ISO 9001 entsprechen.

⇨ In EG-Richtlinien nach den Artikeln 57 und 66 des EWG-Vertrages zur *Vergabe öffentlicher Aufträge mit festgelegtem Mindestgeldwert* wird die Möglichkeit eingeräumt, vom Bewerber zu verlangen, dass er qualifiziert ist, das heißt, dass er ein zertifiziertes Qualitätsmanagementsystem betreibt, damit er einen Auftrag erhält.

⇨ Die für öffentliche Beschaffungen längste Historie von »Qualitätssicherungs«- beziehungsweise Qualitätsmanagementforderungen existiert im militärischen Beschaffungsbereich. NATO-Forderungen, die mit ISO 9001 (ggf. mit Reduzierungen, s.o.) kompatibel sind, sind heute in AQAP 110, 120, 130 und 150 festgelegt. In einigen Punkten enthalten sie jedoch zusätzliche oder spezielle Forderungen.

⇨ Nach der Verordnung EMAS (VO(EWG)761/2001) über ein Gemeinschaftssystem für das Umweltmanagement und die Umweltbetriebsprüfung können Unternehmen in ein *europaweites Verzeichnis* eingetragen werden. Voraussetzung dafür ist, dass ihr UMS auf Erfüllung der Forderungen der Verordnung (oder von ISO 14001) und ihre Umwelterklärung von einem zugelassenen Umweltgutachter beziehungsweise von einer Umweltgutachterorganisation begutachtet wurden.

In Deutschland sind Ansätze zu Nachweisen über »Qualitätssicherungs«-Verfahren und -maßnahmen im 1988 erlassenen Gesundheitsreformgesetz (§§ 135–139) enthalten. Diese Paragraphen wurden durch das Gesundheitsstrukturgesetz aus dem Jahr 1992 konkretisiert. Entsprechendes gilt für das Sozialgesetzbuch V (§ 135). Ein Zusammenhang mit den Forderungen von ISO 9001, aber auch mit anderen Modellen liegt zwar nahe, wird im Gesetz jedoch nicht aufgezeigt.

## 3.5 Normen/Regelwerke mit Forderungen an die Fähigkeit einer Person (Personal-Qualifikationsforderungen)

In jeder Organisation und in jedem Managementsystem spielen Personen die ausschlaggebende Rolle. Je nach Arbeitsgebiet werden an die Fähigkeiten der einzusetzenden Personen Forderungen gestellt. Solche Forderungen können den erlernten Beruf, gemachte Erfahrungen, persönliche Eigenschaften, besondere Fertigkeiten, Sprachkenntnisse und anderes betreffen.

Festgelegt sind viele Berufsbilder mit den zugehörigen Wissensgebieten und Fertigkeiten von anerkannten Aus- und Weiterbildungsstätten. Der erfolgreiche Abschluss einer Ausbildung wird durch ein Zeugnis bestätigt.

Es gibt jedoch auch nicht herkömmliche, wohl aber für die Praxis wichtige Berufsbilder, für die nationale, regionale oder internationale branchenbezogene oder branchenübergreifende Interessengruppen Fähigkeitsforderungen in Normen oder anderen Regelwerken festlegen.

Interessierte Personen, die die Eingangsvoraussetzungen erfüllen, können sich nach Absolvierung der betreffenden Schulung von unabhängigen dritten Stellen (Personalzertifizierungsstellen) zertifizieren lassen. Durch das Zertifikat wird die Erfüllung der jeweiligen Forderung an die Fähigkeit bestätigt. In der Regel gehört zur Aufrechterhaltung eines solchen Zertifikats der Einsatz in der zugehörigen Praxis (Praxiserfahrung) und eine periodische Auffrischung und Aktualisierung des Gelernten, gegebenenfalls verbunden mit einer erneuten Prüfung.

Beispiele für die Zertifizierungen von Personen sind

⇨ QMS-, UMS-, OHSAS- , ISMS-Auditoren; QMS- und UMS-Auditoren müssen die Vorgaben von *ISO 19011* erfüllen (künftig ein Teil von *ISO/IEC 17021)* sowie die speziellen Forderungen, die sich aus den speziellen Regelwerken ableiten (z.B. aus ISO/TS 16949, DIN EN 9100ff, IRIS, EMAS, siehe oben);

⇨ Kfz-Sachverständige, sensorische Sachverständige;

⇨ Fügetechnik- und Schweißpersonal, Personal für zerstörungsfreie Prüfungen;

⇨ Personal im Bauwesen, Grundstücksbewerter;

⇨ IT-Fachpersonal, Fachpersonal Maschinenbau, Kunststoffe, Korrosion, Fachpersonal Schienenfahrzeuge.

## 3.6 Normen/Regelwerke mit Forderungen an die Beschaffenheit eines Angebotsprodukts

Wesentliche Ausgangstufe (Konkretisierungsstufe) für die Forderung an die Beschaffenheit eines Angebotsprodukts ist die Gesamtheit der Kundenwünsche (Einzelforderungen) zum Produkt, wie sie mehr oder weniger klar vom Kunden selbst oder nach einer Marktanalyse vom Hersteller ausgedrückt werden. Die Käufer der Produkte interessieren sich dabei oft besonders für die Aspekte (Merkmalsgruppen)

⇨ Gebrauchstauglichkeit,

⇨ Zuverlässigkeit,

⇨ Ästhetik,

⇨ Korrektheit usw.

Kundenwünsche werden begrenzt und/oder ergänzt durch die Forderungen der Gesellschaft, wie sie in gesetzlichen Regelungen des Staates oder in ungeschriebenen Verhaltensnormen festgelegt sind. *Staatliche Forderungen* betreffen, wie bereits im vorigen Abschnitt gezeigt, dabei hauptsächlich die Produktmerkmalsgruppen wie

⇨ Sicherheit,

⇨ Gesundheit,

⇨ Verbraucherschutz,

⇨ Korrektheit, Genauigkeit.

Einzelne Kundenwünsche können durchaus in Konflikt mit einzelnen staatlichen Forderungen stehen, zum Beispiel kollidiert der Wunsch nach hoher Wirksamkeit von Schädlingsbekämpfungsmitteln mit gesetzlich festgelegten Giftstoff-Höchstkonzentrationen.

**125**

Die Forderung an die Beschaffenheit des Angebotsprodukts spiegelt also im Wesentlichen die Kundenforderungen und die staatlichen Forderungen wider. Diese »von außen kommende« Forderung wird in der Organisation im Rahmen der Forderungsplanung für das Produkt weiterentwickelt, das heißt sie wird detaillierter und für die Produktrealisierung konkreter gestaltet. Diese Forderungsplanung heißt vielfach immer noch irreführend »Qualitätsplanung«, obwohl nicht die Qualität (das ist die Aussage darüber, inwieweit Einzelforderungen erfüllt sind) geplant wird, sondern im Rahmen der internen Planung stufenweise die Konkretisierung der Forderung an das Produkt durchgeführt wird.

Die Grundlage für die Vergabe von Produktzertifikaten durch eine unabhängige dritte Stelle können die in nationalen, europäischen und internationalen Normen festgelegten Forderungen gemeinsam mit den entsprechenden genormten Prüfverfahren sein. Die Zertifikate werden zum Beispiel in Form von so genannten »Qualitätszeichen« von unabhängigen Produktzertifizierungsstellen erteilt.

Voraussetzung für die Vergabe eines Produktzertifikats ist es also, dass die Erfüllung der genormten oder anderweitig festgelegten Forderung an die Beschaffenheit des Produkts nachgewiesen wird, also die Konformität des Produkts. Das geschieht anhand von Prüfungen nach dem jeweils genormten Prüfverfahren. Die Prüfungen werden dabei von der unabhängigen Produktzertifizierungsstelle selbst oder von beauftragten unabhängigen Prüflaboratorien durchgeführt. Jede Produktzertifizierung folgt festgelegten Regeln.

Im Rahmen von Produktzertifizierungssystemen wird zunehmend zur Voraussetzung gemacht, dass Organisationen, die ihre Produkte zertifizieren lassen wollen, ihre Fähigkeit nachgewiesen haben müssen. Das bedeutet, dass sie einen entsprechenden Managementsystem-Nachweis erbringen müssen. (MS-Nachweise oder -Zertifikate können Produktzertifikate nicht ersetzen, allerdings kann bei der Produktzertifizierung gegebenenfalls der nachzuweisende Produktprüfumfang gemindert werden.) Mitunter ist dabei nur die Erfüllung

von Forderungen an einige Elemente eines Managementsystems nachzuweisen.

*Anmerkung:* Exemplarisch hierfür seien Festlegungen der Lebensmittelbranche erwähnt, in der Hunderte produktspezifischer,
vornehmlich verbraucherorientierter Zertifizierungsmodelle allein
in Europa und Dutzende in Deutschland existieren. So gibt es
Forderungen für staatliche Siegel (z.B. für das Öko-Zertifikat der
EU nach VO(EG)2029/1991) und für den Herkunftsschutz nach
VO(EG)561/2006. Vorgaben für private Zeichen existieren für die
ökologische Landwirtschaft (Pflanzenanbau, Tierhaltung, Verarbei-
tung), für Qualitätssiegel und für Produkte aus fairem Handel. Alle
diese Festlegungen betreffen jeweils eine, einige oder alle Stufen der
Wertschöpfungskette. Sie können lokale, nationale, regionale oder
internationale Bedeutung haben. Die jeweils unterschiedlichen Forderungen an die Produktbeschaffenheit werden also ergänzt durch
Forderungen an spezielle Prozesse oder Umwelt- oder Hygienebe-
dingungen oder an Transport oder Verpackung oder Kombinationen
daraus. (Zur Lebensmittelbranche siehe auch Abschnitt »Branchen-
spezifische MS-Normen und -Regelwerke«.)

Im gesetzlich geregelten Bereich legt der Staat nicht nur Forderungen an Merkmalsgruppen der Beschaffenheit des von ihm »geregelten« Produkts fest (vor allem bezüglich Sicherheit, Gesundheit,
Umweltschutz, Genauigkeit), sondern auch Verfahren zur Erfüllung
dieser staatlichen Forderungen (siehe oben: Konformitätsbewertungsverfahren).

Der Staat kann dabei die notwendigen Festlegungen selbst im
Einzelnen treffen oder die im freiwilligen Bereich entstandenen Normen, die zunächst nur Empfehlungen sind, rechtsverbindlich machen
oder ihnen einen höheren Status verleihen. Er kann darüber hinaus
Produktzertifikate, Produktkennzeichnungen beziehungsweise Erklärungen aufgrund festgelegter Konformitätsbewertungsverfahren
verlangen.

Bei den schon oben erwähnten produktbezogenen EG-Richtlinien
geht es um die Notwendigkeit, für die jeweils geregelten Produkte die

CE-Kennzeichnung (oder eine äquivalente Kennzeichnung als europäisches Konformitäts- und Freihandelszeichen) zu erlangen. Hierzu ist ein vorgegebenes Konformitätsverfahren zu durchlaufen, das bei einigen Richtlinien auch Module für QMS-Nachweise vorsieht (siehe auch die entsprechenden Ausführungen im vorausgehenden Abschnitt). Bei den anderen Richtlinien (über elektrische Betriebsmittel, einfache Druckbehälter, Spielzeuge, elektromagnetische Verträglichkeit, Maschinen, Funkanlagen und Telekommunikationsendeinrichtungen) reicht es dem Gesetzgeber, dass der Hersteller oder Inverkehrbringer die Produktkonformität mit den Forderungen der jeweiligen Richtlinie erklärt. In allen Fällen bestätigt der Hersteller oder Inverkehrbringer selbst, nicht ein eventuell beteiligter Zertifizierer, mit der Anbringung der CE-Kennzeichnung am Produkt die Erfüllung der Forderungen der Richtlinie. Die EG-Richtlinien müssen in den EU-Mitgliedstaaten durch nationale gesetzliche Regelungen umgesetzt werden.

*Anmerkung:* Der Staat beschränkt sich bei Produkten im Allgemeinen auf die Festlegung von Forderungen an beschaffenheitsbezogene Aspekte, und dabei insbesondere auf spezifische Merkmalsgruppen wie die der Sicherheit. Daher verdrängen auch im gesetzlich geregelten Bereich die betreffenden geforderten Produktkennzeichnungen (CE-Kennzeichnung, GS-Zeichen,…) üblicherweise nicht die im gesetzlich nicht geregelten Bereich eingeführten Produktzertifikate (die man landläufig auch »Qualitätszeichen« nennt). Diese beruhen in der Regel auf umfassenderen Forderungen an die Beschaffenheit der Produkte.

## 3.7 Normen/Regelwerke mit Forderungen an die Fähigkeit eines Managementsystems von Prüf- und Zertifizierungsstellen

Unabhängige »dritte Stellen« (Prüfstellen, Kalibrierlaboratorien, Zertifizierungsstellen) müssen, um ihre Kompetenz nachzuweisen, Forderungen an ihre Organisation als solche und zudem Forderungen an die Fähigkeit ihres Managementsystems erfüllen, wenn sie von einer anerkannten Akkreditierungsstelle akkreditiert werden wollen. Die wesentliche Basis für den Empfang einer Akkreditierungsurkunde ist das positive Ergebnis der Begutachtung nach einer der nachfolgenden, jeweils relevanten Norm:

⇨ *ISO/IEC 17025* mit Forderungen an Prüf- und Kalibrierlaboratorien;

⇨ *ISO 15189* mit Forderungen an Medizinlaboratorien;

⇨ *ISO/IEC 17020* mit Forderungen an Inspektionsstellen;

⇨ *ISO/IEC 17024* mit Forderungen an Stellen, die Personen zertifizieren;

⇨ *DIN EN 45011und ISO/IEC Guide 65* mit Forderungen an Stellen, die Produkte zertifizieren;

⇨ *ISO/IEC 17021* mit Forderungen an Stellen, die Management-systeme zertifizieren;

⇨ *ISO 19011* Leitfaden mit Vorgaben für QMS- und UMS-Audits;

⇨ *ISO/IEC 17040* mit Forderungen an die Begutachtung unter gleichrangigen Konformitätsbewertungsstellen.

Beispielsweise sind wesentliche Forderungen an die Zertifizierungs-stellen für Managementsysteme: Neutrale Prüfung (keine MS-Be-ratung), Beschreibung des QM-Systems in einem QM-Handbuch, Lenkungsgremium zur Festlegung der Grundsätze und Zertifizie-rungsverfahren einschließlich Überwachung, Einsatz von fähigen Auditoren. Die Akkreditierung von Zertifizierungsstellen für Ma-nagementsysteme wird branchenbezogen erteilt. Dazu gibt es einen Schlüssel mit 39 Branchen.

## 3.8 Normen/Regelwerke mit Forderungen an die Fähigkeit von Akkreditierungsstellen

Stellen, die Konformitätsbewertungsstellen (Prüf-, Kalibrier- und Zertifizierungsstellen) begutachten und akkreditieren, sollten die Forderungen der Norm *ISO/IEC 17011* erfüllen. Das gilt für Ak-kreditierungsstellen im nicht gesetzlich geregelten Bereich und sollte möglichst auch für solche Akkreditierungsstellen gelten, die aufgrund von gesetzlichen Regelungen staatlich benannt sind, denn die Anwendungsgebiete der Akkreditierungen beider Arten überlappen sich. Für den Markt und die betroffene Wirtschaft sollten gleiche Maßstäbe wirken. Schließlich sollten objektive Fähigkeitbewertungen nicht Gegenstand von politischen Abwägungen sein.

## 3.9 Akkreditierung in Deutschland

### 3.9.1 Allgemeines

Der Nachweis der Erfüllung der Forderungen an Prüf- und Zertifizierungsstellen wird zweckmäßigerweise gegenüber einer Stelle erbracht, die in das nationale Akkreditierungssystem eingebunden ist. In Deutschland ist dies der *DAR* »Deutscher Akkreditierungs-Rat«.

Ein im Jahr 2006 beim Bundesministerium für Wirtschaft gebildeter Akkreditierungsbeirat berät dieses und nimmt die Außenvertretung des deutschen Akkreditierungssystems wahr. Er hat 21 Mitglieder, die vom BMWi berufen werden. Er besteht aus Vertretern von Akkreditierungsstellen, des Bundes, der Länder, von Wirtschafts- und Industrieverbänden sowie Konformitätsbewertungsstellen. Die Geschäftstelle des Akkreditierungs-Rats und die des Beirats sind bei der BAM Bundesanstalt für Materialforschung und -prüfung angesiedelt.

Es besteht die Absicht, die Organisation der Akkreditierung in Deutschland neu zu regeln, und zwar im Rahmen eines Akkreditierungsgesetzes. Ein solches Gesetz gab es bisher in Deutschland im Gegensatz zu den meisten anderen Ländern nicht. Das Ziel der EU-Kommission ist es, dass es pro Mitgliedsstaat nur eine Akkreditierungsstelle gibt, die sowohl die gesetzlich geregelten als auch gesetzlich nicht geregelten Bereiche umfasst.

## 3.9.2 Akkreditierung im gesetzlich nicht geregelten Bereich in Deutschland

Für den *gesetzlich nicht geregelten, also freiwilligen Bereich* bildet der *DAR* den Rahmen für die in Deutschland anerkannten Akkreditierungsstellen, obwohl ihm und ihnen keine Monopolstellung eingeräumt ist. Diese Stellen sind:

⇨ *TGA* Trägergemeinschaft für Akkreditierung GmbH für die Akkreditierung von Managementsystem- und Personal-Zertifizierungsstellen. Die Akkreditierung von Stellen, die Umweltmanagementsysteme nach DIN EN ISO 14001 zertifizieren, erfolgt dabei in Deutschland durch die TGA in Abstimmung mit der *DAU* Deutsche Akkreditierungs- und Zulassungsgesellschaft für Umweltgutachter mbH;

⇨ *DAP* Deutsches Akkreditierungssystem für Prüfwesen GmbH und DATech Deutsche Akkreditierungsstelle Technik GmbH für die Akkreditierung von Prüfstellen, Produktzertifizierungsstellen und Inspektionsstellen;

⇨ *DKD* Deutscher Kalibrierdienst (angesiedelt bei der PTB Physikalisch-Technische Bundesanstalt) für die Akkreditierung von Kalibrierlaboratorien;

⇨ *DACH* Deutsche Akkreditierungsstelle Chemie GmbH für die Akkreditierung von Prüfstellen im Bereich der Chemie;

Der *DAR* hat auch die Aufgabe, soweit wie möglich darauf zu achten und national und international mitzuwirken, dass die Akkreditierungsverfahren im gesetzlich nicht geregelten Bereich und im gesetzlich geregelten Bereich harmonieren. Soweit wie möglich sollten auch die im gesetzlich nicht geregelten Bereich für die Akkreditierung genutzten Normen (vor allem der ISO/IEC 17000-Reihe) und die erteilten Akkreditierungen durch die staatlichen Akkreditierungs- und Zulassungsstellen genutzt werden.

### 3.9.3 Akkreditierung im gesetzlich geregelten Bereich in Deutschland

Im *gesetzlich geregelten Bereich* bedürfen Prüf- und Zertifizierungsstellen, die im Rahmen von gesetzlichen Regelungen als gemeldete/notifizierte/zugelassene Stellen arbeiten wollen, einer Akkreditierung/Notifizierung/Zulassung durch eine staatliche beziehungsweise staatlich autorisierte Akkreditierungsstelle. Im Vordergrund stehen hier die im Rahmen von EG-Richtlinien und -Verordnungen bestehenden Regelungen beziehungsweise deren Umsetzungen in nationales Recht. Bei EG-Richtlinien für die CE-Kennzeichnung betrifft diese Akkreditierung eine oder mehrere Module der nach der Richtlinie möglichen Konformitätsbewertungsverfahren. Aufgrund dieser Akkreditierung erstattet das für die EG-Richtlinie zuständige Bundesministerium über das BMWi Meldung an die Europäische Kommission. Die Zertifizierungsstelle wird als gemeldete/notifizierte/zugelassene Stelle im EG-Amtsblatt mit ihrer Kennnummer und dem Geltungsbereich veröffentlicht und kann damit tätig werden. Die Behörden jedes Mitgliedstaates müssen also zum Beispiel darauf beruhende CE-Kennzeichnungen und Zulassungen (oder auch Teilnahmebescheinigungen nach EMAS VO(EWG)761/2001) anerkennen.

Die Zulassung von Umweltgutachtern (Einzelpersonen und Organisationen) nach dem Umwelt-Audit-Gesetz erfolgt durch die *DAU*. Nur zugelassene Umweltgutachter dürfen auf Antrag von Organisationen nach der Verordnung (EWG)761/2001 für beantragte Standorte Umweltmanagementsysteme begutachten und Umwelterklärungen für gültig erklären.

### 3.10 Akkreditierung international

Die gesetzlich geregelten und gesetzlich nicht geregelten Bereiche unterscheiden sich von Land zu Land, je nach Art und Umfang der Tätigkeit der jeweiligen Gesetzgeber. In der EU sind die Unterschiede in vielen Bereichen wegen der erfolgten Harmonisierungen gering.

Im *gesetzlich nicht geregelten, also freiwilligen, Bereich* ist die Anerkennung der Zertifikate im In- und Ausland eine Frage des Marktes. Akkreditierungen sollten Vertrauen in die Glaubwürdigkeit der Prüf- oder Zertifizierungsstelle und seiner Prüfergebnisse bzw. Zertifikate schaffen. Die Anerkennung kann nicht erzwungen werden. Hilfreich für eine Anerkennung eines Zertifikates im Ausland ist es, wenn die Akkreditierung durch die nationale Akkreditierungsstelle (zum Beispiel TGA) im Ausland anerkannt wird. Hierzu dient die Harmonisierung der Akkreditierungsverfahren im Rahmen von *EA* »European Accreditation«, an dem von deutscher Seite der *DAR* und aus den EU- und EFTA-Staaten die betreffenden Akkreditierer kooperieren. Es bestehen bereits multilaterale Anerkennungsabkommen zwischen einer wachsenden Anzahl von *EA*-Mitgliedern (einschließlich *DAR*).

Weltweit koordinieren nationale Akkreditierungsstellen ihre Arbeit im Rahmen von IAF »International Accreditation Forum«. Auch hier existieren bereits multilaterale Anerkennungsabkommen.

Ein Zertifikat oder Prüfergebnis wird darüber hinaus beim Kunden noch bessere Anerkennung finden, wenn sich die Zertifizierungs- bzw. Prüfstellen weltweit mit anderen entsprechenden Stellen wechselseitig ihrer Kompetenz versichern, zum Beispiel durch die Ergebnisse von Bewertungen der gleichrangigen Partner (Peer Reviews), und wenn sie eine gegenseitige Anerkennung ihrer Zertifikate vereinbaren. Ein Beispiel: IQNet mit zahlreichen Partnern weltweit; die DQS GmbH ist deutsches Mitglied und Gründungsmitglied von IQNet.

Im *gesetzlich geregelten Bereich* stehen bei den EG-Richtlinien und -Verordnungen die staatlichen Autoritäten der EU-Mitgliedstaaten hinter den Akkreditierungen/Notifizierungen/Zulassungen von Prüf- und Zertifizierungsstellen oder von Umweltgutachterorganisationen. Die Mitgliedstaaten benennen die jeweiligen Akkreditierungsstellen. Bewertungsergebnisse (Prüfergebnisse, Zertifikate, Gültigkeitserklärungen) der akkreditierten Prüf- und Zertifizierungsstellen und Umweltgutachter müssen von den Behörden aller Mitgliedstaaten anerkannt werden.

Ein Hersteller in einem Land außerhalb der EU oder sein in der Gemeinschaft ansässiger Bevollmächtigter muss, wenn er durch EG-Richtlinien geregelte Produkte herstellt und diese in die EU einführen will, die vorgeschriebene Kennzeichnung auf seinen Produkten anbringen. Wenn die EG-Richtlinie zum Durchlaufen des Konformitätsbewertungsverfahrens die Einschaltung einer von der EU notifizierten/gemeldeten (akkreditierten) Stelle vorsieht, muss er sich hierfür einer solchen bedienen, solange zwischen seinem Land und der Europäischen Kommission für den jeweiligen Bereich keine (meistens gegenseitige) Anerkennung der Stellen ihrer staatlichen Akkreditierungen staatsvertraglich vereinbart ist. Das in den letzten Jahren sich entwickelnde Vertragssystem von Drittstaatenabkommen ist komplex. Jeder Vertrag ist fallbezogen.

In entsprechender Weise verhalten sich die staatlichen Stellen in Ländern außerhalb der EU in Erfüllung der Vorgaben ihrer eigenen gesetzlichen Regelungen, d. h. sie verlangen vom ausländischen Hersteller von Produkten des dort gesetzlich geregelten Bereichs oder vom Bevollmächtigtem des ausländischen Herstellers die Nutzung der vom eigenen Staat akkreditierten Stellen, sofern im speziellen Fall kein staatliches Abkommen über die (gegenseitige) Anerkennung existiert.

In dieser Tatsache liegen für viele international tätige Organisationen häufig große Schwierigkeiten. Sie müssen nämlich den gesetzlichen Regelungen aller Länder nachkommen, in denen oder für deren Kunden sie tätig sind. Der organisatorische, finanzielle und fachliche Aufwand hierfür kann beträchtlich sein, zumal sich nicht selten die gesetzlich geregelten und die gesetzlich nicht geregelten Bereiche von Land zu Land unterscheiden. Im Bestreben, solchen Aufwand zu reduzieren, liegt auch der Grund für einen Großteil der internationalen Normungsarbeiten und der bilateralen oder multilateralen Bestrebungen zur Harmonisierung staatlicher Regelungen. Dem gleichen Zweck dienen auch harmonisierte Konformitätsbewertungs- und Akkreditierungsverfahren sowie das Streben nach direkter oder gegenseitiger Anerkennung von Prüfergebnissen, Zertifikaten und Akkreditierungsurkunden.

## 3.11 Schlussbemerkung

Zu Anfang dieses Beitrages betrachteten wir das Eigeninteresse einer Organisation (besonders ihrer Eigner) und die unterschiedlichen möglichen Ergebnisse der Organisation. Wir identifizierten die verschiedenen Interessenpartner mit ihren Forderungen an die jeweiligen Ergebnisse und mit ihren Forderungen an die unterschiedlichen Fähigkeiten der Organisation. Im Vordergrund stand dabei das Interesse der Interessenpartner an fortdauernd zufrieden stellender Qualität der betrachteten Ergebnisse, sei es bei den Angebotsprodukten, bei den finanziellen Ergebnissen, der speziellen Information über die Ergebnisse, bei den Ergebnissen des ethischen Verhaltens, dem Ergebnis einer Zertifizierung usw. Wie wir jedoch zuletzt sehen mussten, spielen formelle, zugleich aber wirtschaftlich erheblich relevante Gesichtspunkte ebenfalls eine große Rolle, wie etwa das bloße Vorhandensein und die – direkte oder gegenseitige – Anerkennung von Ergebnissen, beispielsweise von Zertifikaten. Letzteres gilt besonders für international tätige Organisationen, für die sich – wie wir gesehen haben – z. B. die Interessenpartner »Staat« und »Kunde« jeweils in viele Elemente auffächern, nämlich nach der Anzahl der Länder, in welchen die Organisation wirtschaftlich aktiv ist.

Zur Sicherung des wünschenswerten langfristigen Erfolgs sind andererseits auch alle Interessenpartner gut beraten, wenn sie zwar die erwähnten formellen Gesichtspunkte beachten, wenn sie sich jedoch immer wieder der Fähigkeiten ihrer Lieferanten versichern, wobei sie zudem stets auf die Fähigkeit ihrer Konformitätsbewertungsstellen achten sollten.

Ob das Vertrauen in die Fähigkeiten nach wie vor gerechtfertigt ist oder noch ausreicht, gehört daher periodisch auf den Prüfstand. So mag anfangs z. B. das Managementsystem-Zertifikat einer akkreditierten Zertifizierungsstelle durchaus formal ausreichen. Wenn diese an ihre eigene Arbeit und an ihre Ergebnisse aber keine stets neu für eine zukunftsträchtige Weiterentwicklung der eigenen Organisation angepassten Forderungen stellt, dürfte eine kritische Hinterfragung solcher Formalergebnisse oder ein baldiger Partnerwechsel angezeigt sein. Umgekehrt gilt, dass dort nachhaltiger Erfolg programmiert ist, wo sich sowohl die ein Zertifikat wünschende Organisation als auch ihr Zertifizierer an Zielen mit hoher Anspruchsklasse orientieren und sich beispielsweise an Exzellenzkriterien messen lassen. Entscheidend für solche Einschätzungen durch Interessenpartner ist auch, ob die obersten Leitungen (einschließlich den Gesellschaftern/Aufsichtsräten) auf beiden Seiten erkennbar hinter den Zielsetzungen der Beschaffung eines überzeugenden Vertrauensnachweises stehen.

Dr.-Ing. **Klaus Petrick** war bis Herbst 2003 Geschäftsführer der DQS GmbH Deutsche Gesellschaft zur Zertifizierung von Managementsystemen. Nach seiner Tätigkeit als wissenschaftlicher Mitarbeiter am Institut für Raumfahrttechnik und seiner Promotion an der TU Berlin betreute er als Angestellter im DIN nationale und internationale Normungsarbeiten zur Akustik und zu Statistik und Qualitätsmanagement. Er war Leiter der deutschen Delegation im ISO/TC 176, das die ISO 9000-Normenreihe erarbeitete. Er engagierte sich in deutschen, europäischen und internationalen Vorhaben und Organisationen zur Einrichtung von Managementsystem-Zertifizierungsverfahren und zur internationalen gegenseitigen Anerkennung von Zertifikaten und war 1998/1999 Präsident von IQNet The International Certification Network. Seine Arbeiten an Veröffentlichungen setzt er in seinem Ruhestand als freier Autor fort.

**Zusammenfassung**

Die Wünsche, Erwartungen und Forderungen, die in Markt und Staat an dort tätige Organisationen gestellt werden, sind vielfältig. Sie lassen sich jedoch ordnen und entsprechend darstellen. Die Organisationen sind Unternehmen, Behörden, Vereine, Berater usw. Es sind aber auch dritte unabhängige Stellen beteiligt, die nach speziellen Vorgaben objektive Nachweise über Fähigkeiten und Ergebnisse ihrer Auftraggeber erbringen, mit denen überzeugendes Vertrauen im Markt geschaffen werden kann, mit denen zugleich auch Erfordernissen von Markt und Staat formal genügt werden sollte und kann. Besonders Zertifikate für Managementsysteme haben sich als vertrauensbildend bei den Interessenpartnern von Organisationen erwiesen.

# 4 Gründe für die Zertifizierung

**Welche Chancen und Herausforderungen bestehen bei der kombinierten Begutachtung integrierter Managementsysteme?**

**In diesem Beitrag erfahren Sie:**
- was integrierte Managementsysteme sind,
- welche Besonderheiten bei der Begutachtung solcher Systeme zu beachten sind,
- wie sich die MS- Zertifizierung mit dem Assessment nach Exzellenzkriterien kombinieren lässt und welches gestufte Vorgehen dabei möglich ist.

PETRA LÜCK

## 4.1 Einleitung

Der Begriff »integriertes Managementsystem« ist nicht genormt. Hier sei darunter ein Managementsystem verstanden, von dem die zu begutachtende Organisation nachweisen kann, dass in ihm mehrere aufgabenbezogene Themen (z.B. Qualität und Umwelt) angemessen miteinander verzahnt geregelt bzw. prozessorientiert verknüpft sind und dass die relevanten Forderungsnormen (im Beispiel: ISO 9001 und ISO 14001) erfüllt sind.

Neben der Auditierung auf Erfüllung genormter Forderungen und den dabei zu beachtenden besonderen Bedingungen und Fähigkeiten auf Seiten der zu auditierenden Organisation als auch des Zertifizierers geht es in diesem Beitrag auch um das Assessment nach Exzellenzkriterien, das in vielen Branchen eine immer größere Bedeutung erhält.

## 4.2 Implementierung integrierter Managementsysteme

Mitte der 90er Jahre erkannten viele Unternehmen, dass betrieblicher Umweltschutz eine zeitgemäße lohnende Aufgabe ist und als Managementaufgabe wahrgenommen werden sollte. Unternehmen erkannten, dass der Schutz der Umwelt auch mit betrieblichen und wirtschaftlichen Belangen, wie zum Beispiel Optimierung betrieblicher Abläufe und Kosteneinsparungen, einhergehen kann.

In den Anfängen wurden Umweltmanagementsysteme (UMS) parallel zu den bereits bestehenden Qualitätsmanagementsystemen (QMS) eingeführt. In der Folge führte dies zu Redundanzen und reduzierte die Akzeptanz unter den Anwendern; auch Zielkonflikte ließen sich nicht immer vermeiden. Ein Grund für diese Entwicklung war sicherlich, dass wenige Mitarbeiter gleichermaßen über die Kompetenz für Qualitäts- und Umweltmanagementsysteme verfügten, so dass die Systeme parallel implementiert werden mussten. Mit zunehmender Weiterentwicklung der Systeme erkannten die Verantwortlichen in vielen Unternehmen, dass die Integration von Nutzen beider Systeme ist. In einem Abstimmungsprozess wurden häufig die zunächst parallel implementierten Managementsysteme Schritt für Schritt zusammengeführt.

Die Mehrzahl der Unternehmen, die heute UMS einführen, implementieren diese in bereits bestehende Managementsysteme. So werden in der Regel die Dokumentation, Ziele, die Lenkung der umweltrelevanten Prozesse, interne Audits und andere umweltspezifischen Facetten in Bestehendes integriert.

Neben Umweltthemen werden dabei zunehmend auch andere Themen, wie z.B. Arbeitsschutz nach OHSAS 18001, soziale Verantwortung nach SA 8000 oder Informationssicherheit bspw. nach ISO/IEC 27001 eingebunden.

Die Integration dieser Themen fällt leichter, weil die Kernforderungen der spezifischen Regelwerke ein hohes Maß an Übereinstimmung aufweisen. Im Folgenden wird die inhaltliche Gemeinsamkeit der Normen am Beispiel der ISO 14001 und ISO 9001 dargestellt:

Nach Formulierung einer Unternehmenspolitik und einer Bestandsaufnahme (Ermittlung der signifikanten Umweltaspekte bzw. der Kundenanforderungen), setzen die Verantwortlichen spezifische Ziele und brechen sie zu Einzelzielen herunter; Maßnahmen zur Zielerreichung werden geplant. Zudem sind organisatorische Regelungen (incl. der Kommunikation und der Qualifizierung der Mitarbeiter) zu treffen und ein Kontinuierlicher Verbesserungsprozess (KVP) zur Optimierung des Managementsystems zu initiieren. Obwohl die ISO 14001 den Begriff der Prozessorientierung nicht verwendet, lassen sich UMS entlang der Prozesse implementieren. So können entlang der Prozesse bspw. die signifikanten Umweltaspekte und Notfallmaßnahmen geplant und den Prozessen die ermittelten rechtlichen Pflichten, die notwendigen Messungen, aber auch die Umweltziele zugeordnet werden.

## 4.3 Grad der integrierten Auditierung

Integrierte Managementsysteme sollten integriert auditiert werden, sowohl intern als auch in Zertifizierungsaudits. Ein unterschiedlicher Grad der integrierten Auditierung ist dabei möglich:

⇨ Organisatorische Integration:
   gemeinsame Planung und zeitgleiche Auditierung
⇨ Methodische Integration:
   Nutzung formal einheitliche Werkzeuge (z.B. Formblätter, Checklisten, Berichtsgliederungen)
⇨ Inhaltliche Integration:
   Verwendung inhaltlich aufeinander abgestimmter Checklisten und gemeinsame Berichterstellung
⇨ Personelle Integration:
   Einsatz von Auditoren mit Mehrfachqualifikation

Die zeitgleiche interne oder externe Auditierung integrierter Managementsysteme durch Auditoren mit Mehrfachqualifikation, sogenannte »Kombiauditoren«, ist anzustreben, weil dann die Fragen zu Qualitäts- und Umweltmanagementsystemen sowie ggf. zu weiteren

Themen auch in ihrem Zusammenwirken betrachtet werden können. So ist es möglich, Zielkonflikte zu erkennen und das Potential für eine verbesserte Integration aufzuzeigen. Die große Herausforderung, auch für Zertifizierungsorganisationen, ist hierbei, Auditoren mit einer Kompetenz in allen betreffenden Themenfeldern (z.b. gute Kenntnis des relevanten Umweltrechts und der statistischen Methoden zur Qualitätslenkung) zur Verfügung stellen zu können. Dies wird zusätzlich erschwert, wenn nicht nur auf Erfüllung der Forderungen der Basisnorm (z.b. ISO 9001), sondern auch auf Konformität mit einem branchenspezifischen Regelwerk (z.b. ISO/TS 16949 für die Automobilindustrie oder EN 9100 für Luft- und Raumfahrtunternehmen) zu auditieren ist, oder wenn eine Vielzahl von Managementthemen (z.b. Qualität, Umweltschutz, Informationssicherheit, Risiken, Arbeitsschutz und Soziale Verantwortung) berücksichtigt werden soll. In diesem Fall muss gegebenenfalls ein Team aus unterschiedlich qualifizierten Auditoren eingesetzt werden.

Doch auch wenn es gelingt, Auditoren mit Mehrfachqualifikationen einzusetzen und ein integriertes Audit geplant ist, ist es für Auditoren eine Herausforderung, im Rahmen der Auditierung die unterschiedlichen Themen/ Regelwerke gleichwertig zu behandeln. So ist es erforderlich, den einen oder anderen Sachverhalt detailliert zu betrachten (z.b. Umsetzung konkreter umwelt- oder arbeitschutzrechtlicher Handlungspflichten), gleichzeitig aber keine einseitigen Schwerpunkte zu setzen. Auditoren sollten sich stets bewusst machen, welche persönlichen Prägungen aufgrund der beruflichen Erfahrung ihre Vorgehensweise beeinflussen und ob diese einer ausgeglichenen Auditierung entgegenstehen.

Unabhängig davon, ob die Auditierung durch Kombiauditoren oder durch ein Team unterschiedlich qualifizierter Auditoren erfolgt, sollte die Zeitplanung aufeinander abgestimmt sein. Die Doppelauditierung von Themen ist zu vermeiden. Die Auditoren sollten die Ergebnisse der Auditierung normenübergreifender Themen (z.b. Schulungsbedarfsermittlung, Zielsetzungsverfahren, Korrektur- und Vorbeugemaßnahmen) miteinander abstimmen und zu einer abschließenden Einschätzung bzgl. der systematischen Vorgehensweise des Unternehmens kommen.

Die Werkzeuge (z.B. Formulare, Checklisten, Berichtsvorlagen) sollten aufeinander abgestimmt sein, um das Zusammenführen und die Auswertung der Ergebnisse zu vereinfachen, die Abstimmung der Auditoren zu optimieren und bei den Auditierten durch verbesserte Transparenz die Akzeptanz zu verbessern.

## 4.4 Planung von Zertifizierungsaudits

Die Mindestforderungen an die Zertifizierung von Managementsystemen sind von den Akkreditierungsstellen festgelegt. So ist bei der Erst- und Wiederholungszertifizierung (alle drei Jahre) eine vollumfängliche Auditierung durchzuführen, in der die Umsetzung aller Normforderungen zu auditieren ist. In den dazwischen liegenden, mindestens jährlichen Förderaudits wird die Aufrechterhaltung und der kontinuierliche Verbesserungsprozess anhand der Kernforderungen auditiert.

Die Begutachtung von Managementsystemen erfolgt in zwei Schritten. Im ersten Schritt (Stage 1) bewerten die Auditoren die Dokumentation auf Vollständigkeit und Angemessenheit und stellen die Zertifizierungsfähigkeit fest. Bei der Auditierung von Umweltmanagementsystemen sind darüber hinaus

⇨ eine Ortsbegehung

⇨ der Einblick in die Ergebnisse interner Audits (soweit bereits vorhanden) und

⇨ ein Überblick über die rechtlichen Rahmenbedingungen (insbesondere Genehmigungen)

als Pflichtbestandteile von den Akkreditierungsstellen festgelegt. Sofern Unternehmen eine Zertifizierung nach einer Norm (z.B. ISO 9001) um die Zertifizierung nach einer zweiten (z.B. ISO 14001) erweitert haben wollen, muss für dieses weitere Regelwerk erneut eine »Stage 1-Begutachtung« durchgeführt werden.

Neben den von den Akkreditierungsstellen geforderten Pflichtbestandteilen der Auditierung können unternehmensspezifische Wünsche berücksichtigt werden. Unternehmen sollten die Möglichkeit nutzen, ihre Auditwünsche zu formulieren und diese mit der Zertifizierungsstelle abzustimmen. Beispielsweise kann die weitere Zusammenführung, d.h. die verbesserte Integration der Regelungen zur Erfüllung der Forderungen verschiedener Regelwerke, als zusätzliches Auditziel formuliert werden.

Immer wenn Unternehmen nach unterschiedlichen Normen zertifiziert sind, sollten Auditverlauf und -schwerpunkte aufeinander abgestimmt werden. Die Synergien, die sich daraus ergeben, sind abhängig davon, ob

⇨ die Festlegungen nach den Regelwerken in einem integrierten Managementsystem zusammengeführt sind,

⇨ das Managementsystem zeitgleich von einer Zertifizierungsstelle auditiert wird und

⇨ von der Zertifizierungsstelle Kombiauditoren eingesetzt werden.

Am Beispiel einer Kombibegutachtung auf Erfüllung der Forderungen von ISO 9001, ISO 14001 und OHSAS 18001 wird im Folgenden die Vorgehensweise bei der zeitgleichen Begutachtung eines integrierten Managementsystems skizziert:

⇨ Die Auditoren bewerten die themenübergreifende Managementdokumentation auch dahingehend, ob Redundanzen und Widersprüche bestehen. In den jährlichen Förderaudits liegt der Fokus auf Änderungen (im Wesentlichen betrieblicher oder organisatorischer Art).

⇨ Die oberste Leitung sollte in jedem Audit nur einmal auditiert werden. Wesentliche Themen sind

– die Angemessenheit der Unternehmenspolitik,

– die Zielsetzungen und Maßnahmen zur Zielerreichung,

– die Festlegung von Verantwortung und Befugnissen,

– der Kontinuierliche Verbesserungsprozess und

– das Managementreview.

⇨ Die Instrumente der kontinuierlichen Verbesserung des Managementsystems sollten miteinander verzahnt (integriert) sein und dann auch gemeinsam auditiert werden. Dazu gehören
– die Planung und Durchführung interner Audits incl. der Bewertung der Rechtskonformität für Umwelt- und Arbeitsschutz,
– die Verfolgung von Verbesserungsvorschlägen, z.B. aus dem betrieblichen Vorschlagswesen und
– die Festlegung und Verfolgung von Korrektur- und Vorbeugemaßnahmen.

⇨ Die Verfahren der internen und externen Kommunikation sollen aufeinander abgestimmt sein und dann gemeinsam auditiert werden. Dies betrifft insbesondere Notfallsituationen, wenn unter Zeitdruck entsprechende Aktivitäten erforderlich sind.

⇨ Im Personalmanagement sollten die folgenden Punkte themenübergreifend zusammengeführt sein und dann gemeinsam auditiert werden. Dazu gehören
– die Schulungsbedarfsermittlung, um das Bewusstsein und die Qualifikation der Mitarbeiter zu erreichen und
– die Planung, Durchführung und Wirksamkeitsbewertung von Schulungen und anderen Qualifizierungsmaßnahmen.

⇨ Entlang der Kernprozesse, deren Festlegung ISO 9001 fordert, können die folgenden umwelt- bzw. arbeitsschutzspezifischen Themen auditiert werden:
– Angemessenheit der ermittelten Umweltaspekte bzw. Gefährdungen,
– Planung der Notfallvorsorge und -maßnahmen,
– Umsetzung der Handlungspflichten, die sich aus den ermittelten rechtlichen und anderen Forderungen ergeben,
– Maßnahmen der Zielerreichung und
– erforderliche Überwachungen und Messungen.

Dass einzelne Kapitel/ Themen nicht ausschließlich entlang der Kern-prozesse auditiert werden können, soll anhand von zwei Beispielen gemäß ISO 14001 erläutert werden.

### 4.4.1 Rechtliche Verpflichtungen und andere Forderungen

ISO 14001 nennt im Kapitel 4.3.2 die Forderungen bezüglich der Umsetzung rechtlicher Verpflichtungen und anderer Forderungen. In einem ersten Schritt sind die rechtlichen Verpflichtungen (u.a. Gesetze, Verordnungen) und die anderen Forderungen (i.W. Selbst-verpflichtungen) systematisch zu identifizieren. Da die Aktualität zu gewährleisten ist, müssen Änderungen regelmäßig ermittelt werden.

Aus diesen rechtlichen und anderen Forderungen ergeben sich für das Unternehmen konkrete Handlungspflichten, die in einem ersten Schritt abgeleitet und dann in die betriebliche Praxis (in der Regel in Form von »Anweisungen«) umgesetzt werden müssen. Dabei ist festzulegen, wer welche Aufgaben und Pflichten wann und wie häufig wahrnimmt, welche Mittel erforderlich sind und wie die Wahrneh-mung der Aufgaben gewährleistet wird. Die Verantwortung für die Umsetzung der sich ergebenden betrieblichen Handlungspflichten sollte in den jeweiligen Unternehmensbereichen liegen.
Beim Zertifizierungsaudit eines integrierten Systems ist die Auditie-rung in folgenden Schritten empfehlenswert:

⇨ Zunächst bewertet der Auditor, wie rechtliche und andere Forde-rungen systematisch und aktuell ermittelt werden. Dabei ist zu prüfen, welche Informationsquellen in welchen Intervallen ge-nutzt werden und ob der bzw. die Verantwortlichen ausreichende Kenntnisse des Umweltrechtes haben, um daraus die konkreten Handlungspflichten ableiten zu können.

⇨ Entlang der Prozesse hinterfragt der Auditor dann, ob die Prozess-verantwortlichen Kenntnisse über die für sie relevanten rechtlichen und anderen Forderungen haben und ob die Prozesse so gestaltet sind, dass die Handlungspflichten der rechtlichen und anderen

**146**

Forderungen umgesetzt sind. Dabei sollte in zahlreichen Stichproben die Umsetzung hinterfragt werden. Beispiele hierfür sind die Bewertung der Umsetzung von Auflagen aus Genehmigungsbescheiden, der gesetzeskonforme Umgang mit Gefahrstoffen oder die Lagerung wassergefährdender Stoffe.

Das bedeutet für die Auditplanung, dass neben der Umsetzung der rechtlichen Handlungspflichten in den Prozessen, die Systematik der Ermittlung und Ableitung der betrieblichen Handlungspflichten vorab separat auditiert wird.

## 4.4.2 Umweltaspekte

ISO 14001 beschreibt im Kapitel 4.3.1, dass die Umweltaspekte ermittelt und bewertet sowie die bedeutenden Aspekte zu identifizieren sind, die dann bei der Festlegung von Umweltzielen besonders berücksichtigt werden müssen.

Bei der internen und externen Auditierung dieses Themas empfiehlt es sich, in einem ersten Schritt die Methodik der Ermittlung und Bewertung der Umweltaspekte zu hinterfragen. Dabei ist zu prüfen, ob die Methode eine vollständige Ermittlung gewährleistet: Die Ermittlung kann entlang der Prozesse, entlang des Organigramms und/ oder an Hand eines Standort-Lageplanes erfolgen. Zudem ist zu auditieren, ob die ermittelten Umweltaspekte nach nachvollziehbaren Kriterien bewertet wurden und damit die signifikanten Umweltaspekte transparent identifiziert wurden.

In einem zweiten Auditschritt sollte das Thema Umweltaspekte bei der integrierten Auditierung der Kernprozesse berücksichtigt sein. Fragestellungen hierbei sind,

⇨ inwieweit die Prozessverantwortlichen in die Ermittlung und Bewertung eingebunden sind,

⇨ ob sie ausreichende umweltspezifische Kenntnisse zur Wahrnehmung dieser Aufgabe haben und

⇨ ob eine Verbindung zwischen der Bewertung der Umweltaspekte und der Gestaltung und Dokumentation der betrieblichen Abläufe besteht. Hierzu zählt beispielsweise, ob umweltsensible Prozessschritte ausreichend festgelegt und dokumentiert, die Mitarbeiter ausreichend qualifiziert sind und ob Notfallpotentiale angemessen beherrscht werden.

Die Plausibilität der identifizierten signifikanten Umweltaspekte kann am wirksamsten in den Kernprozessen bewertet werden.

Die Forderung von ISO 14001, die signifikanten Umweltaspekte bei der Zielsetzung zu berücksichtigen, ist sowohl bei der Bewertung der Methodik im ersten Auditschritt als auch bei der Auditierung der Prozesse auf Umsetzung zu prüfen.

## 4.5 Zusammenarbeit im Auditteam

Die Zertifizierungsstellen müssen durch die Auswahl der Auditoren sicherzustellen, dass alle erforderlichen Kenntnisse nachweislich vorhanden sind. Ein Auditorenteam ist immer dann einzusetzen, wenn ein einzelner Auditor nicht das notwendige Know-how (relevante Regelwerksqualifizierung(en), Branchenkompetenz, themenspezifische aktuelle Rechtskenntnis) hat. Bei Zertifizierungsaudits besteht zudem die Forderung der Akkreditierungsstellen, dass ein Auditteam eingesetzt werden muss, wenn das Audit an einem Standort länger als 3,5 Tage dauert.

Bei Einsatz eines Auditorenteams sollte einem Auditor die Leitung übertragen werden. Als Auditteamleiter ist er für die organisatorische Abstimmung verantwortlich. Bei der Auditplanung ist zu berücksichtigen, dass sich die Auditoren im Audit möglichst häufig trennen, um so die Effektivität des Audits zu verbessern.

Da alle Auditoren zu Beginn des Audits festgelegte Basisinformationen über das auditierte Unternehmen benötigen, sollten zentrale Fragen gemeinsam auditiert werden. Dazu zählt die Auditierung der Geschäftsführung (u.a. Politik, Zielsetzung, Personalmanagement, Review) und des Managementbeauftragten (u.a. interne Auditierung,

Korrektur- und Vorbeugemaßnahmen, Dokumentation). Zudem sollte gewährleistet werden, dass alle Auditoren die für sie erforderlichen Kenntnisse der betrieblichen methodischen Vorgehensweisen (u.a. Ermittlung und Bewertung Umweltaspekte, Umsetzung rechtlicher Forderungen, identifizierte Prozesse und Schnittstellen) haben.

Die Trennung der Auditoren vor Ort sollte in der Größenordnung von 50% der Auditzeit liegen, bei mehrtägigen Audits auch mehr. Bei einer Trennung ist es erforderlich, dass die Auditoren Abstimmungszeiten einplanen; pro halbem Audittag etwa 15 bis 30 Minuten. Bei der Abstimmung stehen erkannte Stärken, Abweichungen und Verbesserungspotentiale im Vordergrund, die dann von den anderen Auditoren im weiteren Auditverlauf berücksichtigt werden.

Die Ergebnissichtung vor dem Abschlussgespräch erfolgt im Team aller beteiligten Auditoren; die im Abschlussgespräch zu kommunizierenden Auditergebnisse müssen im Vorfeld miteinander abgestimmt werden. Im formulierten Auditergebnis sollten alle Auditoren ihre Einschätzung wiederfinden. Sollte es jedoch zu Unstimmigkeiten in der Bewertung kommen, hat der für das Regelwerk benannte Auditleiter die Befugnis und Verantwortung, das Auditergebnis ggf. auch gegen die Meinung des Auditteamleiters für »sein« Regelwerk festzulegen.

## 4.6 Dokumentation der Auditplanung und -durchführung

Die Forderungen an die interne und externe Auditierung von Qualitäts- und Umweltmanagementsystemen sind in der ISO 19011 definiert. Die Norm löste im Jahr 2002 die Normen der 10010er Reihe zur Auditierung von QMS und der 14010er Reihe zur Auditierung von UMS ab. Die Zusammenführung dieser Normen zur ISO 19011 war sinnvoll, da in Unternehmen zunehmend integrierte Managementsysteme implementiert werden. Es lag nahe, die Auditierung der Qualitäts- und Umweltmanagementsysteme in einer einheitlichen Norm zu behandeln.

Die ISO 19011 beschreibt neben den Anforderungen an Auditoren auch Forderungen an die Planung und Durchführung von QMS-

und UMS-Audits. Dabei wurden die Forderungen weitestgehend angepasst. Nur dort, wo aufgrund spezifischer Fragestellungen eine ergänzende Regelung erforderlich ist, wurde diese gesondert beschrieben.

Aufgrund dieser inhaltlichen Zusammenführung ist es heute für Unternehmen und Zertifizierungsstellen einfacher, für die Planung und Durchführung von Audits eine themenübergreifende Dokumentation zu entwickeln. Diese Vereinheitlichung vereinfacht die Nutzung für Auditoren, Auditierte und am Auditergebniss Interessierter und erhöht somit die Akzeptanz.

Die Gestaltung einheitlicher (Vorgabe-)Dokumente und Formblätter empfiehlt sich für

⇨ die (Jahres-)Planung der Audits in Auditprogrammen

⇨ die Auditzeitpläne,

⇨ die Dokumentation der Auditergebnisse,

⇨ die Maßnahmenpläne bei Abweichungen und

⇨ die Berichtsvorlagen.

Die Einheitlichkeit der Dokumente vereinfacht die Auswertung der Auditergebnisse und das Verfolgen der Maßnahmen. Es empfiehlt sich, die Verbesserungsmaßnahmen, die aufgrund aufgezeigter Verbesserungspotentiale ergriffen werden, und die Durchführung von Korrekturmaßnahmen themenübergreifend zu verfolgen bzw. zu überwachen.

Die Frage, ob die Entwicklung gemeinsamer Fragen-/Checklisten sinnvoll ist, lässt sich nicht allgemeingültig beantworten. Für interne Audits empfiehlt es sich, eine unternehmensspezifische integrierte Fragenliste zu entwickeln, die dem jeweiligen Grad der Integration angepasst ist. Dort sollten aus Normforderungen, die integriert umgesetzt sind, integrierte Auditfragen formuliert werden. Fragen zur Auditierung umwelt- oder arbeitsschutzspezifischer Fragen im Prozess können in einer für das Unternehmen angepassten Weise gestaltet werden.

**150**

Für Zertifizierungsstellen ist es schwierig, integrierte Fragelisten festzuschreiben. Der Grad der Integration ist in den zu zertifizierenden Unternehmen so unterschiedlich wie die Unternehmen selbst. Nicht immer sind alle Regelungen zur Erfüllung integriert betrachtbarer Forderungen auch integriert festgelegt; auch die prozessorientiert verzahnte Regelung von Umwelt- oder Arbeitsschutz ist in unterschiedlichster Tiefe und Breite in den Unternehmen realisiert. Mit mehreren Fragelisten für unterschiedliche Normen zu arbeiten, ist für Auditoren von Zertifizierungsstellen in der Regel unproblematisch, da sie insbesondere aufgrund ihrer umfassenden Auditerfahrung in der Lage sind, die Fragen der Checklisten situativ in angemessener Weise zusammenzuführen.

## 4.7 Synergieeffekte durch kombinierte Audits

Durch die kombinierte Begutachtung nach unterschiedlichen Regelwerken ergeben sich Synergieeffekte, die zu einer Reduzierung der Auditzeiten führen können. Diese sind vom Grad der Integration des Managementsystems, von der (Mehrfach-) Qualifikation der Auditoren und vom Umfang der Trennung der Auditoren vor Ort abhängig.

Für Zertifizierungsstellen wurde der zulässige Umfang der Reduzierung des Begutachtungsaufwandes bei einer Zertifizierung nach den Regelwerken ISO 9001 und ISO 14001 von den Akkreditierungsstellen wie folgt festgelegt:

⇨ 30%ige Reduzierung des Gesamt-Begutachtungsumfanges bei zeitgleicher Auditierung eines integrierten Managementsystems durch Auditoren, die in ihrer Mehrzahl eine Mehrfachqualifikation nach ISO 9001 und ISO 14001 haben oder

⇨ 20%ige Reduzierung des Gesamt-Begutachtungsumfanges bei zeitgleicher Auditierung eines integrierten Managementsystems durch Auditoren, die nur für ein Regelwerk qualifiziert sind bzw. wenn die Minderheit der Auditoren im Team für ISO 9001 und ISO 14001 qualifiziert ist oder

⇨ 10%ige Reduzierung des Gesamt-Begutachtungsumfanges wenn die Begutachtung des Qualitäts- und Umweltmanagement-systems nicht zeitgleich erfolgt oder wenn das zu zertifizierende Unternehmen kein integriertes, sondern parallele Managementsysteme implementiert hat, bei der Begutachtung jedoch Auditoren mit Mehrfachqualifikation eingesetzt werden.

Wenn Zertifizierungsstellen diese Reduzierungsmöglichkeiten nutzen, müssen sie gewährleisten, dass die möglichen Synergieeffekte auch genutzt werden. Dies bedeutet, dass Doppelauditierungen, insbesondere der Unternehmenspolitik, der Ziele und Programme, der Dokumentation, der internen Audits, der Korrekturmaßnahmen und des Managementreviews zu vermeiden sind. Die Trennung der Auditoren vor Ort muss, soweit möglich, angestrebt werden und muss aus dem Auditzeitplan hervorgehen.

Die Frage, ab wann ein Managementsystem, das die Forderungen von ISO 9001 und ISO 14001 erfüllt, als integriertes Managementsystem betrachtet werden kann, ist nicht eindeutig zu beantworten. Indizien für ein integriertes Managementsystem sind identische Ansprechpartner (Managementbeauftragter, interne Auditoren, Mitglieder in Q-/U-Zirkeln) und eine gemeinsame Dokumentation sowie eine Prozessorientierung des UMS. Der Grad der Integration ist im Auditbericht zu dokumentieren, um die Nutzung der Potentiale zur Reduzierung des Begutachtungsaufwands zu rechtfertigen.

Die o.g. zulässigen Reduzierungsmöglichkeiten gelten bei einer Kombination ISO 9001 und ISO 14001. Bei Begutachtungen nach anderen Regelwerken, wie beispielsweise nach branchenspezifischen Qualitätsmanagementnormen wie ISO/TS 16949 der Automobilindustrie oder EN 9100 der Luft- und Raumfahrtindustrie dürfen sie in dieser Weise nicht angewendet werden.

## 4.8 Bewertung des Grades der Integration

Bei der Auditierung sollte auch immer bewertet werden, wie der Grad der Integration verbessert werden kann, d.h. wie Forderungen unterschiedlicher Regelwerke gemeinsam erfüllt werden können. Dabei können unterschiedliche Fragen gestellt werden:

⇨ Sind in der Dokumentation Redundanzen oder Widersprüche enthalten?

⇨ Werden die relevanten umwelt- oder arbeitsschutzrelevanten Themen, soweit sinnvoll und möglich, prozessorientiert umgesetzt?

⇨ Sind die Zielsetzungen für Qualitäts-, Umwelt-, Arbeitsschutz-, Informationssicherheits- und/ oder andere Themen aufeinander abgestimmt? Bestehen möglicherweise Zielkonflikte? Haben die Ziele im Bewusstsein der Mitarbeiter eine Rangfolge?

⇨ Wie sind die Verantwortlichkeiten und Befugnisse geregelt? Sind innerhalb eines Prozesses unterschiedliche Personen für unterschiedliche Themen verantwortlich? Sind sich die Verantwortlichen bewusst, an welchen Punkten eine Abstimmung mit anderen Verantwortlichen erforderlich ist?

⇨ Wird der Schulungsbedarf themenübergreifend ermittelt? Werden Qualifizierungsmaßnahmen abgestimmt und Redundanzen in Schulungsinhalten vermieden?

⇨ Inwieweit kann die interne Auditierung optimiert werden, indem die Inhalte besser aufeinander abgestimmt oder interne Auditoren mehrfach qualifiziert werden?

⇨ Werden im Managementreview Qualitäts-, Umwelt-, Arbeitsschutz- und/ oder andere Themen in der gleichen Breite und Tiefe betrachtet?

Auch wenn für die Bewertung der Normkonformität diese Fragen eine untergeordnete Rollen spielen, sind sie für die Weiterentwicklung integrierter Managementsysteme ein Muss und somit unerlässlich. In welchem Umfang dies im Rahmen der Begutachtung bewertet wird, sollte im Vorfeld zwischen Unternehmen und Zertifizierungsstelle bzw. Auditor abgestimmt werden.

## 4.9 Ergebnis der Begutachtung

Für die Zertifikatsentscheidung bewertet der Auditor, ob die Forderungen des relevanten Norm vollumfänglich und wirksam erfüllt sind. Die Entscheidung über die Erteilung eines Zertifikates wird je Norm unabhängig voneinander getroffen. So ist es beispielsweise möglich, dass das Zertifikat nach ISO 9001 erteilt wird, nach ISO 14001 jedoch nicht, weil z.B. umweltrechtliche Forderungen nicht erfüllt sind.

Nach Abschluss einer kombinierten Begutachtung sollte der Bericht die Ist-Situation auch bezüglich des Grades der Integration beschreiben; zudem sollte der Bericht auch Hinweise zur weiteren Optimierung der Integration enthalten.

Zertifizierungsstellen bestätigen mit akkreditierten Zertifikaten die Konformität mit der jeweiligen Norm, jedoch wird mit dem Zertifikat nicht bestätigt, dass ein »Integriertes Managementsystem« wirksam implementiert wurde.

Nur für Normen, die unter der gleichen Akkreditierung laufen (z.B. ISO 9001 und ISO 14001 durch die Akkreditierungsstelle TGA GmbH), kann ein gemeinsames Zertifikat erstellt werden.

## 4.10 Alternativen zur klassischen Systembegutachtung

Mit zunehmendem Reifegrad der in den Unternehmen implementierten Managementsysteme nehmen die Verbesserungspotentiale, die von den Auditoren identifizierbar sind und somit der Weiterentwicklung der Systeme dienen, ab. Die Zertifizierungsstellen sind gefordert, für Unternehmen mit besonders reifen Managementsystemen angepasste Begutachtungs- und Zertifizierungsmodelle zur Verfügung zu stellen. Im Folgenden werden zwei Varianten näher beschrieben, die von der DQS GmbH (mit)entwickelt wurden.

### 4.10.1 TIP – Trust Improvement Program

Das Trust Improvement Programm (TIP) ist ein Zertifizierungsverfahren, das sich an Unternehmen mit einem reifen Managementsystem richtet, in dem der kontinuierliche Verbesserungsprozess zur Optimierung des Managementsystems und zur Erreichung von Qualitäts- und Umweltzielen intern engagiert vorangetrieben wird. TIP ist die konsequente Weiterentwicklung des bestehenden externen Zertifizierungsverfahrens und schließt die Lücke zwischen der Begutachtung auf Erfüllung der Forderungen von Normen/Regelwerken und dem Assessment nach weiterführenden Business-Excellence-Modellen.

In einem Vertrauensaudit, in Assessmentgesprächen und der Teilnahme am Managementreview überzeugen sich die Auditoren der Zertifizierungsstelle von der Funktionsfähigkeit des Managementsystems.

⇨ Das Vertrauensaudit zeigt dem Unternehmen den Grad seiner Fähigkeit, die Begutachtung auf Erfüllung der Forderungen der ISO 9001 und/ oder ISO 14001 eigenverantwortlich übernehmen zu können. Dazu begleitet die Zertifizierungsstelle mindestens ein ausgewähltes internes Audit und stellt fest, ob das von den Unternehmen zugrunde gelegte Verfahren, die angewandten Methoden, die Mittel und die Maßnahmen zur Darlegung der Normkonformität und das Verfahren zur Berufung und Beurteilung der internen Auditoren geeignet sind.

⇨ Das Assessmentgespräch gibt dem Unternehmen Aufschluss über die Wirksamkeit seines Ergebnisfindungsprozesses sowie Anhaltspunkte zur Verbesserung interner Audits. In Assessmentgesprächen mit internen Auditoren werden interne Auditberichte bewertet. Bei unzureichender Plausibilität der Ergebnisse wird das Verfahren ggf. durch ein reguläres Zertifizierungsaudit in den betreffenden Bereichen unterstützt.

⇨ Durch die aktive Teilnahme an einem planmäßigen, managementsystembezogenen Review erhält die Unternehmensleitung Anhaltspunkte zu Stärken und Verbesserungspotentialen des Managementsystems; ggf. werden Maßnahmen zur Richtungskorrektur abgestimmt.

Ein wichtiger Bestandteil des TIP-Verfahrens ist die Herstellererklärung. In ihr verpflichtet sich das Unternehmen zu herausragenden Leistungen: zum Nutzen des Unternehmens und seiner Kunden.

TIP ist ein Zertifizierungsverfahren, das die regulären externen jährlichen Audits ersetzt und ein hohes Maß an Vertrauen zwischen der Unternehmensleitung und der Zertifizierungsstelle voraussetzt.

Mit erfolgreichem Abschluss des TIP-Verfahrens können die Unternehmen ein Zertifikat ISO 9001 und/ oder ISO 14001 erhalten.

### 4.10.2 IBEC – IQNet Business Excellence Class

IBEC-Assessments verknüpfen die Konformitätsbewertung bspw. nach ISO 9001 und ISO 14001 mit der Bewertung nach dem Exzellenz-Modell, zum Beispiel dem EFQM. IBEC ist somit eine geeignete Alternative für Unternehmen, die ihr integriertes Managementsystem vertiefend bewertet haben möchten.

Das anerkannte EFQM-Modell für Exzellenz bietet anhand der Kriterien und Bewertungselemente ein systematisches Instrument. Dies insbesondere, da mithilfe der Exzellenz-Modelle sowohl Vorgehensweisen und Methoden als auch die entsprechenden Ergebnisse systematisch bewertet sowie Fortschritte und Verbesserungen quantifiziert werden können.

Die 9 Kriterien des EFQM-Modells werden unterschieden in Befähiger und Ergebniskriterien.

Die Befähigerkriterien umfassen Ansatzpunkte zu:

⇨ Führung
⇨ Mitarbeiter
⇨ Politik und Strategie
⇨ Partnerschaft und Ressourcen
   Die Ergebniskriterien umfassen:
⇨ Kundenbezogene Ergebnisse
⇨ Mitarbeiterbezogene Ergebnisse
⇨ Gesellschaftsbezogene Ergebnisse
⇨ Schlüsselergebnisse

Anhand eines Bewertungsschemas (RADAR) können somit alle relevanten Aktivitäten, Prozesse, Methoden und Ergebnisse einer Organisation bewertet und Verbesserungspotenzial abgeleitet werden.

Hinsichtlich der Befähigerkriterien bezieht sich die Bewertung auf Vorgaben, deren Umsetzung, Prüfung und Bewertung. Bei den Ergebniskriterien bezieht sich die Bewertung auf die direkte Rückmeldung von Interessenspartnern wie Kunden, Mitarbeiter, Gesellschaft und Shareholder/Anteilseigner sowie entsprechende Leistungsindikatoren. Diese fokussieren, was die Organisation erreicht hat und heute erreicht, im Idealfall als Trends über einen Zeitraum von mindestens drei Jahren.

Das EFQM Modell kann gleichermaßen als Leitfaden und als Instrument für eine systematische Selbstbewertung genutzt werden.

ISO 9001 und Excellence-Modelle ergänzen sich. Erfolgsfaktoren, wie z.B. Prozessmanagement, Kundenorientierung und Ressourcenmanagement aber auch die Messung, Analyse und Verbesserung, werden von ISO 9001 stärker als bisher fokussiert und bilden damit den Kern der Verwirklichung und Gestaltung von Qualitätsmanagementsystemen. Auch die Forderungen der ISO 14001, darunter beispielsweise die systematische Erfüllung umweltrechtlicher Forderungen und die Verbesserung der Umweltleistung lassen sich in ein Assessment nach dem EFQM-Modell integrieren.

Anhand dieses Integrationsrahmens bietet IBEC das ideale Managementinstrument für die zentrale Thematik »Prozessmanagement« und »Ergebnisorientierung«, und besonders für die Optimierung der strategischen Ausrichtung des Unternehmens und seiner Wertschöpfung.

**Petra Lück,** Jahrgang 1964, ist seit 1998 Mitarbeiterin der DQS GmbH. Nach dem Studium der Geographie war sie zunächst bei einer Weiterbildungsorganisation mit der Konzeption von Tagungen und Seminaren für Umweltbeauftragte und -auditoren befasst. Als DQS-Produktmanagerin ISO 14001 ist sie für die Gestaltung des DQS-Zertifizierungsverfahrens ISO 14001 verantwortlich. Sie ist Auditorin für ISO 9001, ISO 14001 und AZWV.

## Zusammenfassung

Die kombinierte, zeitgleiche Auditierung von Managementsystemen auf Erfüllung der Forderungen unterschiedlicher Normen bietet für Unternehmen Chancen, weil durch die themenübergreifende Begutachtung Synergien genutzt und gleichzeitig Wechselwirkungen, aber auch Widersprüche zwischen den unterschiedlichen Themenfeldern erkannt werden können. Nach anfänglichen Hemmnissen ist heute die Integration, im Beitrag am Beispiel von Qualität und Umwelt dargestellt, als gängige Praxis anzusehen. Jedoch ist der Grad der Integration in den Unternehmen so vielfältig, wie die Unternehmen einzigartig sind. Die kombinierte Begutachtung kann bei der Weiterentwicklung der Integration unterstützen. Dies erfordert eine zwischen allen Beteiligten abgestimmte, zielgerichtete Auditplanung.

# 5 Forderungen an die Fähigkeiten von Auditoren

**Die Kompetenz von Gutachtern (Auditoren und Assessoren) wird entscheidend durch ihre Fähigkeiten und Einstellungen geprägt. Sie hängt in besonderem Maße von ihrer Ausbildung, Berufserfahrung und sozialen und methodologischen Kompetenzen ab.**

**In diesem Beitrag erfahren Sie:**
- was Gutachter (Auditoren und Assessoren) von Managementsystemen wissen und können müssen,
- wie ihre Leistung bewertet wird,
- welche innere Einstellung sie haben sollten.

FRANK GRAICHEN

## 5.1 Einleitung

Um beispielhaft deutlich zu machen, welche Fachkompetenzen im Einzelnen gefordert sind, wird auf die Begutachtung von Qualitäts- und Umweltmanagementsystemen (siehe ISO 9001 und ISO 14001) Bezug genommen. Die entsprechenden Aussagen lassen sich leicht übertragen auf Auditoren bzw. Assessoren, die Begutachtungen von Managementsystemen (MS) durchführen, etwa:

⇨ bezüglich Arbeitsschutz (OHSAS 18001), Informationssicherheit (ISO/IEC 27001), Risiken (ONR 49000) oder soziale Verantwortung (SA 8000),

⇨ bezüglich branchenspezifischer MS-Normen und –Regelwerken in freiwilligen oder gesetzlich geregelten Bereichen,

⇨ nach Exzellenz- Modellen (z.B. EFQM, IBEC).

> **Auditor oder Assessor?**
>
> Auditoren bzw. Assessoren sind zur Durchführung von Qualitätsaudits qualifizierte Personen.
> Der Begriff Auditor wird bei ISO 9001, der Begriff Assessor bei EFQM oder KTQ verwendet.

## 5.2 Welche Fachkompetenzen werden erwartet und benötigt?

### 5.2.1 Grundsätzliche, berufliche Ausbildung

Wenn auch die für das Auditieren von Managementsystemen anwendbare Norm ISO 19011 in Bezug auf Schul-, Fachhochschul- oder Universitätsabschlüsse bis auf die Formulierung, dass eine Schulausbildung abgeschlossen sein muss, die der Grund- oder Elementarausbildung folgt (dies entspricht in Deutschland einem Haupt- oder Realschulabschluss oder Abitur), keine konkreten Forderungen stellt, wird sowohl von den Zertifizierungsstellen als auch seitens der Akkreditierer eine abgeschlossene Berufsausbildung erwartet. Es hat sich inzwischen durchgesetzt, dass qualifizierte, höherwertige Ausbildungen z.B. Meister, Techniker, Ingenieur oder universitäre Ausbildungen zum Berufsbild gehören. Dabei hat sich im Laufe der Jahre eine quantitative Verschiebung aus den klassischen Feldern des Ingenieurwesens in Metallverarbeitung, Maschinenbau, Elektrotechnik, Chemie hin zu Diplomen, Bachelors, Masters in Betriebswirtschaft, Jura, Pädagogik, Psychologie und Abschlüssen des Gesundheitswesens eingestellt. Diese Entwicklung spiegelt auch die zunehmende Einführung von Managementsystemen in Dienstleistungsbranchen wider.

### 5.2.2 Auditorenausbildung

Neben einer fundierten beruflichen Ausbildung ist eine Qualifikation zum Auditor unerlässlich. Angebote zur Ausbildung von Auditoren unterscheiden sich zum Teil beträchtlich. So sind neben sehr umfänglichen, praxiserprobten und didaktisch gut aufbereiteten Bildungsmaßnahmen, zum Beispiel auf Basis des EOQ-Schemas (European Organisation for Quality) in Form von fünf einwöchigen Modulen und darin eingebetteten schriftlichen und mündlichen Prüfungen, auch Zwei-Tages-Kurse am Markt verfügbar. Von solchen Blitzausbildungen ist jedoch abzuraten, weil hier häufig grundsätzliche Inhalte fehlen. Inhalte, die jede Auditorenausbildung vermitteln sollte, sind:

⇨ Überblick über die relevanten Normen im Ausbildungsgebiet, d.h. ISO 9001 bzw. ISO 14001 und deren Inhalte

⇨ Inhalte ISO 19011, insbesondere die Vorbereitung von Audits (Auditprogramme und Auditplanung), Auditdurchführung, -nachbereitung, Verfolgung von Korrektur- und Vorbeugungsmaßnahmen, Berichtsstellung

⇨ Anwendbare Werkzeuge in Qualitätsmanagementsystemen, z.B. ABC-Analysen, FMEA (Fehlermöglichkeiten-Einflussanalyse), Ishikawa-Diagramm, Quality Function Deployment (Stimme des Kunden), Pareto-Analyse

⇨ Qualitätsterminologie

⇨ Statistische Methoden

⇨ Projektmanagement

⇨ Lokale, regionale und/oder nationale Kodizes, Gesetze und Verordnungen

⇨ Weiterführende, ganzheitliche Managementmodelle (TQM, EFQM, u.a.)

⇨ Gesprächs- und verhaltenspsychologische Grundlagen. Dazu zählen Gesprächs- und Fragetechniken, Konfliktverhalten, Gesprächseröffnungen und -abschlüsse sowie die Transaktionsanalyse.

Ausbildungen zu Umweltauditoren sollten insbesondere zusätzlich folgende Inhalte bieten:

⇨ Prinzipien des Umweltmanagements und deren Anwendung
⇨ Werkzeuge des Umweltmanagements, Bewertung von Umweltaspekten und -auswirkungen, Lebenszyklusbewertung, Umweltleistungsbewertungen
⇨ Umweltwissenschaft und Umwelttechnologie
⇨ Auswirkungen von menschlichen Tätigkeiten auf die Umwelt
⇨ Wechselwirkungen von Ökosystemen
⇨ Umweltmedien (z.B. Luft, Wasser, Boden)
⇨ Management natürlicher Ressourcen (z.B. fossile Brennstoffe, Wasser, Flora und Fauna)
⇨ allgemeine Methoden des Umweltschutzes
⇨ Umweltrecht und -gesetzgebung
⇨ Umweltterminologie
⇨ umweltkritische Merkmale von betrieblichen Prozessen, Produkten und Dienstleistungen
⇨ umweltrelevante Überwachungs- und Messtechniken

Wie anhand der oben angeführten Themen unschwer zu erkennen ist, sind diese Inhalte in zwei bis drei Tagen kaum zu vermitteln. Die Akkreditierungsgesellschaften setzen bei der Bewertung der Kompetenz von externen, sogenannten 3rd-Party Auditoren (Auditoren einer unabhängigen Stelle), einen Mindestumfang von 40 Ausbildungsstunden voraus. Dies hat dazu geführt, dass die meisten Ausbildungsangebote sich genau an diesem einwöchigen Umfang orientieren und sich dann auf die Normen, einige ausgewählte statistische Methoden und den strukturellen, technischen Ablauf von Audits konzentrieren. Häufig wird bei solchen Auditorenausbildungen jedoch gerade das Thema der Sozialkompetenz sträflich vernachlässigt. Kommunikative Grundlagen und professionelle Gesprächsführung bleiben außen vor. Während dies bei einem Personenkreis mit sozialwissenschaftlichem Ausbildungshintergrund noch zu vernachlässigen wäre, ist dieser Mangel bei einem Personenkreis mit eher technischem Hintergrund mit

Risiken behaftet. Erfolgreiche und professionell durchgeführte Audits profitieren ganz entschieden von der Fähigkeit, die Gesprächssituation und das Verhalten des Interviewpartners sensitiv einzuschätzen. Ein guter Auditor ist in der Lage, das eigene Verhalten auf den Interviewpartner auszurichten, mit dem Ziel umfassende Informationen zu erhalten und das Auditgespräch in einer konstruktiven, ergebnis- und lösungsorientierten Atmosphäre zu halten. Auch wenn es auf den ersten Blick überraschend erscheint, liegt auch in einem Auditinterview der transportierte Informationsgehalt auf der Beziehungsebene selten unter 80% und der Anteil der ausgetauschten Sachinformation bei höchstens 20%.

Schlussfolgerung: Ausbildungen mit dem Umfang von 40 Stunden können als kaum ausreichend eingestuft werden. Kommunikationsgrundlagen, Gesprächs- und verhaltenspsychologisches Basiswissen muss vermittelt werden.

Wenn Auditoren eine Ausbildung in einem Fachgebiet (z.B. Qualitätsmanagement) aufweisen und danach eine Kompetenz in einem zweiten Fachgebiet (z.B. Umweltmanagement) erwerben möchten, sind laut ISO 19011 neben mindestens zwei Jahren Arbeitserfahrung in diesem zweiten Fachgebiet auch eine zusätzliche Schulung im Umfang von mindestens 24 Stunden erforderlich. Ebenso wie bei der grundsätzlichen Auditorenausbildung erscheint auch dieser Umfang von 24 Stunden als viel zu gering, um die umfassenden Kenntnisse in ausreichender Weise vermitteln zu können.

Neben der theoretischen Ausbildung sollte immer auch ein praktischer Lernanteil vorhanden sein. Rollenspiele im Zuge der Trainings sind hilfreich, reichen aber nicht aus und spiegeln nur unzureichend die Atmosphäre und Intensität eines realen Audits wider. Empfehlenswert sind in der Anfangsphase Hospitationen bei erfahrenen Auditleiterinnen und Auditleitern. Da Auditoren in Ausbildung nicht immer über die entsprechenden Möglichkeiten und Kontakte verfügen, solche Hospitationen zu organisieren, werden gerne Zertifizierungsgesellschaften angesprochen, ob sie die Teilnahme als Beobachter akzeptieren. In der Regel sind Zertifizierungsgesellschaften hierbei eher zurückhaltend. Auch Unternehmen sind in den letzten Jahren weit weniger bereit, Hospitanten in Audits zu akzeptieren. Es ist daher Auditoren in der Ausbildung zu raten, bereits während der Ausbildung Netzwerke und gegenseitige Kontakte zu organisieren mit dem Ziel, dass sie wechselseitig interne Audits bei ihren Unternehmen begleiten können.

Bei Zertifizierungsgesellschaften sind Hospitationen in der Bewerbungsphase zwingende Voraussetzung und erst nach erfolgreicher Teilnahme und positiver Bewertung solcher Einsätze erfolgt die Benennung zum Auditor. Hier werden vier vollständige Audits mit mindestens 20 Tagen Auditerfahrung vorausgesetzt, wobei 12 - 15 Audittage vor Ort erfolgt sein sollten. Danach folgt eine Phase, in der die Auditoren noch keine volle, eigenständige Verantwortung für Zertifizierungsverfahren inne haben. Nach mindestens drei Audits und weiteren 15 Tagen Auditerfahrung kann der Status des Auditleiters erreicht werden. Dies geht in der Regel einher mit einer Leistungsbewertung der bisher durchgeführten Begutachtungen.


## 5.2.3 Berufserfahrung

Eine mehrjährige Berufserfahrung ist für Auditoren unabdingbar. Erwartet werden hier nach einer abgeschlossenen Berufsausbildung (siehe oben) mindestens 4 Jahre in einer Vollzeittätigkeit. Weit wichtiger aber als die reine Anzahl der Berufsjahre ist der Umfang der erworbenen Kenntnisse einzuschätzen, insbesondere zu Produkten, Prozessen, Technologien und technischen, finanziellen und personellen Hintergründen. Insbesondere die später noch zu nennenden Methoden- und Sozialkompetenzen werden in der Regel stark über Berufserfahrung erworben. Ganz praktisch betrachtet heißt dies, dass Auditoren bezüglich Produkten und Prozessen mit ihren jeweiligen Gesprächspartnern »auf gleicher Augenhöhe« kommunizieren können müssen. Es wird allerdings nicht erwartet oder gefordert, »besser zu sein«. Im Gegenteil, im Auditprozess – dies zeigt die Erfahrung

– kann es häufig hilfreich sein, kein Spezialist zu sein und sich damit eine grundsätzliche Unbefangenheit in den Fragen und den Blick auf die wesentlichen Ziele der Prozesse zu bewahren.

Für den Einsatz als Auditor bei einer Zertifizierungsgesellschaft gelten zusätzliche Forderungen: Neben der allgemeinen Forderung nach vier Jahren Berufserfahrung, müssen mindestens zwei Jahre praktische Erfahrungen in einem Fachgebiet (Qualitäts- oder Umweltmanagement) nachgewiesen sein. Diese Forderung der DIN EN ISO 19011 und weiterer Dokumente von Akkreditierungsgesellschaften (in Deutschland zum Beispiel durch die (Trägergemeinschaft Akkreditierung – TGA, Mitglied im Deutschen Akkreditierungsrat – DAR) wird unterschiedlich ausgelegt. Ist die Beschäftigung in einem Unternehmen mit einem Managementsystem aber ohne direkte Verantwortung in diesem Managementsystem bereits als »praktische Erfahrung« zu werten? Beispielsweise legt die DQS diese Forderung für ihre Auditoren so aus, dass hier mindestens Prozessverantwortungen, die Wahrnehmung der Funktion des Qualitäts- oder Umweltmanagementbeauftragten oder die Tätigkeit als interner Auditor nachgewiesen sein muss. Zusätzlich erwartet die DQS von ihren Auditoren praktische Erfahrungen in Personalführung, Budget- oder Projektverantwortung. Damit ist sichergestellt, dass im Audit Praktiker auf Praktiker treffen und somit die Chance auf nutzenorientierte und die Wertschöpfung unterstützende Begutachtungen gewahrt bleibt.

In den letzten Jahren, gefördert durch den Ansatz der Prozessorientierung in der ISO 9001, hat sich eine weitere zunehmend wichtige Fachkompetenz herausgebildet: betriebswirtschaftliche Grundkenntnisse. Dies liegt darin begründet, dass Prozessmanagement insbesondere in Bezug auf die mit Prozessen verknüpften Kennzahlen und den immer häufiger zum Einsatz kommenden Balanced Score Card – Systemen (BSC) verstärkt auf betriebswirtschaftliche Messwerte zugreift, z.B. Stücklohnkosten, Prozesskosten, Effizienz- und Effektivitätskennziffern, EBIT. Nun erwartet niemand von Auditoren, dass sie ein betriebswirtschaftliches Studium abschließen müssen. Basiswissen über das Zustandekommen, die Erhebungsquellen und der

Aussagekraft oben genannter Indikatoren sollte jedoch vorausgesetzt werden. Erwarteter und gewünschter Nebeneffekt durch die häufigere Einbeziehung und Betrachtung von finanziellen Kennzahlen ist auch, dass dadurch Unternehmensleitungen mehr Aufmerksamkeit auf die Themen »interne/ externe Audits« oder »Managementsystem« richten (»management attention«).

## 5.3 Welche Methoden- und Sozialkompetenzen werden erwartet und benötigt?

### 5.3.1 Methodenkompetenzen

Die fraglos wichtigste Methodenkompetenz des Auditors ist die Moderatorenfähigkeit. Nahezu jedes Audit hält Situationen bereit, in denen Beteiligte thematisch geführt und Ergebnisse anschaulich dargestellt werden müssen. Häufig finden Auditgespräche in Gruppen und an den Arbeitsplätzen mit mehreren Mitarbeitern statt. Audit-einführungs- und Abschlussgespräche heutiger Prägung sind keine vortragsähnlichen Veranstaltungen, sondern professionelle Präsentationen, die manchmal kontroverse Diskussionen über die Auslegung und Wertung von Sachverhalten einschließen.

Eine weitere dringend notwendige Kompetenz ist das »Multi-Tasking«, also die Fähigkeit, mehrere Dinge gleichzeitig tun zu können. Böse Zungen behaupten, damit seien praktisch alle Männer automatisch von Audittätigkeiten ausgeschlossen. Im Ernst: Auditieren bedeutet immer: aktiv zuzuhören, aufmerksam zu beobachten, präzise zu dokumentieren, Sachverhalte zu verstehen (bzw. verstehen zu wollen), offene Fragen zu formulieren und dazu Prozesse, Verfahren, Dokumente einzusehen und zu lesen – alles möglichst gleichzeitig. Bei Audits sind nahezu alle Sinne parallel beansprucht, der Motor läuft sozusagen »auf Hochtouren«. Dies führt uns zur nächsten Fähigkeit, die Auditoren mitbringen müssen: Stressresistenz!

Audits beinhalten jede Menge Stressfaktoren. Zu den wesentlichen zählen: Zeitnot, Unbekanntheit der Situation (Umgebung, Personen),

Entscheidungsdruck, Vermittlung auch von unangenehmen Botschaften (Abweichungen, Schwächen).

Die fachlich-technischen Methoden, die Auditoren beherrschen sollten, sind bereits im Abschnitt zur Auditorenausbildung zur Sprache gekommen und beziehen sich primär auf QM-Methoden wie z.B. ABC-Analysen, FMEA (Fehlermöglichkeiten-Einflussanalyse), Ishikawa – Diagramm, Quality Function Deployment (Stimme des Kunden), Pareto-Analyse.

## 5.3.2 Sozialkompetenz

Eine der am häufigsten gebrauchten Floskeln in den letzten Jahren, wenn es um persönliche Kompetenzen geht, ist die »soziale Kompetenz«. Aber was ist eigentlich damit konkret gemeint? Unter dem Begriff der »persönlichen Eigenschaften« legt auch die DIN EN ISO 19011 einen Schwerpunkt bei der Definition der geforderten Fähigkeiten. Hier ein Auszug:
Ein Auditor sollte

⇨ unparteiisch, wahrheitsliebend, aufrichtig, ehrlich, diskret, aufgeschlossen sein,
⇨ bereit, alternative Ideen oder Standpunkte zu erwägen,
⇨ diplomatisch und taktvoll im Umgang mit anderen Menschen sein
⇨ aufmerksam sein,
⇨ eine schnelle Auffassungsgabe haben, instinktiv Situationen erfassen und verstehen können,
⇨ hartnäckig sein, ausdauernd und auf das Erreichen von Zielen konzentriert sein,
⇨ entscheidungsfähig sein und über logisches Denken und Analytik verfügen,
⇨ Selbstsicherheit haben.

Auch wenn diese Liste der Eigenschaften nach der »eierlegenden Wollmilchsau« klingt, so ist doch hervorzuheben, dass erfolgreiche

Audits maßgeblich von der Sensitivität und Sensibiltiät der Auditoren bestimmt werden, Gesprächssituationen und Gesprächspartner intuitiv sicher einschätzen zu können.

Es ist somit besonders wichtig für Zertifizierungsgesellschaften, aber auch für Unternehmen, bei der Auswahl von externen bzw. internen Auditoren oben angeführte Charaktereigenschaften und persönliche Eigenschaften zu berücksichtigen. Viele von diesen sind nicht oder nur wenig trainier- oder erlernbar. Der häufig strapazierte Satz »man hat's oder man hat's nicht« ist in diesem Zusammenhang sicherlich nicht gänzlich falsch. Andererseits können Auditorenanfänger durch Coaching und das Begleiten von Audits bei erfahrenen, sozial kompetenten und emotional intelligenten Auditleitern allein durch Beobachten umfangreiche Erkenntnisse gewinnen. Daraus folgt, dass ganz besonders diese charakterlichen Eigenschaften gerade in der Phase der Hospitationen und der ersten Auditbegleitungen vom erfahrenen Auditleiter beobachtet werden sollten und Entwicklungsfortschritte erkennbar sein müssen. Stellen sich diese nicht ein bzw. zeigt sich ein Kandidat in Bezug auf Sozialkompetenz wiederholt als nicht geeignet, sollte keine Zertifizierungsgesellschaft oder kein Unternehmen davor zurückschrecken, diese Auditoren aus der Verantwortung für Audittätigkeiten zu entlassen.

## 5.4 Monitoring und Leistungsbewertung von Auditoren

Auditoren sollen in Bezug auf ihre Leistung bewertet werden. Dies betrifft sowohl interne als auch externe Auditoren. Die Methoden solcher Leistungsbewertungen umfassen:

⇨ Bewertung von Informationsrückflüssen aus Umfragen, Fragebögen, persönlichen Rückmeldungen von Auditbeteiligten, Beschwerden, Bewertung durch Auditbegleiter, Co-Auditoren oder andere Auditleiter.

⇨ Befragungen der Auditoren (z.B. in Bewerbungsphasen, aber auch im Sinne von Mitarbeitergesprächen).

⇨ Beobachtungen z.B. in Form so genannter Witness-Audits oder Monitorings, d.h. Auditbegleitungen (in angekündigter und unangekündigter Form) durch erfahrene und dazu befähigte Auditleiter, um auf diese Weise die Auditleistungen direkt bei der Erbringung vor Ort beurteilen zu können.

⇨ Prüfungen, in schriftlicher und mündlicher Form. Diese Prüfungen dienen der Bewertung von persönlichen Eigenschaften, der Aktualität des Wissensstandes sowie der produkt- und/oder technologie-spezifischen Kenntnisse.

⇨ Bewertungen im Anschluss an Audits. Dies kann durch die Auditierten erfolgen oder durch Auswertung der eingereichten Auditunterlagen, z.B. Aussagekraft der Berichte, Plausibilität der Aussagen, Werthaltigkeit der getroffenen Feststellungen, Wertschöpfungspotential der angestoßenen Verbesserungen.

Sicherlich ist hier eine angemessene und praxistaugliche Umsetzung erforderlich, die sich auch an der Unternehmensgröße und der Zahl der internen Auditoren orientiert. Ein Konzern mit zahlreichen internen Auditoren benötigt hier ein strukturiertes Verfahren mit festgelegten Bewertungs- und Auswertungsmethoden, wohingegen für ein kleines mittelständisches Unternehmen mit einem Qualitäts- und/oder Umweltbeauftragten ein deutlich schlankeres Vorgehen akzeptabel ist.

Für Zertifizierungsgesellschaften gelten ohnehin stringentere Regeln. Hier sind festgelegte Verfahren sowie Auswahl-, Monitoring- und -Bewertungsprozesse durch die Akkreditierungsregeln gefordert. Zugegebenermaßen sind die realen Umsetzungen von Zertifizierungsgesellschaft zu Zertifizierungsgesellschaft stark unterschiedlich. Es ist also empfehlenswert und völlig legitim, bei seinem Zertifizierer schlichtweg anzufragen, mit welcher Methode die Leistung der Auditoren bewertet wird. Seriöse Zertifizierungsgesellschaften geben hier bereitwillig und transparent Auskunft und stellen nach Rücksprache und Erlaubnis des betroffenen Auditors solche Bewertungen auch zur Verfügung.

Welche Methode zur Leistungsbewertung auch immer gewählt wird und welche Form des Monitorings auch immer zur Anwendung kommt, es sollte niemals darum gehen, Auditoren einem »Misstrauenssystem« zu unterziehen oder ein pures Kontrollszenario zu entwerfen. Ziel ist, die Leistungen von Auditoren durch objektive Bewertungen und durch die Reflexion von subjektiven Wahrnehmungen mit den Wahrnehmungen von Auditkunden (internen oder externen) zu verbessern. Werden Defizite oder Potentiale erkannt, sollten individuell abgestimmte Trainings- und Personalentwicklungsmaßnahmen vereinbart und umgesetzt werden. Dies kann sowohl fachliche, produktspezifische, technologische, methodologische Fähigkeiten und Kenntnisse betreffen als auch gesprächs- und verhaltensrelevante Aspekte.

## 5.5 Welche innere Einstellung (Selbstbild) benötigt ein professioneller Auditor und Assessor?

Grundsätzlich sollte ein Auditor mit einer positiven Grundeinstellung in ein Audit starten. Die Erwartungshaltung »die wollen mir sowieso etwas vormachen« oder »erst eine möglichst hohe Anzahl von festgestellten Schwächen/Abweichungen begründet meine gute Auditleistung« ist kontraproduktiv. Es ist hier zu betonen, dass es durchaus auch Auditauftrag ist, Stärken und Best Practices festzustellen. Auditoren sind nicht (nur) dazu da, »Fehler zu finden« oder »Schwachleistungen der Organisation zu identifizieren«. Im Gegenteil – Auditauftrag ist, folgen wir dem Inhalt der DIN EN ISO 19011, die Konformität, d.h. die Erfüllung von Auditkriterien (dies können Normen, Kundenforderungen, Spezifikationen, eigene Leitlinien sein), festzustellen. Dies beinhaltet Stärken und Schwächen.

Auditoren sollten grundsätzlich immer davon ausgehen, dass kein Mitarbeiter bewusst oder geplant Fehler macht. Wenn Fehler eingetreten sind, ist immer zu hinterfragen, warum dies trotz entsprechender Festlegungen möglich war. Waren die Festlegungen nicht geeignet? Waren die Festlegungen nicht verstanden? Waren die Mitarbeiter angemessen eingewiesen und sich eines möglichen Risikos bewusst? Wie könnte eine Lösung des ermittelten Problems aussehen? Im Ergebnis heißt dies: Wie kann eine Optimierung des festgestellten Zustandes erfolgen? Die Frage nach der schuldhaften Verantwortung stellt sich nur am Rande.

Auditoren sollten in jedem Fall ergebnisoffen in Audits und Auditgespräche gehen. Dies ist leicht gesagt und dennoch so schwer in der Praxis umzusetzen. Natürlich hat jeder Auditor eine ganz persönliche Meinung dazu, wie bestimmte Verfahren, Handhabungen, Vorgehensweisen optimal umgesetzt werden könnten. Gerade externe Auditoren haben aufgrund der Vielzahl von Erfahrungen einen reichhaltigen Fundus von »best practices« eingesehen. Trotzdem ist es als professionelles Auditverhalten zu werten, jedem Unternehmen, jedem Prozessverantwortlichen oder jedem Prozessbeteiligten seine ganz eigene, individuelle Umsetzung von Normenforderungen zu zubilligen. Audits werden von den Interviewten immer dann als besonders hilfreich, wertschöpfend empfunden, wenn sie durch Hinweise und Anregungen dazu beitragen, die tägliche Arbeit zu erleichtern, d.h. effektiver und effizienter zu operieren, weniger Risiken einzugehen, Ressourcen zu schonen. Dazu kann die schlichte und ganz offene direkte Frage eines Auditors »Würde es Ihnen helfen, wenn Sie ab morgen dies oder das auf jene Art und Weise umsetzen würden?« zur Klärung beitragen. Wird sie bejaht, können wir als Auditoren froh und stolz sein, wieder ein wenig zur Optimierung eines Prozesses beigetragen zu haben. Wird sie aber verneint oder erhält der Auditor ein diplomatisches Schulterzucken, ist auch das wertneutral zu akzeptieren. Auditoren arbeiten nicht täglich an diesem Arbeitsplatz, sie können nicht in Gänze beurteilen, ob ihre Anregungen alle Dimensionen und Aspekte dieses Prozesses, dieses Prozessschrittes oder dieses Verfahrens berücksichtigen.

**Frank Graichen,** Jahrgang 1960, ist Mitglied der Geschäftsleitung der DQS GmbH und verantwortet heute den Bereich Personalmanagement Auditoren mit derzeit ca. 1500 freiberuflichen und festangestellten Auditoren. Nach einem Pädagogikstudium begann er seine Laufbahn bei CECC/CENELEC, einem europäischen Normungs- und Gütebestätigungssystem für Bauelemente der Elektronik, in der Funktion als Liaison Officer und später als stellvertretender Leiter des Generalsekretariates des CECC/ECQAC. 1995 wechselte er zur DQS und übernahm dort zunächst die Leitung der Weiterbildung der DQS-Auditoren. Von 1996 bis 2001 leitete er das Qualitätsmanagement und führte die DQS zu zahlreichen nationalen und internationalen Akkeditierungen.

## Zusammenfassung

An Auditoren und Assessoren werden heute sehr hohe Ansprüche an Erfahrung, Wissen, Sozialkompetenz, innere Einstellung, Sinn für Prioritäten und Stressresistenz gestellt. Außerdem sollen sie in der Lage sein, konstruktiv zu sein, d.h. auch Verbesserungspotentiale aufzuzeigen. Sie sollen durch die Art ihrer Auditdurchführung und ihrer Fragen dem Unternehmen helfen seine Prozesse und Ergebnisse zu optimieren. Auditoren der heutigen Generation benötigen breit gestreute Kompetenzen in gleich mehreren Gebieten, z.B. Qualitätsmanagement und/oder Umweltmanagement und/oder Arbeitsschutz sowie produktspezifischen Kenntnisse. Neben der fachlichen Qualifikation ist aber die charakterliche Eignung ebenso wichtig. Hier hat sich das Selbstbild von Gutachtern in den letzten 5 Jahren maßgeblich vom »Prüfer« zum »Auditpartner« gewandelt. Auditoren und Assessoren bewerten aber nicht nur, sie müssen und werden auch selbst in einem engmaschigen Netz aus Monitoring- und Witnessaudits überwacht und bewertet. Dies dient dazu ihre fortlaufende Qualifizierung und Eignung sicherzustellen.

# 6 Das Managementhandbuch zur Dokumentation der Prozesse

**Wichtige Prozesse und Verfahren schriftlich zu dokumentieren, ist aufwändig und lästig. Auf der anderen Seite bringt eine Dokumentation große Vorteile, sei es bei der Einarbeitung neuer Mitarbeiter, beim Weggang eines Wissensträgers oder beim systematischen Aufspüren von Verbesserungspotenzialen.**

**In diesem Beitrag erfahren Sie:**
- welche Dokumentationsarten es für ein Managementsystem gibt,
- wie eine prozessorientierte Dokumentation nach der neuen Normenreihe DIN EN ISO 9000 aussieht,
- welchen Umfang und welche Form die Dokumentation haben sollte.

GABRIELE RAUSSE

## 6.1 Integrierte Managementsysteme

In diesem Beitrag werden die bisher üblichen Bezeichnungen »Qualitätsmanagementsystem« oder »Qualitätsmanagementhandbuch« nicht mehr verwendet, sondern stattdessen »Managementsystem« beziehungsweise »Managementhandbuch«. Damit wird zum Ausdruck gebracht, dass viele Managementsysteme bereits integrierte Managementsysteme sind beziehungsweise sich zu diesen entwickeln. Integriert bedeutet, dass mehrere Regelwerke beziehungsweise Gesetzesforderungen innerhalb eines Systems, nämlich des individuellen Managementsystems des Unternehmens, beschrieben werden. Das bekannteste integrierte Managementsystem ist das Qualitäts-/Umweltmanagementsystem (DIN EN ISO 9001 und 14001).

Da das Qualitätsmanagementsystem nach DIN EN ISO 9001 das verbreitetste Managementsystem ist, wird aus diesem Grund immer wieder auf Forderungen dieser Norm verwiesen.

## 6.2 Dokumentationsarten

Die Dokumentation eines Managementsystems ist die Beschreibung des Systems eines Unternehmens, eines Einzelbereichs, einer Organisation oder eines bestimmten Produkts mit selbstständiger Organisation. Ihre Hauptaufgabe ist, die Managementtätigkeiten – basierend auf der Philosophie (nach ISO 9001 die Qualitätspolitik) des Unternehmens oder des Bereichs – zu beschreiben.

Wegen der vielfältigen Anforderungen an ein Managementsystem sind für seine komplette Beschreibung verschiedene Arten der Dokumentation erforderlich. Diese unterscheiden sich sowohl inhaltlich als auch in ihrem Detaillierungsgrad.

Die Dokumentationsarten sind:

⇨ Managementhandbuch
⇨ verfahrens- beziehungsweise prozessbezogene Dokumentation
⇨ vorgangsbezogene Dokumentation

Abbildung 1 gibt einen Überblick über diese Dokumentationsarten, ihre Inhalte sowie ihre Anwendungs- und Gültigkeitsbereiche.

### Managementhandbuch:
### Was wird gemacht?

Das Managementhandbuch ist die Basis des Managementsystems. Die Grundsatzerklärungen der Unternehmensleitung und die Systembeschreibung (Darstellung der Geschäftsprozesse) legen den Handlungsrahmen der Mitarbeiter fest.

### Verfahrens- beziehungsweise prozessbezogene Dokumentation:
### Wie wird's gemacht?

Verfahrens- beziehungsweise prozessbezogene Dokumentationen, zum Beispiel Verfahrensanweisungen oder Prozessbeschreibungen,

**176**

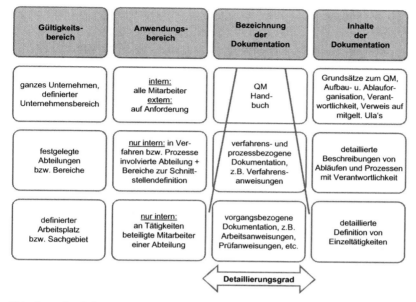

Abb. 1:   *Die Dokumentationsarten [2]*

beschreiben organisatorische und bereichs- beziehungsweise abteilungsübergreifende Abläufe und Tätigkeiten. Sie gewährleisten die Funktion des Managementsystems durch die Definition der Schnittstellen und durch die Festlegung der Eingabe-/Ausgabeinformationen.

**Vorgangsbezogene Dokumentation:**
**Wie wird's vor Ort gemacht?**
Vorgangsbezogene Dokumentationen, zum Beispiel Arbeits- und Prüfanweisungen, definieren arbeitsplatzbezogene Tätigkeiten und Abläufe.

**Definition von »Verfahren« und »Prozess«**
Verfahrensanweisungen (Verfahrensbeschreibungen) oder Prozessbeschreibungen sind die bekanntesten Formen der verfahrens- be-

ziehungsweise prozessbezogenen Dokumentation. Doch was ist der genaue Unterschied zwischen einem Prozess und einem Verfahren? Die ISO 9000:2000 definiert diesen folgendermaßen [4]:

⇨ *3.4.1 Prozess*

Satz von in Wechselbeziehung oder Wechselwirkung stehenden Tätigkeiten, der Eingaben in Ergebnisse umwandelt.

– *Anmerkung 1:* Eingaben für einen Prozess sind üblicherweise Ergebnisse anderer Prozesse.

– *Anmerkung 2:* Prozesse in einer Organisation werden üblicherweise geplant und unter beherrschten Bedingungen durchgeführt, um Mehrwert zu schaffen.

– *Anmerkung 3:* Ein Prozess, bei dem die Konformität des dabei erzeugten Produkts nicht ohne weiteres oder in wirtschaftlicher Weise verifiziert werden kann, wird häufig als »spezieller Prozess« bezeichnet.

⇨ *3.4.5 Verfahren*

Festgelegte Art und Weise, eine Tätigkeit oder einen Prozess auszuführen.

– *Anmerkung 1:* Verfahren können dokumentiert sein oder nicht.

– *Anmerkung 2:* Wenn ein Verfahren dokumentiert ist, werden häufig Benennungen wie »schriftlich niedergelegtes Verfahren« oder »dokumentiertes Verfahren« verwendet. Das ein Verfahren beinhaltende Dokument kann als »Verfahrensdokument« bezeichnet werden.

Leichter verständlich ist die folgende Unterscheidung von »Prozess« und »Verfahren«:

Das Verfahren und zusätzlich festgelegte:

⇨ Eigentümer

⇨ Kunden (intern/extern)

⇨ Ziele

⇨ Kennzahlen und Bewertung der Ziele

⇨ Maßnahmen der Prozessverbesserung (Regelkreis)

ergeben den Prozess [1].

Das Verfahren ist also ein Teil des Prozesses. Aus diesem Grund wird in den nachfolgenden Abschnitten immer von der Prozessbeschreibung gesprochen. Die Verfahrensanweisung beziehungsweise -beschreibung ist damit, bis auf die oben aufgelisteten Zusätze, in der Prozessbeschreibung enthalten. Auch in der DIN EN ISO 9001 ist überwiegend von Prozessen und nicht von Verfahren die Rede.

## 6.3 Ziel und Zweck der Dokumentation

Ziel und Zweck einer Managementsystem-Dokumentation sollte sein:

⇨ Unterstützung der Kundenorientierung durch Berücksichtigung der Kundenforderungen

⇨ Abstimmung der Dokumentation auf die Unternehmensziele

⇨ dem Unternehmen/Bereich ein organisatorisches Rückgrat zu geben und die Basis für eine ständige messbare Verbesserung (PDCA-Zyklus) der Unternehmensprozesse zu bilden

⇨ Erhöhung der Transparenz der Zusammenhänge im Unternehmen und Bereitstellung einer unterstützenden Anleitung für die Mitarbeiter zur korrekten Durchführung ihrer Tätigkeiten

⇨ Förderung des Vertrauens der Mitarbeiter in das eigene Unternehmen

⇨ Vermittlung eines überzeugenden, vertrauenerweckenden Bilds des Managementsystems gegenüber Kunden und Auftraggebern (gegebenenfalls auch Zertifizierungsstellen)

⇨ Genügend Freiräume für die Anwendung zu beinhalten und sich flexibel an veränderte Gegebenheiten anzupassen

⇨ Bei einem eventuell zur Last gelegten Produkthaftungsfall nachweisen zu können, dass ausreichende fehlervermeidende Vorkehrungen getroffen wurden

⇨ gegebenenfalls die Erfüllung der Forderungen der DIN EN ISO 9001 oder anderer Regelwerke beziehungsweise Gesetzesforderungen

## 6.4 Prozessorientierter Aufbau der Dokumentation

Vor der Überarbeitung der ISO 9001 im Jahr 2000 war es in vielen Unternehmen üblich, die Managementsystem-Dokumentation nach den 20 Qualitätsmanagement-Elementen der DIN EN ISO 9001:1994 zu gliedern. Mussten zusätzliche Forderungen, zum Beispiel die eines Umweltmanagement-Systems nach DIN EN ISO 14001, erfüllt werden, wurden in der Dokumentation weitere Elemente in Form zusätzlicher Kapitel (21, 22 usw.) hinzugefügt. Diese Zeiten sind glücklicherweise vorbei.

Weder die ISO 9001 von 1994 noch die zurzeit aktuelle aus dem Jahr 2000 fordert eine bestimmte Struktur des Managementsystems. Aus diesem Grund sollte jedes Unternehmen eine eigene Struktur festlegen, die der Philosophie und der Vorgehensweise des Unternehmens entspricht. Eine Form, die sich in den letzten Jahren sehr bewährt hat, ist das »prozessorientierte Managementsystem« (Abb. 2).

Auch seitens der internationalen Normungsgremien wird in der ISO 9001:2000 Kapitel 0.2 »Prozessorientierter Ansatz« zur »Wahl eines prozessorientierten Ansatzes ermutigt«. Im gleichen Kapitel wird

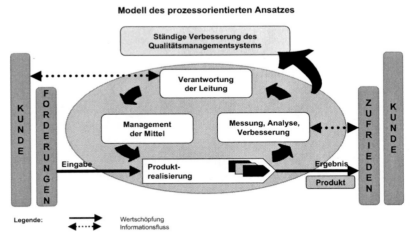

Abb. 2:   *Modell eines prozessorientierten Managementsystems*

**180**

das Modell eines prozessorientierten Managementsystems dargestellt, welches das in den Normkapiteln 4 bis 8 der DIN EN ISO 9001 vorgestellte Konzept der Prozessverknüpfung verdeutlichen soll.

Die Vorteile eines prozessorientierten Managementsystems und somit einer prozessorientierten Dokumentation sind:

⇨ Praxisgerechte Dokumentationsstruktur, dadurch optimale Verständlichkeit der Dokumentation für die Mitarbeiter

⇨ Einfachere Integration weiterer Forderungen und Normen, zum Beispiel Umweltmanagement oder Arbeitssicherheit

⇨ die sich daraus ergebende Möglichkeit, integrierte Anforderungen als Prozessschritt oder als Teilprozess in die betroffenen Prozesse zu integrieren

Der bisherige Nachteil, dass Unternehmen mit einer prozessorientierten Dokumentation eine Überprüfung der Normforderungen nach den 20 Elementen durchführen mussten, wenn sie sich einer Zertifizierung nach DIN EN ISO 9001 unterziehen wollten, entfällt durch die Normrevision und deren neue Struktur.

Die oben dargestellten Dokumentationsarten in der klassischen Pyramidenform (Abb. 1) sehen für eine prozessorientierte Dokumentation folgendermaßen aus:

## Managementhandbuch

⇨ Übergeordnetes Dokument mit Darstellung der Unternehmenspolitik und -ziele

⇨ Beschreibung des Anwendungsbereiches des Managementsystems

⇨ Darstellung der Geschäftsprozesse

⇨ Beschreibung des Zusammenwirkens der Prozesse (Schnittstellen), zum Beispiel durch eine »Prozesslandkarte«

⇨ Verweise auf die entsprechenden Prozessbeschreibungen

⇨ Prozessliste, die eine Übersicht über alle Prozesse mit Angabe des Eigentümers, Kunden, Lieferanten etc. gibt

**Tabelle 1: Inhaltsverzeichnis des Managementhandbuchs eines Telekommunikationsunternehmens aus dem Dienstleistungsbereich**

**Tabelle 1: Inhaltsverzeichnis des Managementhandbuchs eines Telekommunikationsunternehmens aus dem Dienstleistungsbereich (Fortsetzung)**

*183*

**Tabelle 2: Inhaltsverzeichnis der Qualitätsmanagement-Handbuchs der Lufthansa LEOS GmbH**

## Prozessbeschreibungen

⇨ Festlegung aller Prozesse des Unternehmens/Bereiches (Abläufe, Zuständigkeiten und Freiräume, Prozessziele etc.)

## Detailregelungen

⇨ Festlegung von arbeitsplatzbezogenen Abläufen, zum Beispiel Prüfpläne, Arbeitsplatzbeschreibungen

Für kleine Unternehmen mit übersichtlichen internen Abläufen, wie Handwerksbetriebe, empfiehlt es sich, die Prozesse und gegebenenfalls auch die Detailregelungen in das Managementhandbuch zu integrieren, das heißt die drei Dokumentationsebenen in einem Dokument zu vereinen. Das Managementhandbuch sollte aber immer übersichtlich und prägnant gehalten sein.

Soll das Managementhandbuch zu Akquisitionszwecken an Kunden verteilt werden? Dann ist es empfehlenswert, eine »abgespeckte« Version zu erstellen, aus der Firmen-Know-how, das nicht für Externe bestimmt ist, herausgenommen wird. Ein solches Akquisitionshandbuch kann einer Imagebroschüre ähneln.

| Tabelle 3: Inhaltsverzeichnis des Management-Handbuches der Eurovia GmbH | | |
|---|---|---|
| **Inhaltsverzeichnis** ........................................................................... **2** | | |
| **1** | **Kurzbeschreibung des Unternehmens** ................................ **3** | |
| **2** | **Grundsatzerklärung der Leitung** ......................................... **4** | |
| **3** | **Leitlinien** .............................................................................. **5** | |
| **4** | **Verständnis der ISO 9001 im Unternehmen** ..................... **6** | |
| 4.1 | Verantwortung der Leitung ..................................................... 6 | |
| 4.2 | Mittelmanagement ................................................................. 7 | |
| 4.3 | Prozessmanagement ............................................................. 7 | |
| 4.4 | Messung, Analyse und Verbesserung .................................... 9 | |
| **5** | **Aufbau und Geltungsbereich des EM-Systems** ............... **10** | |
| 5.1 | Allgemeines ......................................................................... 10 | |
| 5.2 | Struktur der EM-Dokumentation ........................................... 11 | |
| 5.3 | Prozesse im Unternehmen .................................................... 11 | |
| 5.4 | QM-Plan .............................................................................. 12 | |
| **6** | **Aufbauorganisation des Unternehmens** ........................ **13** | |
| **7** | **Beschreibung der Hauptprozesse** .................................. **15** | |
| 7.1 | Interne Organisation ............................................................ 15 | |
| 7.2 | Auftragsbeschaffung ............................................................ 15 | |
| 7.3 | Technische Bearbeitung ....................................................... 15 | |
| 7.4 | Arbeitsvorbereitung ............................................................. 16 | |
| 7.5 | Einkauf ................................................................................ 16 | |
| 7.6 | Produktion/Fabrikation ........................................................ 16 | |

## 6.4.1 Empfohlener Aufbau für das Managementhandbuch

⇨ *Deckblatt* mit Firmenadresse, Ausgabenummer und Änderungsangabe

⇨ *Inhaltsverzeichnis*, das gleichzeitig die Freigabe des Managementhandbuchs und die Auflistung der gültigen Abschnitte mit den zugehörigen Revisionen darstellt

⇨ *Grundsatzerklärung* der Unternehmensleitung zur Qualitäts- / Unternehmenspolitik und zu dem Anwendungsbereich des Managementsystems

⇨ *Landkarte der Prozesse*, die die Schnittstellen und das Zusammenwirken der Prozesse darstellt

⇨ *Kurzbeschreibung der Prozesse*, zum Beispiel unterteilt in Management-Prozesse, Prozesse der Wertschöpfung, unterstützende Prozesse

⇨ *Allgemeines* zur Handhabung, zur Änderung und zur Pflege des Managementhandbuchs

⇨ *Anhang*, zum Beispiel Liste der weiterführenden Unterlagen (Prozessliste) oder Liste der Abkürzungen/Begriffe

Um das Thema »prozessorientierte Dokumentation« beziehungsweise »Managementhandbuch« zu veranschaulichen, zeigen die Tabellen 1 bis 3 einige Beispiele aus der Praxis.

Das in Tabelle 1 dargestellte Beispiel macht deutlich, dass die Gliederung der Dokumentation nicht nur nach Prozessen, sondern auch nach den neun EFQM-Kriterien möglich ist. Diese Struktur ergab sich als Konsequenz aus der Unternehmensphilosophie, sich neben den Forderungen unterschiedlicher Normen auch am EFQM-Excellence-Modell auszurichten. Das soll unter anderem die jährlich durchzuführenden EFQM-Selbstbewertungen in den verschiedenen Unternehmenseinheiten erleichtern.

Die weiteren Beispiele zeigen das Inhaltsverzeichnis der Managementhandbücher eines Dienstleistungsunternehmens am Flughafen (Tabelle 2) und eines Tiefbauunternehmens (Tabelle 3).

## 6.5 Umfang und Form der Dokumentation

### 6.5.1 Der Umfang der Dokumentation

**Einfachheit statt Detailbesessenheit**
Das Geheimnis funktionierender Managementsysteme und ihrer Dokumentation liegt in der Einfachheit. Man sollte nicht versuchen, jeden Prozess im Unternehmen bis ins kleinste Detail zu definieren. Ein solches System engt ein, ist unflexibel. Es ist sinnvoll, alles so einfach wie möglich zu beschreiben, das heißt unakademisch, mit einfachen Worten und in einfachen Sätzen. Bilder, Prozessabläufe sowie Beispiele mit Tabellen sind häufig viel besser zu verstehen als lange Ausführungen, besonders, wenn die Mitarbeiter nicht alle Deutsch als Muttersprache sprechen. Beispielsweise kann man anhand einer Pareto-Analyse herausfinden, welche 20 Prozent der Prozesse 80 Prozent der zu leistenden Arbeit beschreiben. Auf eben diese Prozesse sollte man sich konzentrieren.

**Umfang**
Zum Thema »Umfang« noch ein Zitat aus der DIN EN ISO 9001, Kapitel 4.2.1; Anmerkung 2: »Der Umfang der Dokumentation des

Qualitätsmanagementsystems kann von Organisation zu Organisation unterschiedlich sein auf Grund:
⇨ der Größe der Organisation und der Art ihrer Tätigkeit,
⇨ der Komplexität und Wechselwirkung der Prozesse, und
⇨ der Fähigkeit des Personals.«

Es wurde erkannt, dass die Qualität einer Dokumentation nicht von deren Umfang abhängt. In der Norm wird klar herausgestellt, dass der Umfang einer Dokumentation unternehmensspezifisch sein muss. Die Erfahrung der letzten Jahre hat gezeigt, dass eine sehr umfangreiche/detaillierte Dokumentation eine geringe Akzeptanz bei den Mitarbeitern hat und zudem schwer zu verwalten ist.

## 6.5.2 Vorteile für das Unternehmen

Auf eine einheitliche, einfache und präzise Darstellung ist also zu achten. Bei der Beschreibung sollte man sich deshalb immer die Frage stellen: Durch wen und mit welchen Methoden/Mitteln wird der Vorgang/Prozess durchgeführt? Ebenso sollte sich die Unternehmensleitung fragen: Warum existiert der Vorgang/Prozess, ist er für die Wertschöpfung des Unternehmens notwendig, welche Unternehmensrisiken sind mit diesem Prozess verbunden? Dies dient zur Klärung der Wirksamkeit des Vorgangs/Prozesses und ist der erste Schritt zur Verbesserung des Managementsystems.

In der Dokumentation der Beschreibung der Zuständigkeiten und Abläufe aller Vorgänge/Prozesse steckt Verbesserungspotenzial und damit der eigentliche Sinn der geforderten Dokumentation! Denn: Durch das Aufschreiben werden die Betroffenen motiviert und die Kenntnisse der Abläufe festgehalten. Durch die Visualisierung werden fehlerhafte oder verbesserungswürdige Zustände verdeutlicht.

Nicht zuletzt sollten sich die Verantwortlichen immer wieder die Frage stellen, ob einzelne Prozesse/Prozessschritte oder Schnittstellen tatsächlich erforderlich beziehungsweise entsprechend der Zielsetzung wirksam sind. Bei richtiger Vorgehensweise ist es durchaus möglich, kostensenkende Maßnahmen allein durch die Überprüfung der Abläufe beziehungsweise durch die Einführung eines Managementsystems umzusetzen.

Weitere Vorteile einer Dokumentation sind, dass Prozesse dadurch wiederholbar gemacht und das »Firmen-Know-how« des Unternehmens sichergestellt und ausgebaut wird.

### 6.5.3 Forderungen der DIN EN ISO 9001:2000

Wenn sich ein Unternehmen nach der neuen Norm ISO 9001:2000 zertifizieren lassen will, sind nach der ISO 9001:2000 folgende Forderungen in Kapitel 4.2.1 zu beachten:
»Die Dokumentation zum Qualitätsmanagementsystem muss enthalten:
a)  dokumentierte Qualitätspolitik und Qualitätsziele,
b)  ein Qualitätsmanagementhandbuch,
c)  dokumentierte Verfahren, die von dieser internationalen Norm gefordert werden,
d)  Dokumente, die die Organisation zur Sicherstellung der wirksamen Planung, Durchführung und Lenkung ihrer Prozesse benötigt, und
e)  von dieser internationalen Norm geforderte Aufzeichnungen (4.2.4).«

Die Thematik der Qualitätspolitik (Punkt a) wird inhaltlich durch das Managementhandbuch abgedeckt. Auf Grund der stetigen Anpassung der Ziele kann es sinnvoll sein, die Dokumentation der Unternehmensziele separat vorzunehmen.
Die Forderung b) ist selbsterklärend.
Die unter c) angesprochenen dokumentierten Verfahren werden für die folgenden sechs Fälle verlangt:
⇨  Lenkung der Dokumente

**190**

⇨ Lenkung der Qualitätsaufzeichnungen
⇨ Durchführung von internen Audits
⇨ Lenkung fehlerhafter Produkte
⇨ Korrekturmaßnahmen
⇨ Vorbeugungsmaßnahmen

Die Dokumentation der genannten Verfahren kann natürlich auch in Form von Prozessbeschreibungen erfolgen.

Punkt d) behandelt die bereits erwähnten Prozessbeschreibungen, zum Beispiel unterteilt in Management-Prozesse, Wertschöpfungsprozesse und unterstützende Prozesse.

Zu Punkt e) gibt es in den einzelnen Kapiteln der Norm konkrete Hinweise zur Notwendigkeit von Qualitätsaufzeichnungen, zum Beispiel: QM-Bewertung, Schulbildung, Schulung, Fertigkeit und Erfahrung.

## 6.5.4 Die Form der Dokumentation

In der Form der Dokumentation sind die Unternehmen laut Normrevision frei, vergleiche hierzu ISO 9001:2000; Kapitel 4.2.1; Anmerkung 3:
»Die Dokumentation kann in jeder Form oder Art eines Mediums realisiert sein.«

Manche Unternehmen erstellen die Dokumentation in Papierform. Das Managementhandbuch, die Prozessbeschreibungen und zum Beispiel die Arbeitsplatzbeschreibungen werden mit Ersteller-, Prüfer- und Freigabevermerk ausgedruckt, vervielfältigt und an die Mitarbeiter verteilt.

Die Aktualisierung der Unterlagen erfolgt auf dem gleichen Wege. Ob jeder Mitarbeiter alle Vorgabedokumente oder nur die ihn betreffenden erhält, muss die Unternehmensleitung entscheiden. Beide Vorgehensweisen sind im Sinne der Norm zulässig und haben Vor- und Nachteile.

Im Zeitalter der EDV ist es heute jedoch üblich die Vorgabedokumente wie Managementhandbuch, Prozessbeschreibungen usw. auf dem firmeneigenen Netz, in der Regel im Intranet, zur Einsicht, das heißt zum Nachlesen und Ausdrucken, zur Verfügung zu stellen.

Bei dieser Lösung erhält die Frage der Zugriffsberechtigung einen besonderen Stellenwert. Damit die Vorgabedokumente nur von den »zugelassenen« Personen erstellt, geändert, geprüft und freigegeben werden, sind die Zugriffsberechtigungen schriftlich festzuhalten und in der EDV zu hinterlegen. Im Netz sind stets nur die aktuellen Vorgabedokumente vorhanden, sodass sich das Problem der gültigen Dokumente am Arbeitsplatz relativiert. Voraussetzung für diese Vorgehensweise ist, dass jeder Mitarbeiter einen eigenen Computer oder zumindest unmittelbaren Zugriff auf einen Computer hat. Die Verteilung von geänderten Dokumenten erfolgt beispielsweise per E-Mail mit Hinweis auf die entsprechenden Änderungen.

Dem Einfallsreichtum bezüglich der Form der Dokumentation sind wenig Grenzen gesteckt. Auch die Aufzeichnung einer Videokonferenz, in der Geschäftsführer explizite Vorgaben für ihr Unternehmen festlegen, ist ein mögliches »Vorgabedokument«. Dabei ist darauf zu achten, dass die Aufzeichnungen, im genannten Fall die Vorgaben, den Mitarbeitern immer wieder vermittelt werden können.

Die Form des Managementhandbuchs ist weitgehend bereits durch dessen Aufbau festgelegt (vgl. Abschnitt »Prozessorientierter Aufbau der Dokumentation«).
Die Form von Prozess- oder Verfahrensbeschreibungen orientiert sich an deren Unterteilung. Folgender Aufbau wird empfohlen:
⇨ *Allgemeine Hinweise* (Zweck, Ziel, Prozessverantwortung, Anwendungsbereich, Prozesskennzahlen)
⇨ *Prozessablauf* (Verantwortliche/Mitwirkende, Ablauf, Schnittstellen, Dokumentation)
⇨ Erläuterungen zum Ablauf
⇨ Begriffe und Abkürzungen
⇨ Mitgeltende Unterlagen

Die folgenden Beispiele sollen das Thema »Form einer Verfahrensbeziehungsweise Prozessbeschreibung« veranschaulichen. Sie geben die »Rahmen-Verfahrensanweisung eines Telekommunikationsunternehmens aus dem Dienstleistungsbereich« und die »Prozessanweisung der Prüfmittelüberwachung eines Bauunternehmens « wieder.

## 6.5.5 Zwei Praxisbeispiele zum Thema »Form einer Verfahrensbeziehungsweise Prozessbeschreibung«

**Rahmen-Verfahrensanweisung eines Telekommunikationsunternehmens aus dem Dienstleistungsbereich**

⇨ *1. Ziel und Zweck*

Diese Rahmen-Verfahrensanweisung formuliert die verbindlichen Anforderungen an die örtlichen Systemdokumente zum Umgang mit Korrektur- und Vorbeugungsmaßnahmen und kann durch örtliche Verfahrensanweisungen ergänzt werden.

Mit Korrektur- und Vorbeugungsmaßnahmen sollen Prozesse und Arbeitsabläufe optimiert und ein Wiederauftreten von Abweichungen verhindert werden.

Zusammenhang zum betrieblichen Vorschlagswesen: Grundsätzlich wird in der Organisationseinheit geprüft, ob eine Korrektur- und Vorbeugungsmaßnahme gegebenenfalls auch einen Verbesserungsvorschlag nach der Anweisung für das betriebliche Vorschlagswesen beinhaltet.

⇨ *2. Geltungsbereich*

– Der Geltungsbereich umfasst Korrektur- und Vorbeugungsmaßnahmen aller Organisationseinheiten im Unternehmensbereich Vertrieb und Service.

– Jeder Mitarbeiter, der einen Fehler/Mangel erkannt hat, hat die Aufgabe und die Verpflichtung, diesen zu beseitigen. Gelingt dieses nicht oder liegt die Ursache für den Fehler/Mangel nicht in seinem Einflussbereich, leitet er eine Korrektur- und Vorbeugungsmaßnahme im Sinne dieser Verfahrensanweisung ein.

⇨ *3. Begriffe*
- *Korrekturmaßnahme:* Maßnahme zur Beseitigung eines aufgetretenen Fehlers/Mangels.
- Vorbeugungsmaßnahme: Maßnahme zur Verhinderung eines möglichen Fehlers/Mangels.
- *Verbesserungsvorschlag:* Ein Verbesserungsvorschlag ist die Darstellung einer Idee, die einen vorhandenen Zustand verbessern oder Nachteile verhindern soll und Vorteile erwarten lässt (siehe auch Kapitel 1, Ziel und Zweck).
- *Fehler:* Abweichung von einer bestehenden Regelung.
- *Mangel:* Nicht abgedeckter Regelungsbedarf.

⇨ *4. Verantwortung*
- Die grundsätzlichen Verantwortlichkeiten ergeben sich aus der Linien- beziehungsweise Prozessverantwortung. Alle Verantwortungen und Zuständigkeiten, die durch die bestehende Aufbauorganisation geregelt und festgelegt sind, bleiben unberührt.

⇨ *5. Ablauf*
In Abbildung 3 wird der Ablauf für Korrektur- und Vorbeugungsmaßnahmen gezeigt.
- *Zu Schritt 1:* Die Anstöße aus den Schritten 1 und 2 werden grundsätzlich dokumentiert und von der Fachseite bearbeitet. Innerhalb einer Kalenderwoche ist eine Empfangsbestätigung unter Angabe des Empfängers bei Weitergabe und Vorschlag eines Zeithorizontes für die Bearbeitung (in der Regel vier KW) zu erteilen. In der anschließenden Auswertung und Analyse werden die Ursachen für aufgetretene beziehungsweise potenzielle Fehler gesucht. Das Ergebnis der Analyse entscheidet über das weitere Vorgehen. Kann die Beseitigung des Fehlers/Mangels nicht innerhalb der Organisationseinheit durchgeführt werden, wird das Ergebnis der Analyse an die nächst höhere Ebene beziehungsweise eine andere Niederlassung weitergeleitet.
  QPM (Quantitatives Projektmanagement) registriert die Korrektur- und Vorbeugungsmaßnahme und vergibt eine Identifikationsnummer. Die Maßnahme wird an die zuständige Fachseite oder in

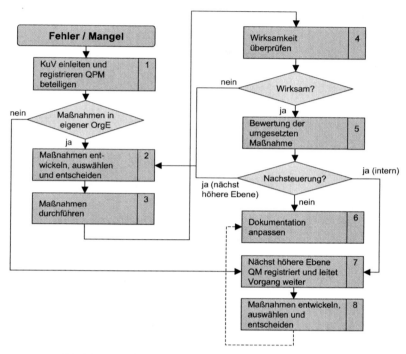

Abb. 3:  *Ablaufschema Korrektur- und Vorbeugemaßnahmen, Beispiel Telekommunikations-*
*unternehmen*

die nächst höhere Ebene (Stelle Qualitätsmanagement) weitergeleitet. Der Arbeitsablauf in der nächst höheren Ebene gestaltet sich
entsprechend der beschriebenen internen Arbeitsschritte.

– *Zu Schritt 2 und 3:* Maßnahmen zur Beseitigung des Fehlers/Man-
gels werden durch die zuständige Fachseite entwickelt und durchgeführt.

– *Zu Schritt 4:* Sind die eingeführten Maßnahmen nach inhaltlicher
Bewertung durch die Fachlinie nicht wirksam, muss eine erneute
Analyse durchgeführt werden.

- *Zu Schritt 5:* QPM stellt sicher, dass die Wirksamkeit der Maßnahme auf geeignete Art und Weise überprüft und dokumentiert wird.
- *Zu Schritt 6:* Die Dokumentationen werden überarbeitet und die Aktualität der Unterlagen am Arbeitsplatz sichergestellt.
⇨ *6. Eskalation/Weiterleitung*
  6.1. Eskalation/Weiterleitung der Maßnahme zur nächst höheren Organisationseinheit; Ursachen für die Eskalation/Weiterleitung von Korrektur- und Vorbeugungsmaßnahmen können sein:
- *Erfolglose Bearbeitung*
  Korrektur- und Vorbeugungsmaßnahmen, deren Bearbeitung in der Linie ohne Erfolg waren, werden an die nächst höhere Organisationseinheit eskaliert.
- *Zentraler Handlungsbedarf*
  Korrektur- und Vorbeugungsmaßnahmen, bei denen zentraler Handlungsbedarf vorliegt, keine Linie erkennbar ist oder die Linien- beziehungsweise Unternehmensbereiche übergreifend sind, werden an die nächst höhere Organisationseinheit weitergeleitet.
- *Terminüberschreitungen*
  Ist der Zeithorizont (siehe Ablauf Schritt 3) für die Bearbeitung einer Korrektur- und Vorbeugungsmaßnahme überschritten, wird die nächst höhere Stufe der Eskalation innerhalb der Organisationseinheit eingeschaltet.
- *Formale Probleme*
  Werden hinsichtlich des Verfahrens bestehende Regelungen nicht eingehalten, wird die Korrektur- und Vorbeugungsmaßnahme über QPM zur nächst höheren Ebene eskaliert.

Für die Eskalation/Weiterleitung dient der ablaufsteuernde Vordruck »Weiterleitung einer Korrektur- und Vorbeugungsmaßnahmen (KuV)«. Der Vordruck dient als Vorbinder für die als Anlage beigefügte Dokumentation der bisherigen Aktivitäten.

**196**

⇨ *7. Kennzahlen*
- Die zu erhebenden Kennzahlen helfen, das Verfahren zu verbessern und sind Indikatoren für mögliche Verbesserungspotenziale. Der Detaillierungsgrad wird örtlich festgelegt. Als Mindestanforderung sind folgende Kennzahlen von allen Organisationseinheiten vierteljährlich zu erheben und zu überwachen.

⇨ Laufzeit (Tabelle 4)
- Laufzeit der KuV (Anstoß bis zur Umsetzung beziehungsweise Ablehnung) innerhalb der OrgE
- Laufzeit der KuV (Anstoß bis zur Umsetzung beziehungsweise Ablehnung) bei Weitergabe in die nächst höhere/n Ebene/n

| Tabelle 4: Laufzeit KuV, Beispiel Telekommunikationsunternehmen | | | | | | | | | | |
|---|---|---|---|---|---|---|---|---|---|---|
| **Laufzeit** | 1 KW | 2 KW | 3 KW | 3 KW | 4 KW | 6 KW | 8 KW | 10 KW | >12 KW | >½ Jahr |
| Anzahl der KuV innerhalb der OrgE | | | | | | | | | | |
| Anzahl der KuV bei Weitergabe in die nächst höhere/n Ebene/n | | | | | | | | | | |

⇨ Zuordnung zu den TEMPO-Prozessen (Tabelle 5)

| Tabelle 5: Tempo-Prozess, Beispiel Telekommunikationsunternehmen | | | | | | | | | | | | | |
|---|---|---|---|---|---|---|---|---|---|---|---|---|---|
| TEMPO-Prozess | 1 | 2 | 3 | 4 | 5 | 6 | 7 | 8 | 9 | 10 | 11 | 12 | 13 | 14 |
| Anzahl der KuV | | | | | | | | | | | | | | |

Darüber hinaus sind sie Bestandteil des zumindest einmal jährlich zu erstellenden Qualitätsberichtes.
⇨ *8. Mitgeltende Unterlagen*
- Anweisung »Betriebliches Vorschlagswesen«
- Managementhandbuch

- Vordruck »Weiterleitung einer Korrektur- und Vorbeugungsmaßnahme«
⇨ *9. Managementinformation*
⇨ 9.1. Wesentliche Änderungen zum neuen Revisionsstand
  (Tabelle 6)

| Tabelle 6: Wesentlich Änderungen zum neuen Revisionsstand, Beispiel Telekommunikationsunternehmen | |
|---|---|
| **Änderung** | **Ort der Änderung** |
| VA als Rahmen-Verfahrensanweisung für alle Organisationseinheiten im XXXXX erstellt | Gesamtes Dokument |

**Prozessanweisung der Prüfmittelüberwachung eines Bauunternehmens**

*Allgemeine Hinweise*

Um die Gebrauchsfähigkeit der Prüfmittel (PrM) sicherzustellen, müssen sie regelmäßig überprüft und gewartet werden. Damit dies gewährleistet wird, sind für die einzelnen PrM-Gruppen Verantwortliche zu benennen, zu schulen und mit den notwendigen Kompetenzen im Unternehmen auszustatten.

Erläuterungen (siehe Abb. 4)

⇨ Über die vorhandenen PrM ist – getrennt nach den verschiedenen Einsatzbereichen, zum Beispiel Laborgeräte oder Baustellenvermessungsgeräte – vom jeweiligen Prüfmittel-Verantwortlichen (*PrMV*) eine PrM-Liste anzulegen, aus der die jeweils fälligen Überprüfungstermine für die einzelnen Geräte hervorgehen (1).

⇨ Der PrMV überwacht die Einhaltung dieser Fälligkeitstermine für die einzelnen PrM in seinem Zuständigkeitsbereich (2).

⇨ Stellt der Nutzer eines PrM einen Mangel am PrM fest, so hat er dies unverzüglich dem PrMV anzuzeigen (3).

⇨ Eine Überprüfung ist notwendig, wenn entweder der Fälligkeitstermin erreicht ist oder vom Nutzer ein Mangel am PrM reklamiert wird (4).

**198**

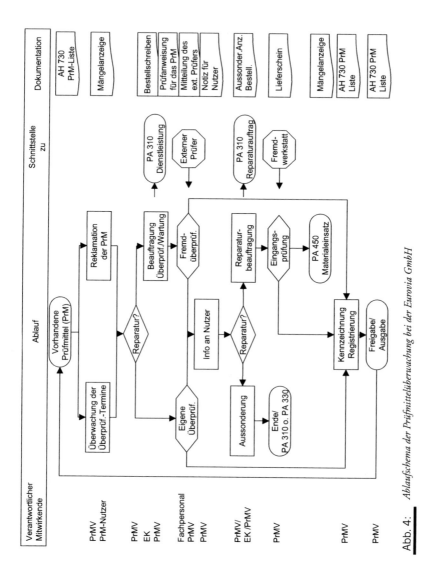

Abb. 4: *Ablaufschema der Prüfmittelüberwachung bei der Eurovia GmbH*

— Sofern nicht eine generelle Regelung existiert, entscheidet der PrMV im Einzelfall, ob die Überprüfung und die einhergehende Wartung im eigenen Unternehmen oder von einem Externen vorgenommen werden soll.

⇨ Mit der Überprüfung und Wartung sind nur solche Firmen zu beauftragen, die fachlich und gerätetechnisch dazu in der Lage sind (5).

— Wenn kein Rahmenvertrag mit einer Service-Firma besteht, erfolgt die Beauftragung in Abstimmung mit dem PrMV durch den Einkauf.

⇨ Bei Eigenüberprüfung wird das PrM von dem dafür zuständigen Fachpersonal gemäß Prüfanweisung des Herstellers für das PrM überprüft und gewartet (6).

⇨ Die Überprüfung und Wartung des PrM erfolgt durch eine externe Firma (7).

⇨ Bei Feststellung eines Mangels am PrM ist der letzte Nutzer – gegebenenfalls auch vorherige Nutzer – zu informieren, damit die letzten Messergebnisse aufgrund einer Korrektur beziehungsweise Wiederholungsmessung neu bewertet werden können (8).

⇨ Kann ein Mangel am PrM nicht im Rahmen der üblichen Wartung behoben werden, ist zu entscheiden, ob eine Reparatur des PrM zweckmäßig ist (9).

⇨ Ist eine Reparatur des PrM nicht mehr sinnvoll, erfolgt die Aussonderung (Verschrottung) (10).

⇨ Ist eine Reparatur des PrM sinnvoll, wird eine Fachfirma mit der Reparatur beauftragt (11).

⇨ Hier endet der Prozess, es sei denn, es ist eine Ersatzbeschaffung erforderlich. In diesem Fall kommen die entsprechenden Prozessanweisungen des Einkaufs zur Anwendung (12).

⇨ Das gewartete beziehungsweise reparierte PrM ist bei Anlieferung auf ordnungsgemäße Ausführung zu überprüfen (13).

⇨ Ein bei der Eingangsprüfung festgestellter Mangel ist sofort zu reklamieren und von der Fremdwerkstatt zu beheben (14).

⇨ Ist das PrM in Ordnung, wird es entsprechend der Anweisung für PrM gekennzeichnet, registriert und freigegeben. Das Gleiche gilt auch für neue PrM (15).

⇨ Das freigegebene PrM kann bei Bedarf den Nutzern, die für eine ordnungsgemäße Behandlung der PrM im Einsatz veranwortlich sind, wieder zur Verfügung gestellt werden (16).

*Mitgeltende Unterlagen*
⇨ AA 731: Prüfanweisungen für Labor-Prüfmittel
⇨ AA 732: Prüfanweisungen für Werkstatt-Prüfmittel
⇨ AA 733: Prüfanweisungen für Baustellen-Prüfmittel
⇨ AH 550.2-E: Antrag für Aussonderungen
⇨ AH 550.3-E: Antrag für Anmietungen
⇨ AH 550.4-E: Antrag für Reparatur
⇨ AH 730: PrM-Liste
⇨ Prüfanweisungen der PrM-Hersteller

## 6.6 Tipps zur Erstellung der Dokumentation

Bevor man mit der Dokumentation eines Managementsystems beginnt, muss sichergestellt sein, dass die Unternehmensleitung die Einführung eines Managementsystems mit Engagement und den benötigten Mitteln unterstützt. Die Unternehmensleitung muss einen Mitarbeiter, in der Regel den (Qualitäts-)Managementbeauftragten, ernennen, der für die Erstellung und Einführung als Projektleiter verantwortlich ist. Dieser Mitarbeiter sollte ausgezeichnete Kenntnisse über die internen Abläufe und das Unternehmen mit seinen Stärken und Schwächen haben. Er sollte Mitarbeiter und Kollegen führen und motivieren können.

Fehlen zur Erstellung der Dokumentation in einem Unternehmen fachliche Qualifikationen, wie die Normenkenntnisse der ISO-9000-Familie, kann es sinnvoll sein, einen externen Berater hinzuzuziehen. Auf keinen Fall sollte das Unternehmen das Erstellen der Dokumentation einem Berater oder einem Beratungsunternehmen alleine überlassen. Dies birgt die Gefahr einer »übergestülpten Dokumentation«, die nicht auf die speziellen Belange des Unternehmens abgestimmt ist. Der Berater sollte lediglich die Erstellung der Dokumentation unterstützen und aus seiner Erfahrung heraus Tipps geben. Er sollte also als »Coach« fungieren – die eigentliche Arbeit der Erstellung der Dokumentation muss das Unternehmen selbst leisten.

## 6.6.1 Dokumentation der Geschäftsprozesse

Zunächst beginnt man mit der Dokumentation der Geschäftsprozesse. Dies sind die Abläufe/Vorgänge, das heißt die Art und Weise, mit der das Unternehmen Geschäfte mit den verschiedenen Kunden und Lieferanten tätigt.

»Geschäftsprozesse in Unternehmen sollten – oder besser: müssen – ausgerichtet sein auf die Unternehmensziele, vornehmlich die Erfüllung der Kundenwünsche.« Dies ist ein wichtiger Aspekt, welcher bedingt, dass die Geschäftsprozesse gemeinsam mit der Unternehmensleitung definiert oder zumindest mit ihr abgestimmt werden müssen, beispielsweise durch einen Workshop »Führungskreis«.

Nach Festlegung der Geschäftsprozesse werden diese in Prozesse/ Prozessketten zerlegt. Man erhält so eine Übersicht der Prozesse des Unternehmens und kann diese gewichtet und entsprechend ihrer Prioritäten skizzieren. Das heißt, für die Prozesse werden die Eigentümer, die Ergebnisse, Beginn, Ende usw. festgelegt.

Die Beschreibung der Prozesse mit ihrem tatsächlichen Ablauf, den Schnittstellen, dem Verbesserungspotenzial und den Kennzahlen (inklusive Prozessziele) entspricht einer Istanalyse, das heißt sie beschreibt die aktuellen Gegebenheiten im Unternehmen.

Nach Erstellung der Prozessbeschreibungen werden, falls notwendig, Maßnahmen zur Prozessverbesserung festgelegt, umgesetzt und auf ihre Wirksamkeit überprüft. Ist dies erfolgreich abgeschlossen, erfolgt die Abstimmung und Freigabe der Prozesse.

Die Dokumentation der Prozesse erfolgt durch so genannte »Prozessteams«, die idealerweise aus Prozesseigentümern, -lieferanten und -kunden bestehen. Um eine einheitliche Prozessgestaltung sicherzustellen, ist es ratsam, den unterschiedlichen Prozessteams einheitliche Rahmenvorgaben (zum Beispiel zur Prozesstiefe oder zum Layout) zu machen. Eine andere Möglichkeit, zu »einheitlichen« Prozessen zu gelangen ist, eine koordinierende Person wie den Managementbeauftragten oder den Berater, als Moderator für alle Prozessteams einzusetzen.

## 6.6.2 Erstellung des Managementhandbuchs

Das Managementhandbuch wird nach Festlegung der Geschäftsprozesse und zumeist parallel zu den Prozessbeschreibungen erstellt. Verantwortlich hierfür ist der Managementbeauftragte, welcher die Erstellung koordiniert beziehungsweise die Kapitel nach Abstimmung mit den entsprechenden Fachbereichen schreibt. Dadurch ist eine einheitliche Darstellungsform des Handbuchs gewährleistet. Das heißt natürlich nicht, dass der Managementbeauftragte die Grundsatzerklärung der Unternehmensleitung formuliert, sie wird ihm vielmehr durch die Leitung zur Verfügung gestellt.
Das Managementhandbuch enthält Verweise auf die nächste Dokumentationsebene, die Prozesse.

In der Regel werden auf der Ebene der *Detailregelungen*, aber auch auf der Ebene der Prozessbeschreibungen, bestehende interne und externe Unterlagen eingebunden. Daher müssen alle vorhandenen Unterlagen, die das Managementsystem betreffen, gesammelt werden, beispielsweise Anweisungen der Unternehmensleitung, »alte« Verfahrensanweisungen, Prüfanweisungen und Prüfpläne, kaufmännische Richtlinien, abteilungsinterne Vorschriften, Formblätter usw. Diese Unterlagen werden auf ihre Aktualität hin überprüft und gegebenenfalls formal in die Dokumentation des Managementsystems integriert.

Das kann zum einen bedeuten, dass »alte« Verfahrensanweisungen, die nicht mehr aktuell sind beziehungsweise deren Vorgaben in den bereits festgelegten Prozessen fixiert wurden, ungültig werden. Zum anderen können bestehende Prüfanweisungen, die nach wie vor für das Unternehmen gültig sind, als eine Detailregelung der Managementdokumentation existent bleiben.

Neu zu erstellende Detailregelungen sollten zum größten Teil von denjenigen Mitarbeitern erstellt werden, die sie in ihrer täglichen Arbeit anwenden müssen. Die Erstellung kann gegebenenfalls unter Anleitung des Managementbeauftragten stattfinden.

Generell ist darauf zu achten, dass von jeder Dokumentationsebene auf die nächst »niedrigere« Ebene verwiesen wird, beispielsweise in einer Prozessbeschreibung auf die mit geltenden Unterlagen.

Abschließend noch einen letzten *Tipp*: Lernen Sie vom Managementsystem anderer Unternehmen! Ein bestimmtes Qualitätsniveau und die damit verbundene Arbeitsphilosophie lässt sich natürlich nicht kopieren. Das wissen auch die Managementbeauftragten erfolgreicher Unternehmen; sie sind daher meist gern bereit, von ihren Erfahrungen zu berichten und Einblick in ihr Managementsystem zu gewähren.

## 6.7 Einführen der Dokumentation im Unternehmen

### 6.7.1 Managementhandbuch

Wenn das Managementhandbuch nicht im Team erarbeitet wurde, hat der Ersteller die Pflicht, einen ersten kompletten Entwurf an die betroffenen Fachbereiche und deren Führungskräfte weiterzuleiten und deren Stellungnahme einzuholen. Dies kann in folgender Form geschehen:

⇨ Persönliche Gespräche mit gleichzeitiger Abstimmung der fraglichen Abschnitte (nachhaltig zu empfehlen!)
⇨ Anschreiben mit der Bitte um schriftliche Stellungnahme bis zu einem bestimmten Datum

Nach Abstimmung mit den Fachbereichen erfolgt eine Absprache mit der Unternehmensleitung. Über die maßgeblichen Kapitel, wie Grundsatzerklärung der Unternehmensleitung, Darstellung der Geschäftsprozesse, Übersicht der Prozesse insgesamt, sollte die Unternehmensleitung von Anfang an informiert worden sein, sofern sie an der Erstellung nicht direkt beteiligt war.

Zur endgültigen Freigabe des Managementhandbuchs wird der Unternehmensleitung ein Entwurf vorgelegt, um dann möglichst in einem persönlichen Gespräch fragliche Abschnitte endgültig abzustimmen. Die Genehmigungsphase endet mit der Unterschrift der Unternehmensleitung unter der Grundsatzerklärung und in der Regel mit der Unterschrift unter dem Inhaltsverzeichnis des Managementhandbuchs. Auf diese Weise wird das komplette Managementhandbuch freigegeben.

## 6.7.2 Prozessbeschreibungen und Detailregelungen

Die Prozessbeschreibungen werden vom Managementbeauftragten geprüft und von der Unternehmensleitung beziehungsweise den Prozesseigentümern freigegeben. Auch die Detailregelungen müssen, zum Beispiel durch den Managementbeauftragten oder den Fachbereichsleiter, geprüft werden und anschließend durch den Hauptverantwortlichen für diese Regelung freigegeben werden.

Wird die Managementdokumentation als Datei zum Beispiel im Intranet zur Verfügung gestellt, muss der Managementbeauftragte beziehungsweise der entsprechende Fachbereich die Freigabe der eingestellten Vorgabedokumente nachweisen. Dieses ist durch EDV-Unterstützung (zum Beispiel Festlegung von Zugriffs- und Freigabeberechtigungen) möglich. Einfacher ist es jedoch, die unterschriebenen Originale der Vorgabedokumente in Papierform zentral zu hinterlegen, beispielsweise beim Managementbeauftragten.

Da nicht alle Mitarbeiter an der Erstellung des Handbuchs, der Prozessbeschreibungen und der Detailregelungen mitwirken können, sind nun alle Mitarbeiter bezüglich der erstellten Dokumentation zu schulen.

Es empfiehlt sich, die Führungskräfte (inkl. Unternehmensleitung) durch kompetente Management-Spezialisten (gegebenenfalls auch den Berater) durch Workshops mit der Thematik vertraut zu machen. Die Schulung der Mitarbeiter kann durch den Managementbeauftragten oder, je nach Unternehmensgröße, wiederum von ihm geschulte Mitarbeiter durchgeführt werden.

Man sollte sich darauf einstellen, dass für den einzelnen Anwender nur der Teil der Dokumentation interessant ist, in dem Zuständigkeiten und Aufgaben seines Bereiches beschrieben sind. Dies trifft besonders bei sehr umfangreichen Dokumentationen für komplexe Unternehmensstrukturen zu. In diesem Fall ist es empfehlenswert, für jeden Unternehmensbereich den ihn betreffenden »Part« deutlich hervorzuheben.

Wird die verbindliche Dokumentation in der EDV (zum Beispiel Intranet) gespeichert, ist die Verteilung sehr einfach. Die Mitarbeiter werden während der Schulung informiert, wo die aktuellen Vorgabedokumente zu finden und wie diese zu handhaben sind. Die Mitarbeiter können die gültige Version des Vorgabedokuments auf ihren Rechner laden und nach Wunsch ausdrucken, nicht aber ändern. Existiert das Vorgabedokument in Papierform, wird es kopiert und an in Verteilerlisten festgelegte Personen ausgegeben.

## 6.8 Prüfung der Anwendung der Dokumentation

Die Überprüfung der Aufrechterhaltung des Managementsystems ist Aufgabe der Unternehmensleitung. In den meisten Unternehmen (besonders in nach DIN EN ISO 9001 zertifizierten) beauftragt diese eine unabhängige Stelle mit der periodischen Durchführung interner Audits. Das interne Audit ist eine Begutachtung der Wirksamkeit des Managementsystems. Die unabhängige Stelle ist in der Regel der Managementbeauftragte mit seinen für diese Aufgabe ausgebildeten internen Auditoren.

Damit die Anforderungen des Managementsystems stets erfüllt werden und seine Wirksamkeit gewährleistet ist, muss die Unternehmensleitung einen »permanenten Druck« ausüben. Das wichtigste Instrument dafür ist das interne Audit. Wenn dieses Werkzeug regelmäßig eingesetzt wird und sich als wirksam erweist, dann ist auch das Managementsystem in Ordnung. Nicht von ungefähr stellen erfahrene Auditoren bei der Überprüfung von Qualitätsmanagementsystemen nach DIN EN ISO 9001 die Frage nach internen Auditunterlagen.

Als Wirksamkeitsüberprüfung des Managementsystems werden auch alternative Bewertungsverfahren wie die EFQM-Selbstbewertung oder auch das Bootstrap-Verfahren aus dem Softwarebereich als eine Art »Internes Audit« anerkannt.

## 6.9 Pflege der Dokumentation

Da die Dokumentation eines Managementsystems wie auch das System selbst keinen starren Zustand darstellen sollen, sondern sich laufend den geänderten Verhältnissen in Organisation und Technik anpassen müssen, unterliegen System und damit auch die Dokumentation einem geregelten Änderungsdienst. Damit Änderungen reibungslos durchgeführt werden können, sind einige interne Voraussetzungen zu schaffen:

⇨ Verantwortliche Personen für den Inhalt und die Verteilung festlegen. Das können, wie bereits erwähnt, unterschiedliche Personen beziehungsweise Personenkreise für die unterschiedlichen Dokumente Managementhandbuch, Prozessbeschreibungen und Detailregelungen sein.

⇨ Auf jedem Dokument muss der Revisionsstand erkennbar sein.

⇨ Eine Liste der Exemplare der Managementhandbücher, der Prozessbeschreibungen und Detailregelungen, die dem Änderungsdienst unterliegen, sowie das Verteilverfahren sind festzulegen.

⇨ Das Änderungsverfahren ist festzulegen: Wie kann ein beteiligter Bereich Änderungswünsche vorbringen?

⇨ Bei Änderungen von für das Unternehmen relevanten Normforderungen hat der Managementbeauftragte die Dokumentation auf eventuell erforderliche Änderungen zu überprüfen.

**Vorgehensweise bei Änderungen**
Die Pflege der Dokumentation ist Dienstleistung am Managementsystem. Die geänderten Texte oder Passagen sind ausreichend zu kennzeichnen beziehungsweise zu erläutern, um dem Anwender ein langes Suchen zu ersparen. Die Erläuterungen können in Form eines gesonderten Schriftstückes oder eines begleitendes Anschreibens verfasst sein. Eine weitere Quelle für Änderungsanstöße sind Änderungsfestlegungen aus Auditergebnissen.

Erfahrungsgemäß tritt der größte Änderungsdruck unmittelbar nach der Veröffentlichung der Dokumentation auf, denn oft wird erst bei der praktischen Anwendung der gangbarste Weg erkannt. Man sollte keine Scheu vor Änderungen haben, so lange man eventuell gültige Normforderungen erfüllt. Der Managementbeauftragte hat sich nach den Erfordernissen der durchführenden Stellen zu richten und die Dokumentation danach auszurichten.

**Gabriele Rauße** ist qualifizierte Excellence Assessorin der European Foundation for Quality Management (EFQM) sowie zertifizierte Auditorin der European Organisation for Quality (EOQ). Sie verfügt über mehr als zehn Jahre Audit-Erfahrung sowie über ein umfangreiches Know-how in den Bereichen Marketing und Vertrieb. Bis zu ihrem Einstieg bei BSI NIS ZERT war Rauße seit 1995 bei dem Frankfurter Begutachtungsunternehmen DQS in verschiedenen Positionen beschäftigt, zuletzt als Leiterin des Key Account Managements mit den Schwerpunkten Vertrieb und Projektmanagement für nationale sowie internationale Großkunden. Zuvor war Rauße als Projektingenieurin in der Hauptabteilung Thermische Kraftwerke bei der Ingenieur- und Consulting-Dienstleistungsgruppe Laymeyer International tätig.

**208**

# Literatur

[1]    DOLCH; KASCHIG: *Se minarunterlagen Deutsche Gesellschaft für Qualität e.V.: QM-Doku-mentation – prozessorientiert, Stand 05/96*

[2]    KREIER, E.: *Das erfolgreiche Zertifizierungsverfahren nach ISO 9000ff. Ein Leitfaden für Vorbereitung, Ablauf und Nachzertifizierung, Bedeutung und Zweck der QM-Dokumentati-on, Forum Verlag Herkert GmbH, 1995*

[3]    HANTSCH, G.; HOFELE, M.; KÖNIG, K. D.: *Qualitätsmanagement für die Praxis. Leitfaden zur Umsetzung in Klein- und Mittelbetrieben, Gifhorn: Verlag Dr. Jochem Heizmann, 1995*

[4]    ISO 9000:2000: *Qualitätsmanagementsysteme – Grundlagen und Begriffe*

[5]    ISO 9001:2000: *Qualitätsmanagementsysteme – Forderungen,*

[6]    DILG, P.: *Praktisches Qualitätsmanagement in der Informationstechnologie. Von der ISO 9000 zum TQM. München Wien: Carl Hanser Verlag 1995*

**Zusammenfassung**

Die Dokumentation eines Managementsystems sollte klar und einfach strukturiert – und damit für jedermann leicht verständlich – das individuelle Managementsystem eines Unternehmens, eines seiner Einzelbereiche oder eines bestimmten Produktes mit eigenständiger Organisation darstellen. Der Beitrag vermittelt, welche Inhalte in der Dokumentation eines Managementsystems dargelegt werden müssen, welchen Umfang und welche Form sie haben sollten. Der Aufbau und die Durchführung der Dokumentationserstellung werden praxisnah dargestellt, ebenso wie die Einführung der erstellten Dokumentation im Unternehmen.

# 7 Kunden- und Mitarbeiterbefragungen im Vorfeld des Audits

Wie gut ein Unternehmen arbeitet, lässt sich besonders gut an zwei Dimensionen erkennen: Bei seinen Kunden und bei seinen Mitarbeitern. Die Befragung dieser Gruppen bietet Chancen, gezielt Veränderungen zu initiieren, die dazu beitragen, das Unternehmen auf ein höheres Qualitätsniveau zu heben.

**In diesem Beitrag erfahren Sie:**
- welche Rolle Mitarbeiter- und Kundenbefragungen bei der Qualitätssicherung einnehmen,
- wie sich hohe Qualität bei deren Planung und Durchführung sichern lässt,
- wie sich ein hilfreiches Feedbacksystem errichten lässt.

EDMUND GÖRTLER

## 7.1. Einleitung

Mitarbeiter und Kunden gehören zu den tragenden Säulen jedes Unternehmens. Diese Erkenntnis ist nicht wirklich neu, spielt doch die Beziehung zwischen Unternehmensführung, den Mitarbeitern und den Kunden eine wesentliche Rolle in einer Vielzahl von Qualitätsmanagementsystemen. Umso erstaunlicher ist es, dass in vielen Unternehmen meist nur kurzfristig auf negative Veränderungen reagiert wird, anstatt vorausschauend Maßnahmen zu ergreifen, um aktiv und systematisch die Beziehung zu Mitarbeitern und Kunden zu gestalten.

Auf der einen Seite stehen die Mitarbeiter, von denen hohe Leistung erwartet wird, und die direkt von der Kundenzufriedenheit und dem Kundenverhalten abhängig sind, dies im Gegenzug aber auch beeinflussen können. Insofern ist eine gleich bleibend hohe Qualität der Leistung der Mitarbeiter unabdingbar für den Erfolg des Unter-

nehmens. Wurde allerdings noch vor einigen Jahren das Leistungs-
prinzip für Mitarbeiter zum alleinigen Credo erhoben, so kommt ein
Unternehmen, das auch in Zukunft Erfolg haben möchte, ohne eine
moderne Mitarbeiterführung nicht aus. Dazu ist eine adäquate Erhebung der Meinung der Mitarbeiter wichtig, die zum Ziel hat, das gesamte Unternehmen und jeden einzelnen Mitarbeiter zum Erfolg zu
verhelfen. Nach dem Motto: Wenn alle Mitarbeiter sich wohl fühlen,
bleibt der Erfolg des Unternehmens nicht aus.

Auf der anderen Seite stehen die Kunden, die aufgrund wachsen-
der Vielfalt konkurrierender Angebote und veränderter Anforderungs-
haltung nicht mehr so leicht an ein Unternehmen zu binden sind und
immer wieder aufs Neue gewonnen werden müssen. Bei den Kunden
ist es mehr denn je notwendig zu erfahren, welche Faktoren die Bindung an das Unternehmen bedingen und verstärken, insofern ist auch
hier ein gesteigerter Bedarf an Daten zu erkennen.

Dieser Artikel beschreibt, welche Methoden notwendig sind, um
in Zeiten des Wandels und der Flexibilität erfolgreich Mitarbeiter-
und Kundenbefragungen durchzuführen, die zur Stabilisierung des
Erfolgs eines Unternehmens beitragen. Darüber hinaus werden Strategien aufgezeigt, wie der Anpassungs- und Veränderungsdruck, der
häufig mit der Qualitätssicherung einhergeht, in die Zufriedenheit
aller Beteiligten umgewandelt werden kann.

Mitarbeiter- und Kundenbefragungen sind ein zentrales Instrument der Qualitätssicherung, hören sie doch auf die »Stimme der
Betroffenen«, ohne die notwendige Veränderungen in der Praxis häufig ins Leere laufen. Die (Un-)Zufriedenheit von Mitarbeitern und
Kunden empirisch zu erheben und zu dokumentieren, ist daher ein
zentraler Schritt und bildet wiederum die Basis für weitere Verfahren
und Managementansätze der Qualitätssicherung wie EFQM oder
Benchmarking.

Für ein Audit im Rahmen des Qualitätsmanagements eines Unternehmens können Mitarbeiter- und Kundenbefragungen eine
bedeutende Rolle spielen. Insbesondere die Einbindung der Mitarbei-
ter- und Kundeninformationen in die unterschiedlichen Unterneh-

mensprozese dient der Steigerung der Effizienz, ohne die Unternehmen heute langfristig nicht mehr auskommen. Die Durchführung einer Mitarbeiter- und Kundenbefragung dient in diesem Rahmen der Ermittlung qualitativer und quantitativer Maßstäbe und kann sowohl als internes als auch als externes Audit durchgeführt werden.

Für die erfolgreiche Umsetzung einer Mitarbeiter- oder Kundenbefragung im Rahmen eines Qualitätsmanagementsystems sind eine sorgfältige Planung sowie spezifische methodische Kenntnisse notwendig, die im Folgenden beschrieben werden. Am Anfang stehen einige Überlegungen zum Zusammenhang zwischen Mitarbeiter- und Kundenbefragungen und Qualitätssicherung. Danach werden die einzelnen Schritte beschrieben, mit denen Mitarbeiter- und Kundenbefragungen systematisch geplant und ausgeführt werden können. Die zu verwendenden Methoden unterscheiden sich nicht wesentlich bei einer Mitarbeiterbefragung gegenüber einer Kundenbefragung. Sehr wohl gibt es allerdings spezifische Anwendungen und Zielrichtungen der beiden Befragungsbereiche. Es werden die Schritte von der Planung und Zielsetzung bis hin zur Umsetzung der Analysen und deren Evaluation im Unternehmen beschrieben; dies kann als Checkliste für das Projekt einer Mitarbeiter- bzw. Kundenbefragung im Rahmen der Qualitätssicherung verstanden und verwendet werden.

## 7.2. Mitarbeiter- und Kundenbefragungen als Element der Qualitätssicherung

Mitarbeiter kennen die Arbeitssituation, den Arbeitgeber, die Arbeitsabläufe und die Kommunikation mit den Kunden am besten. Sie können die Stärken und Schwachstellen des Unternehmens einschätzen, wissen worauf die Kunden reagieren und welche Produkte wie am besten platziert werden. *Mitarbeiterbefragungen und Kundenbefragungen* sind damit ein unverzichtbares Mittel für ein Unternehmen, um gezielt Verbesserungsmöglichkeiten zu erkennen und Effizienz und Effektivität zu steigern. Die Mitarbeiter- und Kundenbefragung ist als Teil eines umfassenden Total Quality Managements zu sehen, das nicht nur die Meinung der Mitarbeiter und Kunden abfragt, indem man ein paar Fragebögen verschickt. Vielmehr sollen alle Mitarbeiter, Kunden und Führungskräfte in den gesamten Prozess von der Planung bis hin zur Umsetzung der Ergebnisse einbezogen werden.

Mitarbeiter- und Kundenbefragungen sind in der Regel in die Evaluation und Qualitätssicherung eines Unternehmens integriert. Es wird sowohl die Umsetzung der Ergebnisse begleitet als auch der Erfolg der Maßnahmen dokumentiert. Die Einbindung in bestehende Quality Management-Systeme (z. B. EFQM) [1] ist für die Durchführung einer Mitarbeiter- oder Kundenbefragung nicht zwingend notwendig, aber durchaus sinnvoll. Die folgende Tabelle zeigt die Verwendung von Mitarbeiter- und Kundenbefragung im Rahmen des Qualitätsmanagement nach ISO 9000ff. und TQM:

**Tabelle 1: Grundsätze des Qualitätsmanagement/TQM und Mitarbeiter- bzw. Kundenbefragung**

| Grundsatz des Qualitätsmanagements/TQM | Anwendung auf Mitarbeiter- und Kundenbefragung |
|---|---|
| Kundenorientierung | Abbilden der Zufriedenheit der Kunden, Erfassen der Kundenerwartungen, Mitarbeiter-Kunden-Beziehung |
| Führung | Integration der Mitarbeiter durch Mitarbeiterbefragung, Formulierung von Zielsetzungen für das Unternehmen |
| Einbeziehung der Mitarbeitenden | Meinungen, Verbesserungsvorschläge, Unzufriedenheit erfassen und beheben, Innovations- und Kreativpotenzial |
| Prozessorientierung | Integration der Mitarbeiter in das Finden Handlungsalternativen, Ressourcenoptimierung |
| Systemorientiertes Management | Kommunikation zwischen Abteilungen, Mitarbeitern und Führungsebene und Kunden |
| Ständige Verbesserung | Kontinuierliche Mitarbeiter- und Kundenbefragung |

| Tabelle 1: Grundsätze des Qualitätsmanagement/TQM und Mitarbeiter- bzw. Kundenbefragung (Fortsetzung) | |
|---|---|
| **Grundsatz des Qualitätsmanagements/TQM** | **Anwendung auf Mitarbeiter- und Kundenbefragung** |
| Sachliche Entscheidungsfindung | Qualitative und quantitative Daten zur Entscheidungsfindung, Berücksichtigung der tatsächlichen Meinungen |
| Lieferantenbeziehungen zum gegenseitigen Nutzen | Einschätzung der Beziehung aus der Sicht der Mitarbeiter |
| Umsetzung der Kundenanforderungen sowie der Einbindung von Mitarbeitern | Kunden- und Mitarbeiterzufriedenheit |
| Vergleich mit anderen | Index-Berechnung über EFQM-Modell |
| Nachhaltigkeit | Dauerhaftigkeit der hochwertigen Leistungen (Kundenzufriedenheit, Mitarbeiterintegration) |

Schlüsselfragen für das Unternehmen sind z. B. [2]:
⇨ Wo ist Handlungsbedarf im Unternehmen?
⇨ Für welche Fragestellungen werden Daten benötigt?
⇨ Welche Informationen über die Mitarbeiter und Kunden werden wirklich benötigt?
⇨ Auf welches Gebiet ist die Aufmerksamkeit zu lenken (neue Ideen etc.)?
⇨ Für wen werden Informationen benötigt?
⇨ Wie können die Daten generiert werden (interne oder externe Durchführung)?

*Allgemeine Ziele einer Mitarbeiterbefragung* sind z. B. [3]
⇨ Verbesserung der Zusammenarbeit der Mitarbeiter oder Abteilungen
⇨ Steigerung der Motivation der Mitarbeiter
⇨ Sicherung bzw. Zunahme der Zufriedenheit
⇨ Verbesserung der Kommunikation im Unternehmen, insbesondere zwischen der Leitung und dem Personal
⇨ Verbesserung des Arbeitsklimas

⇨ bessere Transparenz von Unternehmensentscheidungen und Mitarbeiterwünschen
⇨ Optimierung von Arbeitsabläufen
⇨ Berücksichtigung der Partikularinteressen von Unternehmsteilen
⇨ zeitnahe Durchführung von Befragung und Ergebnispräsentation
⇨ Signalwirkung für Veränderungen

Somit stimmen die Ziele der Mitarbeiterbefragung mit den primären Zielen der Qualitätssicherung weitgehend überein. Um diese Ziele zu erreichen, ist es notwendig, dass die Mitarbeiter in den Prozess der Qualitätssicherung eingebunden werden (Information *und* Beteiligung) und Verantwortung für sich selbst, ihre Abteilung und das gesamte Unternehmen übernehmen wollen. Ein wesentlicher Punkt ist dabei, dass die Mitarbeiterbefragung als Teil der allgemeinen Qualitätssicherung im Unternehmen angesehen wird und auf Dauer angelegt ist, um Veränderungen bewerten und überprüfen zu können. *Allgemeine Ziele einer Kundenbefragung* im Rahmen der Qualitätssicherung sind u.a.:

⇨ Einschätzung der Produkte und Leistungen des Unternehmens durch den Kunden
⇨ Verstärkung der Kundenbindung
⇨ Entwicklung von Strategien zur Erhöhung der Absatzzahlen
⇨ Feedback der Außenwirkung eines Unternehmens
⇨ Einschätzung des Verhaltensänderungen der Kunden (Kundenprognosen)
⇨ Qualitätsreflexion und -verbesserungen
⇨ Kundenzufriedenheitsanalysen
⇨ Kunden-Monitoring

Die allgemeinen Ziele der Kundenbefragung sind Teil eines Feedback-Systems im Rahmen der Qualitätssicherung, das TQM, Evaluation und strategisches Management beinhaltet.

Im Rahmen des EFQM-Modells für Excellence [4] können Mitarbeiter- und Kundenbefragungen anhand von Punktwerten

Unternehmensführung, Mitarbeiter- und Kundenorientierung im standardisierten Vergleich zu anderen Unternehmen verorten und so die Leistungsfähigkeit, aber auch die Problembereiche des eigenen Unternehmens analysieren.

## 7.3. Qualitätsplanung einer Mitarbeiter- und Kundenbefragung

Eine erfolgreiche Mitarbeiter- oder Kundenbefragung ist mit viel Vorbereitung, Organisation, Informationen sowie einer bestimmten Systematik verbunden. Den Ablauf zeigt die folgende Abbildung, wobei jede der Phasen einem genauen Ablaufplan folgen sollte. Damit wird sichergestellt, dass die wesentlichen Aspekte der Mitarbeiter- oder Kundenbefragung im Rahmen der Qualitätssicherung umgesetzt werden. Wer antizipiert, welche Schwierigkeiten es an jedem Punkt der Befragung geben kann, ist immer auf der sicheren Seite. Dazu gehört allerdings ein hohes Maß an Erfahrung mit dieser Art der Befragung, weshalb vor allem Mitarbeiterbefragungen häufig an externe Unternehmen ausgelagert werden (ein weiterer Grund dafür ist die Einhaltung des Datenschutzes).

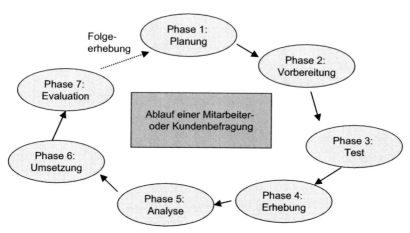

Abb. 1:    *Phasen der Mitarbeiter- und Kundenbefragung*

**Bewertung der Qualitätskriterien in der Praxis**

Für die einzelnen Phasen wird am Ende jedes Kapitels gezeigt, wie die einzelnen Ablaufschritte von Experten aus Unternehmen, die Mitarbeiterbefragungen und Kundenbefragungen durchgeführt haben, hinsichtlich ihrer Bedeutung für die erfolgreiche Umsetzung der Befragung eingeschätzt werden. Die Werte stammen aus einer Befragung von Führungskräften in Unternehmen, die bereits Mitarbeiter- und Kundenbefragungen durchgeführt haben. Ziel der Befragung war es herauszufinden, wie Experten die einzelnen Instrumente der Mitarbeiter- (48 Experten) und Kundenbefragung (57 Experten) hinsichtlich der Bedeutung für die praktische Arbeit beurteilen. Die einzelnen Werte wurden mit der Anzahl der durchgeführten Befragungen gewichtet, da denjenigen, die mehr Befragungen durchgeführt haben, ein Erfahrungsvorsprung unterstellt wird gegenüber denjenigen, die bislang nur eine Befragung leiteten. Da die Skala von 0 bis 100 reicht, sind hohe Werte ein Ausdruck einer großen Bedeutung. Das heißt allerdings nicht, dass niedriger eingestufte Befragungsteile unwichtig wären oder weggelassen werden könnten. Diese Teile sind ebenfalls zwingend notwendig für den Erfolg einer Mitarbeiter- oder Kundenbefragung. So wird z. B. der Datenschutz mit einem Wert von 94 von 100 bei einer Mitarbeiterbefragung sehr hoch eingestuft, so dass hier viel Energie und Ressourcen auf die erfolgreiche Behandlung des Themas Datenschutz verwendet werden sollten. Die Bewertungen stellen jeweils Durchschnittswerte dar. Sie sind zwar nicht repräsentativ für alle Unternehmen mit Erfahrungen bei Mitarbeiter- und Kundenbefragungen, können jedoch helfen, aus der Erfahrung derjenigen zu profitieren, die bereits Mitarbeiter- und Kundenbefragungen durchgeführt haben. Im Einzelfall können sich andere Schwerpunktsetzungen aufgrund unterschiedlicher Rahmenbedingungen im Unternehmen ergeben.

## 7.3.1 Planungsphase

Die erste Phase umfasst die Arbeitsschritte von der Formulierung der konkreten Ziele der Befragung für das Unternehmen bis hin zur Erstellung eines detaillierten Zeitplanes.

Bei der Planung einer Mitarbeiter- oder Kundenbefragung sollte die *Formulierung von Zielen* oberste Priorität besitzen. Ohne ein schlüssiges Konzept, was erreicht werden soll, besteht die Gefahr, am Ende nicht zu wissen, wie die Ergebnisse zu deuten sind. So nahe liegend dies auf den ersten Blick wirkt, so schwierig ist gerade dieser erste Punkt häufig in der Umsetzung. So hat z. B. eine Mitarbeiterbefragung verschiedene Funktionen [5], wobei Mischformen in der Praxis üblich sind: Diagnose (z. B. Stärken-Schwächen-Analyse), Evaluation (z. B. Zufriedenheit), Kontrolle (z. B. Verhaltensänderungen) oder Intervention (z. B. Maßnahmenentwicklung). Im Prinzip lassen sich auch alle Funktionen gleichzeitig anstreben. Wichtig ist nur, sich von vornherein über die verschiedenen Ziele klar zu werden, um später dann die konkreten Inhalte der Befragung danach ausrichten zu können. Schwierig wird es dann, wenn z. B. die Interessen und Ziele einzelner Abteilungen nicht ausreichend berücksichtigt werden, und sich dann deshalb hinterher Widerstand gegenüber Maßnahmen regt. Bewährt hat sich hier, bereits zu Beginn der Planung die verschiedenen Mitarbeitervertreter und alle in Frage kommenden Abteilungen des Unternehmens einzubinden und deren spezifische Ziele zu dokumentieren, um sie in den weiteren Prozess der Umsetzung zu berücksichtigen.

Auch die *zeitlichen und finanziellen Rahmenbedingungen* sind vorab zu klären, damit nicht im Laufe des Projektes grundlegende Änderungen vorgenommen werden müssen, oder sich herausstellt, dass nicht genügend Mittel für Änderungsmaßnahmen zur Verfügung stehen. Dabei hängen die Kosten im Wesentlichen ab von der Komplexität, der Zielsetzung, dem Erhebungsumfang (Anzahl der zu befragenden Mitarbeiter oder Kunden), dem Umfang des Erhebungsinstruments, der Art der Befragung, der Tiefe der Analysen, der Umsetzung der Ergebnisse sowie den Aufwendungen für Evaluation und Nachbetreuung. Ein Viertel bis ein Drittel des finanziellen Rahmens sollte für die abzuleitenden Maßnahmen bereit gestellt werden, da nur mit der Möglichkeit eines finanziellen Spielraumes auch grundlegende Verbesserungen, die ja Ziel jeder Qualitätsentwicklung und Qualitätssicherung sind, erreicht werden können.

Verschiedene Widerstände können die Umsetzung einer Mitarbeiterbefragung erheblich erschweren. Problematisch ist die mitunter fehlende Bereitschaft des Managements, die hierfür notwendigen finanziellen und personellen Mittel bereitzustellen. Auf Seiten der Mitarbeiter entstehen nicht selten Datenschutzbedenken oder Sorgen im Hinblick auf die im Anschluss an die Auswertung der Befragung zu erwartenden Änderungen von Arbeitsabläufen. Schlimmstenfalls entstehen Ängste um den eigenen Arbeitsplatz. Diese Aspekte können nur entkräftet werden, wenn ein schlüssiges Konzept vorhanden ist, wie die Mitarbeiterbefragung im Rahmen der Qualitätssicherung zum Erhalt der Arbeitsplätze und mittel- bis langfristig auch zu Verbesserungen führen, die den Mitarbeitern auch zugute kommen.

| Tabelle 2: Qualitätskriterien der Planungsphase | | |
|---|---|---|
| Qualitätskriterium | Einschätzung der Experten zu Mitarbeiterbefragung | Einschätzung der Experten zu Kundenbefragung |
| Informationen über Auswirkungen der Befragung | 95 | 86 |
| Formulierung von Zielen | 84 | 82 |
| Berücksichtigung des Unternehmensklimas | 83 | 62 |
| Einbinden aller Unternehmensebenen | 81 | 57 |
| Erstellen eines Finanzierungsplanes | 81 | 75 |
| Erstellen einer detaillierten Zeitplanung | 80 | 78 |
| Klären von Erwartungen und Wünschen | 72 | 79 |
| Erstellen von überprüfbaren Hypothesen | 63 | 71 |
| Definition der Zielgruppen | 41 | 72 |

## 7.3.2 Vorbereitungsphase

Die Vorbereitung stellt die Weichen für eine erfolgreiche Datenerhebung. Jeder Fehler, der hier gemacht wird, rächt sich später bei der Erhebung, der Auswertung und der Umsetzung. Zeitlich sollte die Vorbereitung etwa ein Drittel des gesamten Projektes in Anspruch nehmen – ein Zeitraum, der in der Praxis häufig nicht einkalkuliert wird. Eine detaillierte Ablaufübersicht ermöglicht die genaue zeitliche Ablaufplanung sowie die Personalplanung. Bei der Kalkulation der zeitlichen und personellen Ressourcen ist es sinnvoll, einen Spielraum von mindestens zehn Prozent einzuplanen.

Bei der Mitarbeiterbefragung ist frühzeitig der zuständige Datenschutzbeauftragte sowie die Personalvertretung einzubinden, wenn möglich sollten von Anfang an alle Probleme im Rahmen einer Arbeitsgruppe offen und systematisch geklärt werden. Auch bei der Kundenbefragung ist eine Arbeitsgruppe sinnvoll, die sich aus Experten innerhalb des Unternehmens oder/und externen Beratern zusammensetzt. Bei externer Beratung ist darauf zu achten, einen konkreten Ansprechpartner im Unternehmen vorzusehen.

Wenn Mitarbeiterbefragungen scheitern, dann meist an der mangelnden *Information der Mitarbeiter,* der fehlerhaften Durchführung und den verschiedenen, sich gegenseitig lähmenden Interessen der beteiligten Partner. Zudem ist die spezifische Fachkompetenz bei der Durchführung der Befragung sicherzustellen (Fragebogenerstellung, Antizipieren von Ausfällen, Gewährleistung der Anonymität, fundierte statistische Kenntnisse etc.). Darüber hinaus ist es bei Mitarbeiterbefragungen häufig besser, externe Berater hinzu zu ziehen, um Datenschutzbedenken der Mitarbeiter auszuräumen. Von besonderer Bedeutung ist daher das Festlegen verbindlicher Qualitätskriterien, wie z. B.: Wer soll wann in die Bearbeitung eingebunden werden, wie wird mit aufgedeckten Schwachstellen umgegangen, wie sind Fortschritte zu überwachen? etc. Eventuell empfiehlt es sich auch hier, auf externe Erfahrungen zurück zu greifen.

Für den Erfolg einer Mitarbeiterbefragung ist eine offene Kommunikation entscheidend: Informiert werden sollte über:

⇨ Generelle Zielsetzung und Ziele der Unternehmensteile
⇨ Generelle Zielsetzungen und Abteilungsspezifika
⇨ Genauer Ablauf der Mitarbeiterbefragung
⇨ Umgang mit Datenschutz und Einhaltung der Anonymität
⇨ Kosten der Mitarbeiterbefragung incl. Maßnahmenumsetzung
⇨ personelle Verantwortlichkeit bei der Mitarbeiterbefragung
⇨ Auswertung und Ergebnisse (wer erhält welche Informationen?)

Akzeptanzfördernd wirken über:

⇨ Mitspracherecht zur Entscheidung über eine Mitarbeiterbefragung

⇨ Vorschlagsrecht für Zielsetzungen und Verwendung der Ergebnisse
⇨ Möglichkeit zur Äußerung von Verbesserungsvorschlägen
⇨ Maßnahmenempfehlungen und deren Umsetzung
⇨ Möglichkeit zur Artikulation der eigenen Erwartungen und Unzufriedenheit sowie Verbesserungsvorschläge
⇨ Auswertung spezifischer Fragestellungen und Zusammenhänge auf unterschiedlichen Unternehmensebenen
⇨ Darstellung der Ergebnisse sowie deren Diskussion, Maßnahmenempfehlungen und deren Umsetzung

Wenn bei der Entwicklung eines geeigneten Erhebungsinstruments (Fragebogen, Interviewleitfaden etc.) methodische Fehler begangen werden, kann eine Befragung scheitern: Weil Fragen fehlen, weil Antworten nicht vollständig sind, Interessen nicht berücksichtigt wurden usw. Für die erfolgreiche Durchführung einer Mitarbeiter- oder Kundenbefragung ist ein geeignetes Verfahren zu wählen, mit dem die gesetzten Ziele erreicht werden können und alle Rahmenbedingungen (Kosten, Zeit etc.) berücksichtigt werden. Grundsätzlich kann man zwischen verschiedenen Möglichkeiten bei der Befragung wählen, die mehr oder weniger geeignet sind, wie die folgende Tabelle zeigt.

| Tabelle 3: Datenerhebungsverfahren bei Mitarbeiter- und Kundenbefragungen | | |
|---|---|---|
| **Datenerhebungs-verfahren** | **Mitarbeiterbefragung** | **Kundenbefragung** |
| Schriftliche Befragung | Als standardisierte Befragung gut geeignet, anonym. | Als standardisierte Befragung gut geeignet, anonym, jedoch persönliche Ansprache häufig entscheidend fürs Mitmachen. |
| Persönliche Befragung | Häufig nicht geeignet, da Antworthemmung zu befürchten ist. Geeignet nur, wenn externes Unternehmen die Befragung durchführt und Nachfragen sinnvoll sind. | Wenn Zufallsauswahl aus Kundenliste: gut geeignet; als »Befragung vor dem Kaufhaus« i.d.Regel nicht repräsentativ. |

| Tabelle 3: Datenerhebungsverfahren bei Mitarbeiter- und Kundenbefragungen (Fortsetzung) | | |
|---|---|---|
| Datenerhebungs-verfahren | Mitarbeiterbefragung | Kundenbefragung |
| Telefon-befragung | Siehe »persönliche Befragung«, jedoch mit niedrigerer Akzeptanz | Wenn Zufallsauswahl aus Kundenliste: gut geeignet |
| Online-befragung | Möglich, aber mit Bedenken bzgl. Anonymität. Jeder Mitarbeiter braucht zudem PC-Zugang. | Möglich, aber mit spezifischen Problemen (wer füllt wirklich aus?, PC-Zugang, etc.) |

In der Regel erfolgt die Befragung über einen standardisierten Fragebogen (als Alternative dazu wären qualitative Interviews oder Gruppendiskussionen möglich). Im Rahmen der Qualitätssicherung sollten mehrere unabhängige Stellen oder Personen bei der Ausarbeitung des Fragebogens beteiligt werden.

Zentrales Kriterium für eine hohe Qualität der Umfrage ist, ob die Fragen auch tatsächlich das spiegeln, was als Ziel der Mitarbeiter- oder Kundenbefragung definiert wurde. Layout, Dramaturgie und Frageformulierung müssen so gestaltet sein, dass es dem Befragten Spaß macht, den Fragebogen auszufüllen und er sich nicht durch die Fragen quälen muss.

Qualitätskriterien für die erfolgreiche *Erstellung eines Fragebogens* sind [6]:

⇨ Verständlichkeit der Formulierung
(klare Sätze, möglichst einfach), keine Fremdwörter

⇨ kurze, prägnante und konkrete, also keine abstrakten Formulierungen

⇨ Eindimensionalität (nur ein Inhalt pro Frage)

⇨ neutrale Formulierungen
(nicht: »Beurteilen Sie das Produkt xyz gut?«)

⇨ keine hypothetischen Formulierungen
(nicht: »Würden Sie das Produkt kaufen?«)

⇨ Keine verfälschenden Formulierungen
   (nicht: »viel, erheblich, einiges«...)
⇨ keine doppelte Verneinung
⇨ Bedeutungsäquivalenz (Mitarbeiter oder Kunden müssen das
   gleiche unter der Frage verstehen wie die Macher des Fragebogens)
⇨ Keine Suggestivformulierungen (nicht: »Sind Sie nicht auch der
   Meinung, dass...«)
⇨ Vollständigkeit/Überlappungsfreiheit der Antwortvorgaben

Bei den Antwortvorgaben steuert die Reihenfolge das Ergebnis und
muss deshalb sorgfältig überlegt werden. Eine leichte Frage zum Thema erleichtert den Einstieg, schwierige Fragen sollten nach ca. einem
Drittel des Fragebogens gestellt werden (der Verlauf folgt einer Span-
nungskurve). Die Angaben zur Person kommen in der Regel an das
Ende des Fragebogens (Alter, Geschlecht, Familienstand etc.).

*Inhalte eines Fragebogens zur Mitarbeiterbefragung:* In jedem Unternehmensbereich sollte man sich überlegen, welche Fragen zentral sind
und welche Fragen zu dem Bereich dazu gehören. Die Inhalte der
Mitarbeiterbefragung hängen u. a. von den Rahmenbedingungen im
Unternehmen ab. Soll die Mitarbeiterbefragung z. B. als Instrument
des TQM etabliert werden und z. B. alle zwei Jahre stattfinden, können wiederkehrende, gleichlautende Fragen eingebunden werden, um
Vergleiche zu ermöglichen. Ist die Mitarbeiterbefragung als Akutmaß-
nahme gedacht, um drängende Probleme anzugehen, sollten aktuelle
und spezifische Themen in der Befragung umgesetzt werden.
Folgende zentrale Standardthemen finden sich in den meisten
Mitarbeiterbefragungen [7]:
⇨ Arbeitsplatzbedingungen, wie z. B. Ausstattung des Arbeitsplatzes
   mit Arbeitsmitteln
⇨ Ziele, Aufgaben, Arbeitstätigkeit, wie z. B. Herausforderung oder
   Arbeitsbelastung
⇨ Kollegen, Team, wie z. B. Arbeitsklima oder gegenseitige
   Unterstützung
⇨ direkte Vorgesetzte, wie z. B. Motivation, Feedback oder Vertrauen

⇨ Information und Kommunikation, wie z. B. Qualität der Information über Einrichtung
⇨ allgemeine Arbeitszufriedenheit mit der Arbeitsstelle und den Arbeitsbedingungen insgesamt
⇨ Umgang mit Kunden, z. B. Umgang mit problematischen Situationen und Belastungen
⇨ personenspezifische Faktoren, z. B. Verarbeitungsstrategien, Angaben zur Person

Nicht abgefragt werden sollten persönliche Probleme (z. B. mit der Familie) oder externe Faktoren, wie z. B. Freizeitgestaltung, auch wenn anzunehmen ist, dass sie die Mitarbeiterzufriedenheit beeinflussen.

*Inhalte eines Fragebogens zur Kundenbefragung:* Die Planung der Fragen sollte zielgruppenorientiert erfolgen (Jugendliche, Erwerbstätige, Familien, Senioren etc.). Die Inhalte der Kundenbefragung hängen ebenso ab von den Rahmenbedingungen im Unternehmen, wie z. B. die Durchführung im Rahmen eines langfristigen Kunden-Monitoring oder als Befragung zur Einführung eines neuen Produkts. Soll die Kundenbefragung als Instrument des TQM etabliert werden und z. B. jedes Quartal stattfinden, sollten gleich lautende Fragen eingebunden werden, um Vergleiche zu ermöglichen.

Folgende *zentrale Standardthemen* finden sich in den meisten Kundenbefragungen:

⇨ Allgemeine Zufriedenheit mit den Produkten
⇨ Zufriedenheit mit Produktbereichen, Service, Warenangebot, etc.
⇨ Ursachen für Zufriedenheit und Unzufriedenheit
⇨ Kaufverhalten bei Produkten des eigenen Unternehmens und derer der Konkurrenz
⇨ Veränderungen im Kaufverhalten
⇨ Beurteilung des Unternehmens und der Konkurrenz
⇨ Kundenbedarfsfragen
⇨ Einschätzung des Preis-Leistungs-Verhältnisses
⇨ Bekanntheitsgrad

⇨ Zusammenhang zwischen Werbung/Marketingaktionen und Kaufentscheidung
⇨ Kaufentscheidungsfindung im Haushalt

Nicht abgefragt werden sollten in der Regel persönliche Rahmenbedingungen, die über ein übliches Maß hinausgehen (z. B. Frage nach dem Gesundheitszustand, Arztbesuchen etc., Ausnahme: gesundheitsfachspezifische Befragungen). Hypothetische Fragen nach dem zukünftigen Kaufverhalten sind nur in Ausnahmefällen für die strategische Planung verwertbar.

Zwei *weitere Rahmenbedingungen* sind vor der Durchführung der Datenerhebung noch festzulegen: Wer führt die Befragung durch und wie erfolgt die Auswahl der zu Befragenden? Die Durchführung der Mitarbeiter- oder Kundenbefragung kann intern oder extern geschehen. Bei der Mitarbeiterbefragung bietet sich eine externe Durchführung an, da den Befragten leichter die Anonymität der Befragung zu vermitteln ist (häufige Frage: »Erfährt mein Chef, was ich über ihn gesagt habe?«). Kundenbefragungen, vor allem, wenn sie Teil eines Qualitätsmanagement-Systems sind, werden zumeist intern geplant und analysiert, die reine Durchführung erfolgt häufig über ein Marktforschungsunternehmen. Aber auch die komplette Auslagerung ist möglich und sinnvoll. Für die externe Durchführung sind spezifische Qualitätskriterien anzulegen:

⇨ Welche Referenzen hat das externe Unternehmen, welche Erfahrungen, welche Publikationen etc.?
⇨ Werden alle Leistungen transparent gemacht (Durchführungsprotokolle etc.)?
⇨ Sind alle Leistungen im Preis inbegriffen? Können Nachforderungen entstehen?
⇨ Welche Qualitätskriterien werden bei der Durchführung angelegt (Interviewerschulung, Häufigkeit der Anrufe bei Telefoninterviews, Erinnerungsschreiben bei schriftlichen Befragungen etc.)?
⇨ Gibt es projektspezifische Betreuung (fester Ansprechpartner)?

⇨ Wie erfolgen Prüfungen und Kontrollen bei der Befragung?
⇨ Wie wird der Datenschutz eingehalten?

Die *Auswahl* der zu befragenden Personen sollte so erfolgen, dass repräsentative Ergebnisse möglich sind. Wenn – wie häufig angestrebt – alle Mitarbeiter befragt werden sollen (Vollerhebung), muss keine Auswahl getroffen werden. Dann ist nur zu kontrollieren, ob es Mitarbeitergruppen gibt, die nicht mitmachen und somit das Ergebnis systematisch verzerren (z. B. wenn sich besonders unzufriedene Mitarbeiter nicht beteiligen). Aus diesem Grund werden bei Mitarbeiterbefragungen häufig hohe Teilnahmequoten von bis zu 75% erwartet. Bei Kundenbefragungen sollte eine Zufallsauswahl erfolgen, die alle Zielgruppen entsprechend ihres Auftretens unter allen Kunden berücksichtigt. Befragungen auf der Straße oder vor dem Supermarkt genügen diesen Kriterien in der Regel nicht.

| Tabelle 4: Qualitätskriterien der Vorbereitungsphase | | |
|---|---|---|
| **Qualitätskriterium** | **Einschätzung der Experten zu Mitarbeiterbefragung** | **Einschätzung der Experten zu Kundenbefragung** |
| Motivation zur Akzeptanz der Befragung | 91 | 56 |
| Erstellung eines Erhebungsinstruments | 85 | 80 |
| Definition von Qualitätskriterien | 82 | 76 |
| Schaffung von Vertrauen im Unternehmen | 81 | 55 |
| Umfassende Information der Mitarbeiter | 80 | 52 |
| Erstellung eines Organisationsplanes | 74 | 65 |
| Erkennen von Widerständen | 73 | 45 |
| Einbinden von externen Beratern | 67 | 64 |
| Auswahl der Zielgruppen / Personen | 51 | 71 |

### 7.3.3 Testphase

In der Testphase wird der Fragebogen hinsichtlich folgender Faktoren überprüft:
⇨ mögliche Schwierigkeiten und Unklarheiten beim Ausfüllen
⇨ fehlende Fragen
⇨ Akzeptanz der Befragung
⇨ Dauer der Befragung
⇨ Einschätzung des Ablaufs der Befragung
⇨ Filterführung etc.

In der Regel werden dafür 20-30 Zielpersonen unterschiedlicher Zusammensetzung (Alter, Geschlecht, Abteilung etc.) ausgewählt, die den Fragebogen ausfüllen sollen. Mit dem Pretest wird überprüft, ob der Fragebogen die Qualitätsstandards der Fragebogenkonstruktion (wie bei der Vorbereitungsphase beschrieben) erfüllt. In der Testphase kann auch überprüft werden, ob der Organisationsablauf reibungslos funktioniert oder ob Verbesserungen durchgeführt werden müssen.

| Tabelle 5: Qualitätskriterien der Testphase | | |
|---|---|---|
| Qualitätskriterium | Einschätzung der Experten zu Mitarbeiterbefragung | Einschätzung der Experten zu Kundenbefragung |
| Prüfung des Organisationsablaufs | 71 | 60 |
| Überprüfung des Erhebungsinstruments | 65 | 71 |
| Prüfung der Erreichbarkeit / des Rücklaufs | 47 | 62 |

### 7.3.4 Erhebungsphase

In der Erhebungsphase erfolgt die Datensammlung sowie die Prüfung des Rücklaufs, das heißt, wie viele und welche Personen an der Befragung teilgenommen haben. Die Rücklaufquote sollte am besten täglich kontrolliert werden, sowohl bei schriftlichen Befragungen als

auch für mündliche Interviews. Nur wenn bekannt ist, wie viele Fragebögen bereits ausgefüllt sind bzw. Interviews durchgeführt wurden, lässt sich noch reagieren, indem man z. B. weitere Informationsveranstaltungen anbietet. Datenschutz und Rücklaufkontrolle lassen sich durch zahlreiche Schritte sichern, z. B. durch ein Vorgehen wie bei der schriftlichen Briefwahl, mit zwei Briefumschlägen, von denen einer einen Absender, der andere blanko den Fragebogen enthält.
Bei allen Befragungen ist mit *Ausfällen* zu rechnen.
Mögliche Ausfallgründe sind z. B. [8]:
⇨ Urlaub
⇨ längere Abwesenheit
⇨ fehlendes Interesse an der Befragung
⇨ Verweigerung aus Datenschutzgründen oder aus Prinzip
⇨ Schichtarbeit
⇨ Zeitmangel
⇨ Abbruch des Interviews
⇨ Krankheit und Tod
⇨ Interviewertäuschung
⇨ Zweifel an Seriosität
⇨ generelle Vorbehalte gegenüber dem Unternehmen
⇨ generelle Vorbehalte gegenüber den Zielen der Befragung
⇨ generelle Vorbehalte gegenüber Befragungen

Um Ausfälle zu minimieren, empfehlen sich folgende Maßnahmen:
⇨ Einsatz von »Incentives«, um mehr Personen für die Befragung zu gewinnen. Incentives umfassen jede Art von Vergünstigung, wie z. B. Teilnahme an Verlosungen oder Rabatte, Gewinnlose, Verlosungen von Bar- und Sachpreisen oder direkte Entschädigungen in Form eines finanziellen Ausgleichs.
⇨ Durch qualifizierte Schulung der Interviewer oder durch die qualifizierte Erstellung des Fragebogens (Qualitätskriterien zur Fragebogenkonstruktion, Verwendung des TDM-Total Design Method) lassen sich die Ausfallquoten deutlich verringern.

⇨ Durch die Angabe eines Ansprechpartners, der auftretende Fragen z. B. zum Datenschutz beantworten kann.

Bei der *Dateneingabe* in eine Datenmaske ist hohe Qualität ein Muss. So sind Kontrollen und Prüfkriterien für eine qualitativ hochwertige Dateneingabe unerlässlich. Am besten ist eine doppelte Eingabe der Daten. Da dies allerdings aus Kostengründen zumeist nicht möglich ist, sind eine zehnprozentige Doppeleingabe sowie laufende Kontrollen durch Supervisoren Standard. Bevor mit der Analyse der Daten begonnen werden kann, ist eine Prüfung des Datensatzes auf die Einhaltung von Filterführungen, plausiblen Angaben etc. notwendig.

| Tabelle 6: Qualitätskriterien der Erhebungsphase | | |
|---|---|---|
| Qualitätskriterium | Einschätzung der Experten zu Mitarbeiterbefragung | Einschätzung der Experten zu Kundenbefragung |
| Sicherstellen der Anonymität/Datenschutz | 95 | 66 |
| Einhaltung der Qualitätsstandards überprüfen | 83 | 85 |
| Kontrolle der Beteiligung | 79 | 80 |
| Plausibilitätskontrolle der Daten | 70 | 75 |
| Organisation der Dateneingabe | 67 | 72 |

## 7.3.5 Analysephase

Ein *Auswertungsplan* zeigt auf, welche Fragen wie analysiert werden, zwischen welchen Fragen Zusammenhänge bestehen bzw. vermutet werden. Der Auswertungsplan kann im Laufe der Analysen jedoch auch verändert werden, wenn sich herausstellt, dass zusätzliche, tiefergehende Auswertungen notwendig und sinnvoll sind.
In der Praxis haben sich für eine Standardauswertung folgende Analysen bewährt:
⇨ Häufigkeiten der einzelnen Fragen

⇨ Kreuztabellen für die Zusammenhänge, die im Auswertungsplan dargestellt sind

⇨ Mittelwerte für metrische Variablen, unterschieden nach Standard-demographie

⇨ Korrelationen für metrische Variablen

⇨ Regressionen, um die Stärke von Einflussfaktoren auszuweisen

⇨ Faktorenanalyse zur Reduzierung der Komplexität der Daten

⇨ Clusteranalysen zur Darstellung von Mitarbeiter- oder Kunden-typen

⇨ Signifikanztests zur Prüfung der Sicherheit der Ergebnisse

Auf der Grundlage des Auswertungsplanes und der Datenanalysen wird üblicherweise ein Bericht erstellt. Das ist selbst dann sinnvoll, wenn die Ergebnisse »nur« in das laufende Kundenmonitoring ein-gebunden sind, um einen Nachweis über die Ergebnisse zu haben und die Ergebnisse an andere vermitteln zu können, zumal oft auch bei Wiederholungsbefragungen neue Fragen oder Sonderfragen aufgenommen werden. Eine systematische, zielgruppenorientierte Vorgehensweise hilft auch, die Ergebnisse zu interpretieren und in einen größeren Zusammenhang der möglichen Handlungsspielräume im Unternehmen und den vielseitigen Interessen zu stellen. Diese Phase ist gerade bei einer Mitarbeiterbefragung sehr sensibel, da es fast immer zu Diskussionen um die Ergebnisse kommt. Auch wenn anerkannt wird, dass die Durchführung professionell und unter Ein-haltung des Datenschutzes durchgeführt wurde, bleibt häufig eine Reihe von Fragen und Vorbehalten zurück, z. B. wer legt fest, was ausgewertet wird, ob tatsächlich alle Daten berücksichtigt wurden oder einzelne, kritische Äußerungen weggelassen wurden etc. Um diesbezüglichen Einwände zu entgegnen, sollte evtl. in einer Arbeits-gruppe unter Mitwirkung der Leitung der Personalvertretung und ggfs. weiterer Mitarbeiter festgelegt werden, welche Fragestellungen ausgewertet werden.

Die Ergebnisse dienen im Normalfall als Grundlage für die *Maß-nahmenempfehlungen*. Es werden konkrete Handlungsempfehlungen übergreifend auf Leitungs- und Mitarbeiterebene diskutiert. Im Idealfall bilden die Ergebnisse die Grundlage für weitere Schritte der Unternehmensleitung. Sie bringen in aller Regel auch finanzielle Aufwendungen mit sich oder führen zu Konsequenzen wie Personalreduzierungen. Aus den Ergebnissen ergeben sich kurzfristige Empfehlungen, die leicht umzusetzen sind und das Vertrauen stärken, dass die Mitarbeiterbefragung auch wirklich etwas bewirkt hat. Die Empfehlungen sollten sich dabei an alle Unternehmensteile richten. Wenn z. B. die Leitung ausgenommen wird, reduziert dies wiederum das Vertrauen in die Befragung. Selbst bei reibungslosem Verlauf der Mitarbeiterbefragung gibt es immer wieder einzelne Mitarbeiter, die mit der Durchführung oder den Ergebnissen bzw. Empfehlungen nicht zufrieden sind. Dabei hilft es, die in der Planungsphase formulierten Ziele immer wieder mit den Ergebnissen zu vergleichen und zu analysieren, wie eventuelle Abweichungen zustande kommen. Dies kann ein Thema von z. B. Teambesprechungen werden oder in der nächsten Mitarbeiterbefragung bzw. bei den Maßnahmen zur Organisationsentwicklung mit berücksichtigt werden. Bei Mitarbeiter- und Kundenbefragungen sind die Maßnahmenempfehlungen sowie deren Umsetzung und Evaluation Teil eines umfassenden Qualitätsmanagements. Ohne Überprüfung der Umsetzung und des Erfolgs gehen viele Mitarbeiter- und Kundenbefragung ins Leere, sofern sie nicht sowieso nur als Alibi oder zu Werbezwecken verwendet werden.

Gerade bei Kundenbefragungen ist es üblich, der Öffentlichkeit nur die positiven Ergebnisse den Kunden zu präsentieren. Dies ist durchaus legitim, im Sinne positiver Werbung für die Produkte und das Unternehmen. Darüber hinaus gibt es zudem die Möglichkeit, auch problematischere Ergebnisse darzustellen, in Verbindung mit Aktionen und Veränderungen, die sich daraus ergeben. Damit wird dem Kunden gezeigt, dass seine Meinung wahr- und ernst genommen wird.

| Tabelle 7: Qualitätskriterien der Analysephase | | |
|---|---|---|
| Qualitätskriterium | Einschätzung der Experten zu Mitarbeiter-befragung | Einschätzung der Experten zu Kunden-befragung |
| Formulierung von Handlungsempfehlungen | 93 | 90 |
| Sicherstellung der Anonymität der Ergebnisse | 91 | 72 |
| Interpretation der Ergebnisse | 82 | 88 |
| Erstellen eines Berichts | 80 | 56 |
| Erstellen einer verständlichen Präsentation | 75 | 51 |
| Organisation der Auswertung | 71 | 73 |
| Datensatz überprüfen | 70 | 65 |
| Auswertungsplan festlegen | 63 | 56 |
| Darstellung der Ergebnisse für Mitarbeiter/Kunden | 62 | 45 |

## 7.3.6 Umsetzungsphase

Die *Umsetzung und Evaluation der Ergebnisse* wird leider viel zu häufig vernachlässigt. Oftmals werden nur Ad-hoc-Maßnahmen ergriffen, wenn akuter Handlungsbedarf besteht. Die Umsetzung von Maßnahmen und deren Überprüfung im Rahmen einer Erfolgskontrolle sind von entscheidender Bedeutung für die langfristige Verbesserung und sind Teil des TQMs. Der permanente Rückkopplungsprozess ermöglicht nicht nur die stetige Verbesserung, sondern auch die Einbindung der Mitarbeiter und Kunden in die Qualitätssicherung. Dass dabei die Mitarbeiter auch Veränderungen in Kauf nehmen müssen, ist an sich nicht schlecht, profitieren von einem gesunden, florierenden Unternehmen doch auch mittel- und langfristig die Mitarbeiter und auch die Kunden. Nicht zu unterschätzen ist der *Innovationsschub* durch Mitarbeiter- und Kundenbefragungen, sofern dies in der Konzeption der Befragungen angelegt ist.

Vorteile durch die Umsetzung der Ergebnisse sind z. B.:
⇨ Langfristige Mitarbeiter- bzw. Kundenbindung
⇨ Erhöhung der Absatzzahlen
⇨ Erkenntnis von neuen Potenzialen
⇨ Entschärfung bzw. Lösung von Problemen
⇨ Umstrukturierung und Optimierung von Arbeitsabläufen
⇨ Kreativitäts- und Innovationsförderung
⇨ Flexibilisierung der Planung
⇨ Kosteneinsparungen durch Ressourcenschonung
⇨ Steigerung der Mitarbeitermotivation

Die Realisierung der Maßnahmen sollte ein unternehmensinterner *Umsetzungsbeauftragter* begleiten, der sich für die Realisation der Handlungsempfehlungen zum Wohle des Unternehmens, der Mitarbeiter und der Kunden engagiert. Denkbar ist auch die Einrichtung einer Arbeitsgruppe mit mehreren Personen aus Unternehmensleitung und Mitarbeitern (vielleicht ja sogar mit Kunden?), um sicherzustellen, dass der Prozess der Umsetzung der Empfehlungen auch nachhaltig ist. Zur regelmäßigen Evaluation bietet sich die Einbindung in ein TQM-System an, um auch die Rückkopplung der Veränderungsprozesse durch die Mitarbeiter- und Kundenbefragung bestimmen zu können.

| Tabelle 8: Qualitätskriterien der Umsetzungsphase | | |
|---|---|---|
| Qualitätskriterium | Einschätzung der Experten zu Mitarbeiterbefragung | Einschätzung der Experten zu Kundenbefragung |
| Erstellen eines Umsetzungsplanes | 71 | 64 |
| Einrichtung eines »Umsetzungsbeauftragten« | 71 | 38 |
| Einbindung in laufende Prozesse | 64 | 85 |
| Überprüfung der Finanzierung der Umsetzung | 60 | 70 |

## 7.3.7 Evaluationsphase

Eine wiederholt durchgeführte Mitarbeiter- oder Kundenbefragung lässt sich auch dazu nutzen, unternehmensinterne Veränderungen valide abzubilden und auf ihre Wirksamkeit hin zu überprüfen. Sie wird auf diese Weise im Sinne der Qualitätssicherung zum QM-Instrument von zentraler Bedeutung für die unternehmensinterne Kommunikation [9]. Langfristig stellt sich durch die Mitarbeiterbefragung dann eine verstärkte Identifikation der Mitarbeiter mit dem Unternehmen ein, wenn der analysierte Veränderungsbedarf auch in die Tat umgesetzt wird. Bei Kundenbefragungen kann sich das Unternehmen besser proaktiv auf die sich wandelnden Bedürfnisse der Kunden einstellen.

Eine wiederholte Befragung bietet u. a. folgende Vorteile:

⇨ Erfassung der Veränderung der Mitarbeiter- oder Kundenzufriedenheit
⇨ Analyse des Einflusses der Mitarbeiterzufriedenheit auf Arbeitsleistung etc.
⇨ Abbild der Dynamik der Kundenwünsche und des Kaufverhaltens
⇨ Analyse der Ursachen von Veränderungen in der Kommunikationsstruktur verschiedener Abteilungen oder Hierarchieebenen
⇨ Finden alternativer Zugangsweisen der Kunden-Kommunikation
⇨ Erkennen der Auswirkungen von Maßnahmen aus früheren Befragungen auf die Mitarbeiter- und Kundenzufriedenheit
⇨ Analyse der Wirkung von externen Veränderungen (Marktpotential, Mitbewerber etc.) auf die Mitarbeiter und Kunden
⇨ Berechnung von Veränderungsindizes (EFQM etc.) [10].

Sinnvoll ist eine *Wiederholungsbefragung* bei Mitarbeiterbefragungen im regelmäßigen Turnus alle zwei Jahre, die fest im QM-System des Unternehmens etabliert ist. Bei Kundenbefragungen ist der Turnus deutlich kurzfristiger, da sich das Kaufverhalten sehr schnell ändern kann, z. B. wenn neue Konkurrenzprodukte auf den Markt kommen. Da sich die Innovationsfrequenz auf dem Markt in den letzten Jahren deutlich erhöht hat, ist eine kürzere Zeitspanne zwischen den Kundenbefragungen sinnvoll (bei größeren Unternehmen mit breiterer Produktpalette z. B. monatlich).

Zwischen der ersten und den folgenden Befragungen verändern sich die Inhalte nur dadurch, dass Fragen mit aufgenommen werden, die die Dynamik der Mitarbeiter- oder Kundenzufriedenheit abbilden (Veränderungen der Struktur im Unternehmen oder des Kaufverhaltens, Ursachen der Veränderungen, Auswirkung durchgeführter Maßnahmen etc.). Ansonsten sollte aufgrund der angestrebten Vergleichbarkeit mit der ersten Befragung (Berechnung von Kennziffern etc.) ein möglichst gleicher Fragebogen eingesetzt werden.

Für die Durchführung einer Wiederholungsbefragung sind einige Vorbereitungen notwendig:

⇨ Es sollte Kontinuität bei der Durchführung der Befragung herrschen (Ausnahme: Es gab beim ersten Mal massive Probleme oder Fehler). Ein ständiger Wechsel von Personen, die mit der Durchführung betraut sind, schafft besonders bei Mitabreiterbefragungen Unruhe und Misstrauen (»haben der Geschäftsführung die Ergebnisse nicht gepasst?« etc.).

⇨ Die erneute Befragung sollte frühzeitig angekündigt werden. Bei einem Turnus von zwei Jahren sollte die Information mindestens drei bis sechs Monate vorab erfolgen, um allen Beteiligten frühzeitig die Möglichkeit zu geben, Ideen und Änderungswünsche einzubringen.

⇨ Es sollten genügend Ressourcen für erneute Befragungen und deren Umsetzung bereitstehen. In der Praxis wird häufig bei Wiederholungsbefragungen nur das Minimum angesetzt. Darunter kann die Umsetzung leiden und daraus Unzufriedenheit entstehen. Für die weiteren Befragungen können lediglich Abstriche bei der Fragebogenerstellung sowie bei langfristiger Planung Kostenreduzierungen bei der Datenerhebung erfolgen.

⇨ Auch bei den Wiederholungsbefragungen gilt: So viel Transparenz wie möglich! Bei wiederholten Mitarbeiterbefragungen haben die Mitarbeiter manchmal das Gefühl, dass die Geschäftsleitung etwas anderes herausbekommen will und deshalb noch mal befragt. Auch hier können nur Aufklärung über die Ziele und frühzeitige Einbindung in den Prozess der Befragung zum Ziel führen. Bei Kundenbefragungen bieten sich zwei Varianten an: Die Bildung eines Kunden-Pools, aus dem immer wieder befragt wird (Panel) oder die jeweils neue Zufallsziehung aus allen Kundenadressen (Querschnitt). Bei ersterem tritt nach einiger Zeit ein Gewöhnungseffekt ein, ist in der Konzeption und Durchführung langfristig jedoch günstiger.

Systematische Überprüfung und Bewertung von Abläufen kann sich sowohl auf die Organisation, die Zielsetzung, die Rahmenbedingungen und die Struktur etc. als auch auf das Ergebnis (Produkt oder Dienstleistung) beziehen (vgl. Standards der Deutschen Gesellschaft für Evaluation e. V. DeGEval). Als interne Evaluation ist sie eine kritische Bestandsaufnahme bezüglich der erfolgreichen Umsetzung der Maßnahmen durch das eigene Unternehmen, z. B. durch besonders geschulte Mitarbeiter des Unternehmens. Hierbei werden v.a. die Stärken und Schwächen des Unternehmens hinsichtlich der durchgeführten Maßnahmen sowie notwendige Maßnahmen für die Zukunft benannt. In der externen Evaluation wird dies durch externe Berater und Gutachter überprüft. Ein übliches zweistufiges Verfahren wird häufig von externen Evaluatoren organisiert. Die Evaluation ist dabei auch im Rahmen der Qualitätssicherung zu sehen (DIN EN ISO 9000 ff., TQM, EFQM, Benchmarking, Balanced Scorecard etc.) [11]. Der Erfolg der internen und externen Evaluation hängt im Wesentlichen davon ab, welche Schlüsse aus der internen und externen Analyse gezogen werden.

| Tabelle 9: Qualitätskriterien der Evaluationsphase | | |
|---|---|---|
| Qualitätskriterium | Einschätzung der Experten zu Mitarbeiterbefragung | Einschätzung der Experten zu Kundenbefragung |
| Entwicklung angepasster Maßnahmen | 90 | 93 |
| Überprüfung der Wirkung der Maßnahmen | 82 | 70 |
| Etablierung eines Monitoring-Systems | 81 | 86 |
| Prüfung der Akzeptanz der Maßnahmen | 73 | 81 |
| Reflexion und Einbindung von Feedback | 70 | 75 |
| Prüfung der Verhaltensänderungen | 66 | 79 |

## 7.4. Das Feedbacksystem der Mitarbeiter- und Kundenbefragung

Mitarbeiter- und Kundenbefragungen können im Rahmen der Qualitätssicherung als ein System des Feedbacks im Unternehmen integriert werden. Sie tragen dazu bei, die strategischen Ziele des Unternehmens umzusetzen sowie die Arbeitsabläufe zu verbessern. Das Feedbacksystem sieht die Mitarbeiter- und Kundenbefragung als Teil einer umfassenden Qualitätssicherung, die die Verbesserung der Kommunikation im Unternehmen und mit den Kunden, die Optimierung von Arbeitsabläufen, die Steigerung der Zufriedenheit im Unternehmen und der Kunden und die Verbesserung von Dienstleistungen bis hin zur Optimierung der Arbeitsplätze erreichen will. Der Handlungsbedarf bezieht sich meist auf die Kontrolle der reibungslosen und damit ressourcensparenden Arbeitsabläufe im Unternehmen. Das Feedback-System passt die Arbeitsabläufe den neu gewonnenen Ergebnissen bzw. dem neuen Handlungsbedarf an (zur Problemlösung oder bei Verhaltensänderungen der Kunden). So kann z. B. das Ergebnis einer Mitarbeiterbefragung sein, dass die Kommunikation zwischen zwei Abteilungen nicht reibungslos funktioniert, dann werden alternative Kommunikationswege oder Verbesserungen als Ziele in das Qualitäts-Management-System aufgenommen und bei der nächsten Mitarbeiterbefragung überprüft, ob die vorgeschlagenen und

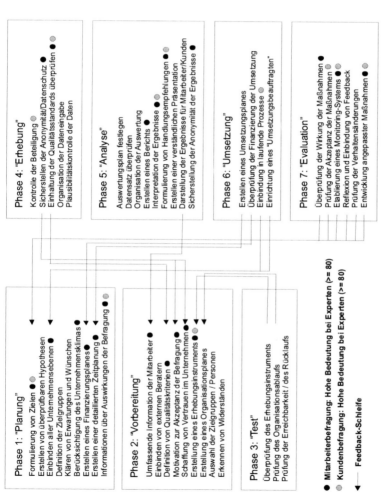

Abb. 2:   *Feedback-System der Mitarbeiter- und Kundenbefragung*

umgesetzten Handlungsoptionen tatsächlich zu einer Verbesserung der Kommunikation geführt haben. Ein weiterer Effekt des Feedback-Systems besteht darin, dass die Motivation der Mitarbeiter dauerhaft gesteigert werden kann, wenn Maßnahmen erfolgreich umgesetzt werden. Zudem werden die Qualitätskriterien implizit bei den Mitarbeitern in den Arbeitsablauf integriert und stellen somit eine langfristige Möglichkeit zur Identifikation mit dem Unternehmen dar.

**Edmund Görtler** war nach dem Studium der Politikwissenschaft in den Bereichen Demographie, Gesundheitsforschung und Arbeitsmarktforschung tätig. Seit 1994 ist er Lehrbeauftragter für empirische Forschungsmethoden und Statistik an den Fachhochschulen in Bamberg, Würzburg und Nürnberg. Edmund Görtler leitet seit 1995 das sozialwissenschaftliche Forschungsinstitut Modus in Bamberg mit den Schwerpunkten Bevölkerungsentwicklung, Mitarbeiter- und Kundenbefragungen sowie Epidemiologie.

## Literatur

[1]  KAMISKE, G.F., BRAUER, J.-P.: *Qualitätsmanagement von A bis Z. Erläuterungen moderner Begriffe des Qualitätsmanagements, Hanser 2005*

[2]  ROSENSTIEL, L. V.; REGNET, E.; DOMSCH, M. E.: *Führung von Mitarbeitern. Handbuch für erfolgreiches Personalmanagement, Schäffer-Poeschel, 2003*

[3]  BOGEL, R.; ROSENSTIEL, L. V.: *Die Entwicklung eines Instruments zur Mitarbeiterbefragung: Konzept, Bestimmung der Inhalte und Operationalisierung, Beltz, 1997*

[4]  *European Foundation for Quality Management: Das EFQM-Modell für Excellence, Brüssel 1999*

[5]  JÖNS, I.: *Formen und Funktionen der Mitarbeiterbefragung, in: Bungard, W.; Jöns, I. (Hrsg.): Mitarbeiterbefragung. Ein Instrument des Innovations- und Qualitätsmanagements, PVU, 1997, 15–31*

[6]  GÖRTLER, E.; ROSENKRANZ, D.: *Mitarbeiter- und Kundenbefragungen. Methoden und praktische Umsetzung. Hanser, 2006*

[7]  BORG, I.: *Führungsinstrument Mitarbeiterbefragung. Theorien, Tools und Praxiserfahrungen, Hogrefe, 2003*

[8]    Diekmann, A.: *Empirische Sozialforschung. Grundlagen, Methoden, Anwendungen*, Rowohlt, 1996

[9]    *Deutsche Gesellschaft für Evaluation e.V.: Standards für Evaluation (DeGEval-Standards). Online-Dokumente www.degeval.de, Oktober 2006*

[10]   Radtke, P., Wilmes, D.: *European Quality Award. Praktische Tipps zur Anwendung des EFQM-Modells, Hanser 2002*

[11]   Zink, K.J.: *TQM als integriertes Managementkonzept. Hanser 2004*

## Zusammenfassung

Mitarbeiter- und Kundenbefragungen sind ein zentrales Instrument der Qualitätssicherung im Unternehmen. Große Bedeutung haben dabei Wiederholungsbefragungen, die dem Kriterium der Nachhaltigkeit in besonderer Weise Rechnung tragen. Neben der systematischen Einbindung von Mitarbeitern und Kunden resultiert aus einer Befragung der beiden Gruppen ein hohes Innovations- und Kreativpotenzial, wenn dies in der Konzeption der Befragung angelegt ist. Dazu ist bei der Umsetzung die Berücksichtigung von Qualitätskriterien notwendig. Von der Zielsetzung über die Datenerhebung und der Einhaltung der Datenschutzbestimmungen bis hin zur Formulierung von Handlungsempfehlungen und der Evaluation von durchgeführten Maßnahmen entwickelt sich ein komplexes Feedback-System der Mitarbeiter- und Kundenbefragungen, das zur Effizienzsteigerung eines Unternehmens einen wertvollen Beitrag leisten kann. Die Einschätzung der Experten aus Unternehmen mit Erfahrungen bei Mitarbeiter- und Kundenbefragungen bestätigt dies.

# 8 Busch-Jaeger: Exzellenz durch Begeisterung für die Marke

Die Umsetzung eines kunden- und mitarbeiterorientierten Unternehmensmodells war bei Busch-Jaeger Grundlage für einen eindrucksvollen Veränderungsprozess. Ergebnis: kontinuierliche Verbesserungen, motivierte Mitarbeiter, erstklassige Produkte, Steigerungen der Kundenzufriedenheit und die Branchenführerschaft.

**In diesem Beitrag erfahren Sie:**
- welche Rolle Veränderungsprozesse bei der Entwicklung der Busch-Jaeger Elektro GmbH spielen,
- wie alle internen und externen Zielgruppen in den Veränderungsprozess eingebunden wurden,
- was unternehmerische Excellence mit Markenbegeisterung und Kundenzufriedenheit zu tun hat.

H.-P. Paffenholz, A. Gerecke
mit einer Einführung von Dr. W. Jenewein, Universität St. Gallen

## 8.1 Einführung: Markenführung zur Erlangung unternehmensexterner sowie -interner Ziele

Information Overload. Die Fülle an Reizen, denen Konsumenten ausgesetzt sind, steigt schier ins Unermessliche. Es existiert ein Überangebot an Informationen und Kommunikationsimpulsen. Gleichzeitig werden Produkt- und Leistungsangebote immer homogener. Konsequenz: Eine steigende Orientierungslosigkeit der Kunden.

Vor diesem Hintergund sind Unternehmen mit der Herausforderung konfrontiert, dem Kunden die Bedeutung, die Einzigartigkeit und die Begehrenswürdigkeit des eigenen Produktes aufzuzeigen. Externe und interne Markenführung sind daher heutzutage ein entscheidender Faktor für Erfolg und Wettbewerbsfähigkeit.

Extern geleitete Zielsysteme lassen sich in drei, sich gegenseitig beeinflussende, Stufen einer Zielpyramide einordnen [1]. Oberstes Ziel eines Unternehmens im Rahmen der Markenführung ist der Erhalt bzw. die Steigerung des Unternehmenswertes und damit die langfristige Sicherung der unternehmerischen Existenz [2]. Basis dieses Globalziels ist der Markenwert, der wiederum von der Realisierung der *ökonomischen Ziele* einer Unternehmung abhängt. Nach Interbrand lag der Wert der Marke Coca Cola im Jahr 2006 schätzungsweise bei 67 Milliarden US-Dollar und repräsentiert damit etwa 50 Prozent des Unternehmenswertes [3]. Die Markenführung zielt hier auf Erhöhung des Absatzes, des Marktanteils sowie des akquisitorischen Potenzials und strebt die Schaffung eines preispolitischen Spielraums an. Unerlässliche Voraussetzung aller markenorientierten Ziele ist jedoch das Erreichen der anvisierten *psychologischen Ziele*. Durch Stärkung der Markenbekanntheit und des Markenimages sollen beim Kunden Vertrauen aufgebaut und Präferenzen geschaffen werden, was wiederum die Grundlage für den ökonomischen Erfolg der Marke darstellt [4]. Die Marke dient in diesem Kontext dazu, dem Kunden Orientierungshilfe zu geben [5].

Das Erreichen der psychologischen Ziele ist jedoch nicht nur in der (externen) Zielgruppe der Kunden relevant. Darüber hinaus sind auch der Handel, Wettbewerber, Shareholder und Mitarbeiter des Unternehmens Empfänger der Marketingbotschaften und müssen entsprechend berücksichtigt werden. Letztgenannte Gruppe nimmt dabei eine besondere Rolle ein. Denn Mitarbeiter sind nicht nur Rezipienten der Kommunikation, sondern auch Sender des unternehmerischen Markenversprechens. Ian Buckingham schätzt, dass rund 80 Prozent der Markenwahrnehmung über das Verhalten der Mitarbeiter erfolgt [6].

Um Ganzheitlichkeit zu gewährleisten, muss der Mitarbeiter aber auch markengerichtet agieren können. Er benötigt Hilfestellung zur Sensibilisierung und zur Umsetzung von Markenidentität und Markenwerten. Nach außen gerichtete Markenführung reicht demnach bei weitem nicht aus, sie muss auch intern erfolgreich umgesetzt werden, damit Mitarbeiter als »Brand Ambassadors« fungieren können [7]. Nur so kann eine Marke ihre volle Kraft entfalten.

Unternehmen bietet sich die Möglichkeit, auf diese Weise »interne« Ziele der Markenführung zu erreichen, die wiederum einen positiven Einfluss auf die externen unternehmerischen Zielkategorien ausüben. »Behavioral Branding« erhöht Loyalität, Commitment und Motivation der Mitarbeiter und unterstützt durch markenorientiertes Mitarbeiterverhalten die konsistente Vermittlung des Markenversprechens auch in der Kunden-Mitarbeiter-Interaktion [8]. Beim Kunden wird durch persönliche Markenkommunikation die Glaubwürdigkeit der Markenidentität unterstrichen und so sein Vertrauen in die Marke gestärkt.

Angesichts der offensichtlichen Wichtigkeit der Einbindung der Mitarbeiter in der Markenführung ist es umso erstaunlicher, dass gerade hier in vielen Unternehmen noch große Defizite herrschen. Nach einer Studie von PriceWaterhouseCoopers sehen sogar noch 60 Prozent der Befragten einen stärkeren Fokus auf den Kunden als auf den eigenen Mitarbeiter [9].

Die Busch-Jaeger Elektro GmbH geht hier einen anderen Weg. Der Hersteller von Elektro-Installationstechnik ist schon seit mehreren Jahren im Bereich der internen Markenführung und des Brand Behavior aktiv und nimmt am Forschungsprogramm M3 (»Marke – Mitarbeiter – Management«) der Universität St. Gallen teil. Eine Zusammenarbeit, die zu einer sehr positiven Entwicklung im Bereich effektiver markenorientierter Mitarbeiterführung bei Busch-Jaeger beigetragen hat.

## 8.2 Busch-Jaeger – innovativ aus Tradition

### 8.2.1 Erfolg hat Geschichte: über 128 Jahre Zukunft

Innovationen haben Zukunft. Und bei Busch-Jaeger Tradition. Das Unternehmen gilt in der Elektroindustrie als Motor, der seit über 128 Jahren Innovationen vorantreibt. Keimzelle für eine ganze Branche.

Pioniergeist, Visionen und strategisches Geschick ziehen sich wie ein roter Faden durch die Firmenchronik von Busch-Jaeger. Belege dafür: zahlreiche technische Innovationen. Die erste Edison-Lampenfassung zum Beispiel. Die Erfindung des Exzenterschalters. Die Einführung des Dimmers zählt ebenso dazu. Und natürlich die neuesten Entwicklungen integrierter Systemlösungen für die Gebäudesystemtechnik.

Die Basis dafür schufen Hans-Curt und Georg Jaeger. Sie gründeten 1879 in Lüdenscheid eine Metallwarenmanufaktur. Wenig später entstand die Fabrik von Friedrich Wilhelm Busch. Im Ersten Weltkrieg schlossen sich beide Firmen zusammen. Und nach weiteren Fusionen erhielt das Unternehmen seinen heutigen Namen.

Mehr als 6.000 Artikel umfasst das Sortiment des Marktführers heute. Es reicht vom kompletten Elektroinstallationsprogramm mit Schaltern, Steckdosen, Sondersteckvorrichtungen, Dimmern und Bewegungsmeldern bis hin zu High-End-Produkten für das Gebäudemanagement wie dem Controlpanel. Hier ist Busch-Jaeger europaweit Vorreiter. Und das schon seit Anfang der 1980er Jahre.

Die Busch-Jaeger Elektro GmbH erwirtschaftete 2006 mit rund 1.100 Mitarbeitern in den Werken Lüdenscheid und Aue (Bad Berleburg) einen Umsatz von über 230 Millionen Euro. Exportiert wird in mehr als 60 Länder.

Ganzheitliche Lösungen schaffen, die das Leben leichter und sicherer machen. Die Marke sein mit dem entscheidenden Mehrwert in den Bereichen Komfort, Sicherheit und Wirtschaftlichkeit: Das ist das Credo des Unternehmens Busch-Jaeger.


## 8.2.2 Die richtige Mischung macht's: »Mittelständler« mit den Möglichkeiten eines großen Konzerns

Busch-Jaeger versteht sich als mittelständisches Unternehmen. Aus Tradition. Und aus Überzeugung. Die Symbiose aus internationaler

Präsenz und Kompetenz in Verbindung mit der regionalen Ausrichtung charakterisiert den »Mittelständler« im Konzernverbund.

Was macht den mittelständischen Charakter eines Unternehmens aus? Zum Beispiel der persönliche Kontakt der Führungskräfte zu Kunden, Mitarbeitern und Partnern. Und ihr Auftreten in der Öffentlichkeit. Von seinen Kunden – Elektrogroßhandel und Elektrohandwerk – wird Busch-Jaeger in erster Linie durch die handelnden Personen erlebt. Das schafft Vertrauen, stärkt die Kundenbindung. Busch-Jaeger hat »das Ohr nah am Kunden«. Das Gehörte – die Wünsche des Kunden – wird über das Prozess-Struktur-Modell umgesetzt: in Form von kundenorientierten Lösungen und Produkten.

Beim Vertrieb spielt der Gedanke der Partnerschaft eine besonders wichtige Rolle. Die enge Verbindung zum Elektrogroßhandel und Elektrohandwerk. Busch-Jaeger liefert ausschließlich über den dreistufigen Vertriebsweg: vom Großhandel über den Elektroinstallateur zum Endkunden. Nicht nur aus Tradition, sondern aus Überzeugung, dass dies der einzig richtige Weg ist, um hochwertige Produkte und Lösungen für die technische Gebäudeausrüstung kundenorientiert zu vermarkten. Um dem Endkunden exzellente Qualität garantieren zu können. Lückenlos: von der Produktion über die kurzfristige Verfügbarkeit im gut sortierten Fachgroßhandel bis hin zur qualifizierten Beratung bei Auswahl und Einbau der Produkte durch den geschulten Elektroinstallateur.

Busch-Jaeger ist stolz darauf, die Möglichkeiten der Konzernzugehörigkeit zur ABB nutzen zu können. Der Mutterkonzern beschäftigt etwa 109.000 Mitarbeiter in rund 100 Ländern bei einem Jahresumsatz in 2006 von rund 24 Milliarden US-Dollar.

## 8.3 Philosophie, Strategie und Prozesse – der konsequente Weg zur Excellence

### 8.3.1 Wozu Veränderung?

Warum soll sich ein Unternehmen verändern, wenn es ihm gut geht? Diese Frage stand im Raum, als im Busch-Jaeger Management 1997 zum ersten Mal laut über Veränderungen nachgedacht wurde. Über tiefgreifende Veränderungen, die das Unternehmen fit für die Zukunft machen sollten. Über eine neue Unternehmensstruktur und eine neue Unternehmensphilosophie.

In sich ändernden Märkten mit wachsenden Kundenansprüchen und einer zunehmenden Technologisierung – so die Vision damals – werden nur Organisationen überleben, die bereit sind zum Wandel und zu einem hohen Maß an Flexibilität.

Wie richtig und wichtig diese Erkenntnis war, sollte sich bald zeigen. Ein durch die Globalisierung zunehmender internationaler Wettbewerb und das Einbrechen der Baukonjunktur im Heimatmarkt Deutschland ließen in den Folgejahren die Marktchancen schrumpfen. Viele Unternehmen der Baubranche und auch in der Peripherie mussten Federn lassen. Oder sogar aufgeben.

Anders bei Busch-Jaeger. Das Unternehmen konnte seine Marktposition nicht nur festigen, sondern teilweise sogar ausbauen. Dank kreativer Marketingkonzepte, innovativer, hochwertiger Technik und einer entsprechenden Entwicklungskompetenz. Und mit sicherem Gespür für die Bedürfnisse und Erwartungen der Kunden.

2005 – die Bauindustrie hatte soeben ihr zehntes Krisenjahr in Folge erlebt – fand auf dem Firmengelände der Busch-Jaeger Elektro GmbH in Lüdenscheid der symbolische erste Spatenstich für ein Großprojekt mit der Bezeichnung »Logistik 2007« statt. Startschuss für eine 18-Millionen-Euro-Investition in Gestalt eines modernen Logistikzentrums. Gleichzeitig Bekenntnis zum Wirtschaftsstandort Deutschland und wichtige Maßnahme zur Standortsicherung für die beiden Inlandswerke in Lüdenscheid und Aue (Bad Berleburg).

**248**

## 8.3.2 »Be Just Excellent« – die Schritte auf dem Weg zur Excellence

Bereits Anfang der 1990er Jahre richtete Busch-Jaeger sein Managementsystem an internationalen Standards aus. Mit jährlichen Auditierungen für Qualität, Umwelt und Arbeitsschutz. Seit 1992 ist das Managementsystem von Busch-Jaeger zertifiziert: nach der internationalen Norm DIN EN ISO 9001, der Umweltnorm DIN EN ISO 14001 und auf dem Gebiet des Arbeitsschutzes nach OHSAS 18001. Bezogen auf Produkte, die in so genannten explosionsgefährdeten Bereichen eingesetzt werden, liegt die ATEX-Zertifizierung nach EN 13980 durch die Physikalisch-Technische Bundesanstalt (PTB), Braunschweig, vor. Für die Sicherung der Produktqualität sorgt zusätzlich ein nach DIN EN ISO/IEC 17025 akkreditiertes Zentrallabor.

Prozessorientiertes Denken und die Dokumentation von innerbetrieblichen Abläufen waren im Unternehmen also durchaus etabliert, als 1997 die Weichenstellung für die Zukunft erfolgte. Erster wichtiger Schritt: Busch-Jaeger begann, ein Management-Team zusammenzustellen, das die Verantwortung für die Veränderung und Neuausrichtung des Unternehmens übernehmen konnte und sollte.

Ende 1999 war diese Vorbereitungsphase beendet. Der Veränderungsprozess »BJE im Wandel« wurde offiziell gestartet. Nun ging es darum, im gesamten Unternehmen ein neues Denken zu initiieren mit dem Fokus auf konsequente Kundenorientierung in allen Bereichen und auf allen Ebenen.

Eingefahrene Denkstrukturen aufzubrechen und grundlegend zu verändern war noch nie eine leicht zu lösende Aufgabe. Busch-Jaeger gelang es, starre Denkmuster aufzulösen und ein neues Bewusstsein zu schaffen. Konsequente Kundenorientierung durch den Wandel von der Funktions- und Verrichtungsorientierung zur Prozessorientierung zu erreichen. Weg vom Abteilungsdenken, hin zum Prozessdenken.

Prozessorientiertes Denken und Handeln – was bedeutete das für die verschiedenen Bereiche im Unternehmen? Aufschluss darüber

**Business Prozesse**

**Markt- und Kundenmanagement**

| Kunden gewinnen | Projekte er- schließen und ver- folgen | Kundenservice | | Kunden betreuen |
|---|---|---|---|---|
| | | Katalogpreis ermitteln | Kontakte abwickeln | |
| | | Konditionen/ Stammdaten | An- gebot / Auf- trag | |

Kommunikation

Beschwerdemanagement

Sortimente managen

**Produktrealisierung**

| Absatz- planung | Pro- duk- tions- planung | Dispo- sition/ Steue- rung | Supply- Mana- gement | Ferti- gung | Ein- lagerung | Kommis- sionierung und Bereitstellen | Ver- sand |
|---|---|---|---|---|---|---|---|

Engineering

Produktauslauf

**Innovationszyklus**

| Ideen- generierung / Ideen- bewertung | Projektdurchführung | Projektbeobachtung |
|---|---|---|

Abb. 1:    *Prozess-Struktur-Modell (PSM) am Beispiel Business-Prozesse*

sollte ein Prozess-Struktur-Modell geben. Hier orientierte sich Busch-Jaeger am externen Benchmark. Das Ergebnis: die Entwicklung eines eigenen Prozess-Struktur-Modells, zugeschnitten auf die ganz speziellen Strukturen und die Bedürfnisse des Unternehmens Busch-Jaeger.

Unterschieden wird dabei zwischen Management-Prozessen, Business-Prozessen und Support-Prozessen. *Management-Prozesse* geben die strategischen und operativen Ziele vor. *Business-Prozesse* sind Abläufe. Unmittelbar ausgerichtet auf den Erfolg am Markt und Wertschöpfung für den Kunden erzeugend. *Support-Prozesse* unterstützen die Business-Prozesse bei der Zielerreichung.

**250**

### 8.3.3 Von der Theorie zur täglichen Praxis mit dem Prozess-Struktur-Modell

Anfang 2000 wurde damit begonnen, das Prozess-Struktur-Modell (PSM) Zug um Zug in den verschiedenen Unternehmensbereichen einzuführen. Alles in allem eine kleine Revolution in einem großen Unternehmen, das wie jedes andere in Abteilungen, Bereiche und Disziplinen gegliedert ist. Wie werden Prozesse definiert? Wie laufen sie ab? Wer ist an welchem Prozess beteiligt? Und wer ist wofür verantwortlich?

Der Festlegung klarer Verantwortlichkeiten in dieser Struktur diente die Benennung von Prozess-Ownern. Sie sorgten dafür, dass der Zug, der durch die Einführung des PSM aufs Gleis gesetzt worden war, zügig Fahrt aufnahm. Mit auf dem Führerstand: die »Change Agents« – speziell trainierte Mitarbeiter, eingesetzt zur Stärkung der Beschäftigten bei der Umsetzung des Prozess-Struktur-Modells. Lotse und Coach in einer Person.

Als Pilotprojekt wurde zunächst der gesamte Produktbereitstellungs-Prozess in Kunden/Lieferanten-Regelkreise eingeteilt und im Sinne des Prozess-Struktur-Modells überarbeitet. Vom Einkauf über den ersten Fertigungsschritt bis hin zur Logistik. So wurde der Lagerist zum Kunden der Produktion. Die neue Art der Produktionssteuerung – Pull-Prinzip (Supermarktmethode) statt Plansteuerung: produziert wird erst dann, wenn ein Kundenbedarf bekannt ist – beschleunigte den tiefgreifenden Bewusstseinswandel hin zu einem konsequent kundenorientierten Prozessdenken.

Der nächste Schritt: Anpassung und Einbettung der neuen Strukturen und Abläufe in das Busch-Jaeger Produktionssystem. Ein Modell, das in Anlehnung an das vorbildliche Toyota-Produktionssystem entwickelt worden war.

Im gewerblichen Bereich war dies ein Wandel »zum Anfassen«: Veränderungen bei ganz konkreten Abläufen, die sich simulieren und durchspielen ließen.

Dreitägige Excellence-Trainings machten Mitarbeiter in allen Bereichen des Unternehmens gegen Ende des Jahres 2000 mit dem neuen Denken vertraut. Themenschwerpunkt: von der Theorie zur Praxis. Mit Zuhören allein war's aber nicht getan: Am Ende des Seminars mussten die vermittelten Inhalte ganz konkret an ausgewählten Beispielen in die Praxis umgesetzt werden. Die Ergebnisse galt es zu präsentieren. Aufmerksame Zuhörer: die Geschäftsführung.

Anfang 2001 begann die sukzessive Einführung des Prozess-Struktur-Modells in allen Bereichen des Unternehmens. Der Veränderungsprozess wurde einheitlich dokumentiert und in die Unternehmensdatenbank integriert.

Die interne Kommunikation spielt bei derart tiefgreifenden Veränderungsprozessen, die alle Unternehmensbereiche betreffen, eine sehr wichtige Rolle. Hierfür konnten vorhandene Kommunikationsinstrumente genutzt werden: Intranet, Mitarbeiter-Magazin »buschfunk«, Führungskreissitzungen, Betriebsversammlungen usw. Und die durchgängige Strategieverzahnung durch alle Ebenen des Unternehmens (»Mini-Strategien«).

### Excellence-Methoden befördern die Unternehmenskultur

Standardisierte Excellence-Methoden dienen zur nachhaltigen Prozessverbesserung. Unter anderem durch eine einheitliche Sprachregelung und eine entsprechende »Denke«. Sie wurden bei Busch-Jaeger weiterentwickelt, trainiert und im gesamten Unternehmen eingeführt:

⇨ Ein weit verbreitetes Problem: Zeitverschwendung vor, in und nach Sitzungen. Dem begegnet BJE mit der Methode *Besprechungen Effektiv Gestalten* (BEG). Bestehend aus Besprechungsregeln und den Werkzeugen Agenda, Aktions- und Entscheidungsliste. Methoden, die leicht einzusetzen und deren Erfolg sehr schnell spürbar ist. Inzwischen Standards bei jeder Besprechung.

⇨ Der *Ziel-Ergebnis-Prozess* (ZEP). Eine Excellence-Methode, mit der Prozesse, Produkte und Dienstleistungen erstellt und verbessert werden. Intention: die nachhaltige Steigerung des Unternehmenswertes. Ziele werden definiert, Kundenbedürfnisse erfasst, Prozesse geplant und organisiert. Das Ergebnis wird ausgewertet. Über Rückmeldungen von Mitarbeitern, Kunden, Gesellschaft und Gesellschaftern.

⇨ Kann der entwickelte Prozess die Anforderungen nicht erfüllen, folgt der *Problemlöseprozess* (PLP). Diese standardisierte Excellence-Methode unterstützt die nachhaltige Lösung von Problemen, die Analyse von Daten und das Verstehen von Ursachen. Sie fördert kreative Ideen und die Arbeit im Team.

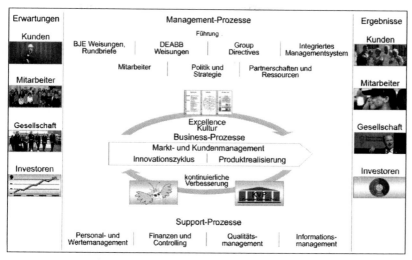

Abb. 2:    *Das Busch-Jaeger Unternehmensmodell*

Synonym für den Wandel ist »Be Just Excellent« – eine Philosophie, die bei Busch-Jaeger alle Unternehmensbereiche durchdringt. **Be Just Excellent** ist eine Analogie zum Busch-Jaeger Elektro Akronym »BJE«, kreiert von den »Change Agents«. »Be Just Excellent« verleiht der Identifikation mit dem Unternehmen Ausdruck und unterstützt den Veränderungsprozess. Spürbar und messbar durch eine stete Verbesserung der Unternehmensorganisation und der innerbetrieblichen Prozesse.

Auf diese Weise entstand ein ganzheitliches Konzept, stark angelehnt an das EFQM-Modell für Excellence. Nach Definition der European Foundation for Quality Management (EFQM) zeichnen sich exzellente Organisationen durch ständiges Bemühen um die Zufriedenheit ihrer Interessengruppen aus. Grundelemente hierfür: Ergebnisorientierung, Kundenausrichtung, Prozessorientierung, Mitarbeiterentwicklung und -beteiligung sowie kontinuierliches Lernen.

**253**

### 8.3.4 Vom Veränderungsprozess zum »neuen« Unternehmen

Mehr als nur ein symbolischer Akt waren Anfang 2003 die Veränderungen an der Führungsspitze des Unternehmens. Es entstand eine neue Prozessorganisation. Mit einer erweiterten Geschäftsführung, bestehend aus der Geschäftsführung, drei Business-Prozess-Ownern und einem Support-Prozess-Owner als Geschäftsleitung. Anders als in anderen Unternehmen gelang es bei Busch-Jaeger aufgrund der umfassenden Prozesserfahrung, diese Veränderungen an der Spitze sehr schnell zu verankern.

Die erfolgreichen »Change Agents« übernahmen weiterführende Funktionen in der Unternehmensorganisation.

Ergänzende Maßnahmen zur Stabilisierung der neuen Denkstrukturen und der neuen Organisationsabläufe:

⇨ Die im Rahmen des kontinuierlichen Verbesserungsprozesses bereits eingeführten KVP-Workshops für die verschiedenen gewerblichen Bereiche wurden neu ausgerichtet. Ziele: Begeisterung für Veränderung wecken. Verbesserung zum Bestandteil des Tagesgeschäfts machen.

⇨ Zertifizierungen wurden ab sofort nicht mehr an Funktionen, sondern am Prozess-Struktur-Modell ausgerichtet.

⇨ Das betriebliche Vorschlagswesen wurde neu organisiert: verbessert, beschleunigt, verschlankt und als wichtiger Bestandteil des Veränderungsmanagements definiert.

⇨ Selbstbewertungen nach dem RADAR-Prinzip gaben fortan Aufschluss über den Fortschritt der Umsetzung von Veränderungsmaßnahmen.

Auch für die Unternehmenskommunikation ergaben sich Veränderungen. So orientierte sich die Öffentlichkeitsarbeit mit Inhalten und Aussagen nun ebenfalls immer stärker an der »Be Just Excellent«-Philosophie.

## 8.3.5 Das Unternehmen zur Marke machen

Parallel zu den Veränderungen innerhalb des Unternehmens gewann die Markenstrategie des Unternehmens an Konturen. Aus dem »Schalterhersteller« Busch-Jaeger sollte die Marke Busch-Jaeger werden. Auch die Wahrnehmung des Unternehmens von außen wandelte sich – unterstützt unter anderem durch ein neues Erscheinungsbild. Durch Veränderungen, die sich nicht nur in der Kommunikation manifestierten, sondern die sich auch durch umfangreiche bauliche Maßnahmen ausdrückten.

Den Anfang machte ein neues Empfangsgebäude. Realisiert in transparenter Stahl-Glas-Architektur. Ebenso funktionell wie repräsentativ. Ein angemessenes Entree für ein Unternehmen, das für sich in Anspruch nimmt, mit innovativen Spitzenprodukten für die Gebäudesystemtechnik Branchenführer zu sein.

Es folgte die grundlegende Umgestaltung und Erweiterung des vorhandenen Schulungs- und Kantinengebäudes zu einem modernen Kundenschulungs-Zentrum. Realisiert wurde ein immer wieder aufs Neue beeindruckendes Architekturkonzept mit flexiblen Raumlösungen und modernster Medien- und Tagungstechnik. Anregendes Ambiente für Kunden aus dem In- und Ausland, die hier im Mittelpunkt stehen. Die nicht nur mit der vielfältigen Produktpalette von Busch-Jaeger vertraut gemacht werden, sondern bei dieser Gelegenheit eine ganzheitliche Unternehmensqualität erleben.

Ein Gebäudekomplex, der dem »neuen Unternehmen« und der aufstrebenden Marke Busch-Jaeger nun auch in baulicher Hinsicht ein Gesicht gab: modern, transparent und offen, mit hohem architektonischem und technologischem Anspruch. Besonders kommunikativ wirkt die Passage, eine großzügig begrünte, über acht Meter hohe, langgestreckte Halle. Prädestiniert für Begegnung und Austausch und wie geschaffen als attraktiver Rahmen für Veranstaltungen vielfältigster Art.

Mit dem Gebäude wurde nicht nur die architektonische, sondern auch die gastronomische Qualität des Unternehmens auf eine neue

Abb. 3: *Kundenschulungs-Zentrum der Busch-Jaeger Elektro GmbH in Lüdenscheid*

Ebene gehoben. Ab sofort stand für die Bewirtung der zahlreichen Gäste ein elegantes, 220 Quadratmeter großes Casino zur Verfügung. Zug um Zug wurden in den Folgejahren weitere Gebäude auf dem rund 114.000 Quadratmeter großen Firmengelände der neuen Architektursprache angepasst und modernisiert.
Veränderungen, die Wandel und Entwicklung des Unternehmens auch für Gäste, Partner und Kunden auf den ersten Blick erkennbar machten.

Als weitere Bestätigung, dass Busch-Jaeger auf dem richtigen Weg war, konnte Ende 2004 die Zustimmung der Muttergesellschaft ABB zur Realisierung des Projektes »Logistik 2007« – eine Antwort auf veränderte Markt- und Kundenanforderungen – gewertet werden. Indiz für das hervorragende Arbeiten von Busch-Jaeger und die hohe Akzeptanz innerhalb des Konzerns.

## 8.3.6 Ludwig-Erhard-Preis in Silber und Gold

Wo stehen wir nach der erfolgreichen Einführung des ganzheitlichen Unternehmensmodells im Vergleich zu anderen Unternehmen? Um eine neutrale Antwort auf diese Frage zu finden, bewarb sich die Busch-Jaeger Elektro GmbH 2005 erstmals um den Ludwig-Erhard-Preis. Und hatte auf Anhieb Erfolg: Silber in der Kategorie »Große Unternehmen«. Damit war Busch-Jaeger eines von wenigen Unternehmen, die mit ihrer ersten Bewerbung nicht nur die Finalrunde erreichten, sondern auch eine Auszeichnung des wohl renommiertesten deutschen Qualitätspreises erhielten. Dort befand man sich in bester Gesellschaft: Gold gewann BMW, Bronze ging an die Blaupunkt GmbH.

Nicht nur diese Auszeichnung, sondern auch die in allen Businessbereichen des Unternehmens zu registrierenden permanenten Verbesserungen sowie kontinuierlich steigende Werte bei der Mitarbeiter- und Kundenzufriedenheit bestärkten das Unternehmen, den eingeschlagenen Weg fortzusetzen – und sich 2006 noch einmal für den Ludwig-Erhard-Preis zu bewerben.

Diesmal landete Busch-Jaeger ganz vorn: Am 15. November 2006 nahm die Geschäftsführung in Berlin mit Stolz den Ludwig-Erhard-Preis in Gold entgegen. Insgesamt 23 hochklassige Unternehmen hatten sich 2006, dem zehnten Jubiläumsjahr dieser Auszeichnung, dem strengen Auswahlverfahren gestellt. Elf von ihnen, darunter Busch-Jaeger, kamen in die Endrunde.

Abb. 4:  *Preisverleihung Ludwig-Erhard-Preis in Gold 2006 (von links nach rechts): Andreas Gerecke, Geschäftsführer Operations, Logistik, Qualitäts- und Informationsmanagement, Heinz-Peter Paffenholz, Mitglied des Vorstands der Deutschen ABB und Arbeitsdirektor, sowie Hans-Georg Krabbe, Vorsitzender der Busch-Jaeger Geschäftsführung.*

In der Begründung für die Preisverleihung betont die ehrenamt-
lich tätige Jury, die Busch-Jaeger Elektro GmbH sei ein Unternehmen, das konsequent die Konzepte der Excellence umgesetzt habe.
Der Busch-Jaeger Slogan »Be Just Excellent« sei von der Geschäfts-
führung bis zum Mitarbeiter in der Fertigung verinnerlicht. Weiter
heißt es: »Sowohl der Busch-Jaeger Strategieprozess, als auch das
Business-Ethics-Programm der ABB stellen sicher, dass die in der
Firmenphilosophie verankerten Werte von den Führungskräften gelebt werden und die Vision ihren Mitarbeitern vermittelt wird. Die
Ziele werden konsequent an der Unternehmensstrategie ausgerichtet.«
Marken- und Kompetenzführerschaft seien bei Busch-Jaeger durch
Innovationen getrieben. Die Markenstrategie und das Bekenntnis zu
den Standorten Lüdenscheid und Aue seien überall präsent. Durch
die Investition in das Logistikzentrum sei nochmals bestätigt worden,
»dass Busch-Jaeger auf den Standort Deutschland baut.«

### Ludwig-Erhard-Preis

Im Jahr 2006 wurde Busch-Jaeger im Wettbewerb um den renommierten
Ludwig-Erhard-Preis in der Kategorie »Große Unternehmen« mit Gold ausge-
zeichnet. Für seine umfassende Unternehmensqualität und Spitzenleistungen
im Wettbewerb. Bereits mit seiner ersten Bewerbung im Jahr 2005 hatte das
Unternehmen auf Anhieb Silber erhalten.
Der Ludwig-Erhard-Preis gilt als eine der hochrangigsten deutschen Auszeich-
nungen für unternehmerisches Engagement. Er wird in jährlichem Turnus an
Unternehmen vergeben, die durch ihr Handeln auf allen betrieblichen Ebenen
Spitzenleistungen erzielen. Voraussetzung für die Bewerbung ist ein über das
Qualitätsmanagement hinausgehendes ganzheitliches Unternehmenskonzept,
das seit mindestens drei Jahren mit überdurchschnittlichem Erfolg umgesetzt
wird.
Die Initiative Ludwig-Erhard-Preis wird von den Spitzenverbänden der deut-
schen Wirtschaft BDA, BDI, BGA, DIHT, HDE und ZDH, der Ludwig-Erhard-Stif-
tung sowie den technisch-wissenschaftlichen Vereinen DGQ und VDI getragen.
Der Preis orientiert sich an der ganzheitlichen Qualitätsphilosophie der
European Foundation for Quality Management (EFQM).

## 8.3.7 Weitere Meilensteine

Ein weiterer Meilenstein auf dem Weg zu einer sich kontinuierlich verbessernden Organisation war die Inbetriebnahme des neuen Logistikzentrums. Busch-Jaeger hat die Logistik als unternehmerische Kernkompetenz definiert. Dies wird durch die neue Zentrallogistik am Standort Lüdenscheid manifestiert, die seit Januar 2007 stufenweise in Betrieb genommen wird. Sie gliedert sich in die Bereiche Beschaffungslogistik, Produktionslogistik und Distributionslogistik – Bereiche, die in den letzten Jahren erheblich an Bedeutung gewonnen haben. Durch kürzere Produktlebenszyklen, gestiegene Just-in-time-Anforderungen und durch immer neue Kooperationen.

Voraussetzung für die Zentrallogistik in der jetzt realisierten Form waren die Ergebnisse des Pilotprojektes zur Einführung des Prozess-

Abb. 5:    *Mit dem symbolischen Druck auf den Startknopf wurde das neue Busch-Jaeger Logistikzentrum am 15. Juni 2007 in Betrieb genommen. Von links nach rechts: Andreas Gerecke, Busch-Jaeger Geschäftsführer Operations, Logistik, Qualitäts- und Informationsmanagement, Heinz-Peter Paffenholz, Mitglied im Vorstand der deutschen ABB und Arbeitsdirektor, Peter Smits, Vorstandsvorsitzender der deutschen ABB, und Hans-Georg Krabbe, Vorsitzender der Busch-Jaeger Geschäftsführung.*

Struktur-Modells. Insbesondere die Optimierungen im Bereich Produktbereitstellung durch schlankere Abläufe, stark reduzierte Bestände und verbesserte Lieferprozesse.

Das Unternehmen verfügt nun über modernste Lagertechnologie gepaart mit innovativen IT-Lösungen – für ein Höchstmaß an Flexibilität, für eine perfektionierte Lieferperformance sowie zur Optimierung und Verknüpfung der Materialströme. Eine Investition, die Busch-Jaeger zudem als vorgezogene Antwort auf die Kundenanforderungen der Zukunft sieht.

## 8.4 Erfolgsfaktor Management

### 8.4.1 Visionen haben Tradition – seit Generationen

Die Marktführerschaft von Busch-Jaeger ist kein Zufall. Vielmehr Ergebnis einer seit Generationen visionären Geschäftspolitik, die alle Aktivitäten konsequent auf den Kunden ausrichtet. Sie bildet die Grundlage für überdurchschnittlich starke Kundenbindung. Nicht nur zum Produkt, auch zur Marke und zum Unternehmen. Sie ist die Basis für eine Strategie, die Innovation als treibende Kraft für unternehmerischen Erfolg versteht, die mutige Ideen nicht als Spinnerei abtut, sondern als Inspiration begreift und ohne Vorbehalte auf den Prüfstand stellt. Zum Beispiel im regelmäßig tagenden Kreativclub, in dem Mitarbeiter aus verschiedenen Unternehmensbereichen zusammen mit Kunden über Produkte für die Zukunft nachdenken. Wesentliches Element eines fest im Unternehmen verankerten Innovationsprozesses.

Mit der Einführung des Excellence-Modells hat das Management diesen Strategieprozess weiter entwickelt und systematisiert. Kernaufgabe für die Führungskräfte: Weiterführung der mittelständisch geprägten Unternehmenstradition von Busch-Jaeger. Stärkung der Position des Unternehmens im Kundenumfeld. Aufbau neuer Geschäfts-

felder. Grundlage dafür: das Unternehmensmodell, das alle Prozesse bündelt. Mit klaren Definitionen für *Auftrag, Vision* und *Strategie:*
⇨ *Auftrag:* Nachhaltige Sicherung und Steigerung des Unternehmenswertes.
⇨ *Vision:* Ganzheitliche Lösungen, die das Leben leichter und sicherer machen. Die Marke mit dem entscheidenden Plus an Komfort, Sicherheit und Wirtschaftlichkeit.
⇨ *Strategie:* Sicherstellung der Marken- und Kompetenzführerschaft in einem auf die Interessengruppen spezifisch zugeschnittenen Unternehmensmodell.

Ebenfalls eingebettet in das Unternehmensmodell: die *Unternehmensethik.* Hier nutzt Busch-Jaeger das Business-Ethics-Programm der ABB, das die beiden Ansätze »Compliance« und »Wertemanagement« miteinander verknüpft. Das Programm stellt regel- und gesetzeskonformes Verhalten sicher. Fördert außerdem aber auch umfassend eigenverantwortliches und integres Verhalten der Mitarbeiter. Integrität ist für Busch-Jaeger eine Eigenschaft mit großem ethischem und ökonomischem Wert.

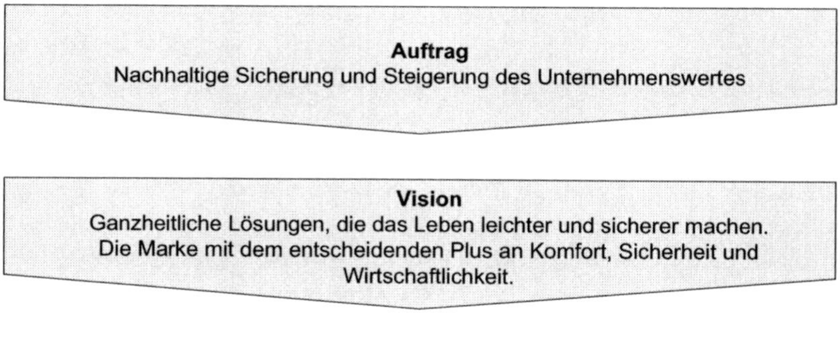

**Auftrag**
Nachhaltige Sicherung und Steigerung des Unternehmenswertes

**Vision**
Ganzheitliche Lösungen, die das Leben leichter und sicherer machen.
Die Marke mit dem entscheidenden Plus an Komfort, Sicherheit und Wirtschaftlichkeit.

**Strategie**
Sicherstellung der Marken- und Kompetenzführerschaft in einem auf die Interessengruppen spezifisch zugeschnittenen Unternehmensmodell.

Abb. 6:   *Auftrag, Vision und Unternehmensstrategie*

Das Management entwickelt, bewertet und aktualisiert die strategische Ausrichtung. Dazu finden zweimal jährlich Strategiesitzungen statt. Die Schwerpunktthemen für das aktuelle Geschäftsjahr werden von den Führungskräften an die Mitarbeiter ihres Verantwortungsbereiches vermittelt. Die nächste Stufe umfasst die Ableitung der Strategien für die verschiedenen Business- und Supportprozesse sowie die Definition der entsprechenden Jahresziele. Eine zeitnahe und sehr erfolgreiche Vorgehensweise, mit dem Ziel, eine durchgängige Strategieverzahnung mit exzellenter Kommunikation sicherzustellen.

## 8.4.2 Begeisterung schaffen, Vorbild sein

Entscheidend für den Erfolg von »Be Just Excellent«: Führungskräfte müssen Vorbilder sein. Müssen Visionen, Werte und ethische Grundsätze vorleben, engagiert und überzeugend. Sie begleiten die Excellence-Prozesse nicht im Glashaus, sondern aktiv aus der Mitte des Unternehmens heraus. Sie motivieren, damit die Mitarbeiter die Excellence-Kultur mittragen. Mit Leben, Leistung, Qualität. Aus Überzeugung. Und im besten Fall mit Leidenschaft.

Wodurch ist das unternehmerische Handeln von Busch-Jaeger geprägt? Durch marktstrategische und technologische Faktoren? Sicherlich. Aber auch durch soziale und gesellschaftspolitische Aspekte. Führungskräfte engagieren sich persönlich, suchen den offenen Dialog mit allen relevanten Zielgruppen. Sie arbeiten aktiv im gesellschaftlichen Umfeld mit. Sie zeigen »Gesicht« und Initiative. Auf Kunden-, Lieferanten und Mitarbeiterveranstaltungen. Sie kooperieren in Arbeitskreisen und Gremien mit anderen Vertretern der Elektroindustrie, mit Verbänden und Organisationen.

Die Führungskräfte stehen in der Pflicht. Es ist ihr Part, den Excellence-Gedanken vorzuleben. Ob sie ihre Arbeit glaubwürdig erfüllen wird in regelmäßigen Abständen überprüft. Durch die Instrumente Führungs-/Excellence-Feedback, PFI (Personal-Führungs-Instrument – strukturierte jährliche Gespräche) und Mitarbeiterbefragung: »Trifft meine Führungskraft Entscheidungen, die für mich klar und nachvollziehbar sind?« »Bin ich bei meiner Arbeit an Entscheidungen genügend beteiligt?« Bei den Ergebnissen vergleicht sich Busch-Jaeger mit anderen Gesellschaften der ABB und mit den »Klassenbesten« in den verschiedenen Wirtschaftsbereichen.

Auch die Zusammenarbeit des Managements mit den verschiedenen Interessengruppen von Busch-Jaeger wird bewertet: durch Kundenzufriedenheitsanalysen, durch Umfragen und durch den Erfolg von Lieferantenpartnerschaften. Aber auch über das Feedback in der Presse.

All dies sind wichtige Mosaiksteine für Imagebildung und -stabilisierung. Und damit wesentliche Kriterien für die Stärkung der Marke.

## 8.5 Erfolgsfaktor Mitarbeiter

### 8.5.1 Kommunikation motiviert

Jeder einzelne Mitarbeiter ist ein wesentlicher Bestandteil der Marke Busch-Jaeger. Er trägt Verantwortung für die Sorgfalt und Qualität der eigenen Arbeit. Er profitiert von der Marke, denn er hat einen guten und sicheren Arbeitsplatz. Er teilt das Markenversprechen und kommuniziert es als Markenbotschafter nach außen. Und auch nach innen: durch eine offene, konstruktive Kommunikation. Sie sorgt im Unternehmen für eine lebendige Kultur des Austausches und des Miteinanders. Sie basiert auf einer einfachen Formel: Information schafft Identifikation und sorgt für Motivation. Die Instrumente: regelmäßige Meetings mit Vorgesetzten, Trainings- und Förderungsprogramme, differenzierte Feedback-Instrumente, ein funktionierendes Ideenmanagement, Mitarbeiterforen, die Mitarbeiterzeitung »buschfunk« und das Intranet.

Für jeden emotional erlebbar und immer wieder beeindruckend: die starke Identifikation der Mitarbeiter mit »ihrem« Unternehmen Busch-Jaeger. Zum Beispiel bei internen Veranstaltungen. So kamen rund 3.000 Mitarbeiter und Pensionäre inklusive Familien zur Eröff-

nung des neuen Logistikzentrums am Standort Lüdenscheid, um stolz
zu zeigen, was dort entstanden ist.

Abb. 7: *Sympathieträger Mensch: Busch-Jaeger Mitarbeiter werden zu Markenbotschaftern*

### 8.5.2 Fit für die Zukunft: Personalstrategie

Eines der Herzstücke der Personalstrategie: die Sicherung der »demographischen Fitness«. Die Antwort von Busch-Jaeger auf den demographischen Wandel ist die konsequente Nutzung und Förderung des Potenzials erfahrener Mitarbeiter. Durch ein gezielt gefördertes Miteinander von Alt und Jung in den verschiedenen Unternehmensbereichen. Und durch behutsame Vorbereitung der Mitarbeiter auf neue Lebensarbeitsbedingungen. Dies ist unter anderem Inhalt des ABB-Programms »Generations« (ausgezeichnet vom Bundesministerium für Wirtschaft im April 2007 im Rahmen des Wettbewerbs »Chancen mit Erfahrung«). Weiteres Ziel der Personalstrategie ist die Wahrung einer optimalen Mitarbeiterquantität und -qualität. Beispielsweise durch das 2003 eingeführte Ausbildungskonzept FiF (Firma in der Firma). Und durch zahlreiche Weiterbildungsangebote. Ganz oben auf dem Strategieprogramm: die Förderung eines vernetzten, prozessorientierten Denkens als Voraussetzung für den Erfolg in einer sich ständig ändernden Markt- und Wettbewerbssituation. Und – eigentlich eine Selbstverständlichkeit – die Sicherstellung eines leistungsfördernden und leistungsfordernden Klimas und menschengerechter, menschenwürdiger Arbeitsbedingungen.

Abb. 8: »*Erfahrung ist die bessere Hälfte von jungen Ideen*« (*Motiv aus dem ABB-Programm »Generations«*)

Alle Mitarbeiter werden in ihrem Qualitäts-, Umwelt-, Daten- und Arbeitsschutzbewusstsein gefördert. Und motiviert: durch spezielle Prämiensysteme für besondere Leistungen.

Die Mitarbeiter haben mannigfaltige Möglichkeiten, sich im Unternehmen kreativ zu beteiligen. Zum Beispiel im Rahmen des betrieblichen Vorschlagwesens. Dieses wird intensiv genutzt. Die Einbindung der Mitarbeiter wird auch durch betriebsinterne Veranstaltungen gefördert: Jubilarfeiern, Pensionärstreffen, Kulturprogramme, Sportveranstaltungen, Ehrungen. Weitere Leistungen des Unternehmens: Prämien, Übernahme von Weiterbildungskosten, betriebliche Altersversorgung, innovative und flexible Arbeits- und Arbeitszeitmodelle, Konzernbeteiligungen über Mitarbeiteraktien und vieles mehr.

Soziale, ökonomische und ökologische Verantwortung prägen die Unternehmensphilosophie von Busch-Jaeger. Wesentlicher Bestandteil gesellschaftspolitischen und ökonomischen Handelns ist die Ausbildung junger Menschen. Das Unternehmen bekennt sich zu dieser Verantwortung – nicht nur mit Worten, sondern auch mit Taten. Zum Beispiel durch die Bereitstellung von Ausbildungsplätzen, die ein breites Spektrum von Ausbildungsberufen abdecken. Ein weiteres Angebot für Berufseinsteiger ist das duale Studium an der Berufsakademie.

Ein umfassendes Maßnahmenpaket, das sowohl junge als auch ältere Mitarbeiter mit einbezieht. Indiz für die starke Bindung der Mitarbeiter an das Unternehmen ist die ungewöhnlich hohe Zahl an Arbeitsjubiläen.

### 8.5.3 Leistungsfähigkeit steigern – das Gute noch besser machen

Tragende Säulen der Unternehmensstrategie von Busch-Jaeger sind die Steigerung der Leistungsfähigkeit und die langfristige Sicherung der Arbeitsplätze durch das Engagement der Mitarbeiter. Dafür gibt es Optimierungsinstrumente, deren Erfolg im Sinne der Excellence – kontinuierliche Verbesserung – regelmäßig abgefragt wird.

⇨ *Talent-Management:* Hier werden sowohl Leistungsträger als auch Kandidaten mit Verbesserungspotenzial ermittelt. Ziel: das Unternehmen durch optimalen Einsatz der Mitarbeiter weiterentwickeln. Mitarbeiter identifizieren, die das Potenzial haben, kurz-, mittel- oder langfristig weiterführende Aufgaben zu übernehmen.

⇨ *PFI-Gespräch:* Jährlicher Austausch, der für Feedback zwischen Führungskraft und Mitarbeiter sorgt. Thema: Abgleich der Unternehmensziele mit den individuellen Zielen der Mitarbeiter. Eine Soll-Ist-Analyse zwischen Qualifikation und Anforderungen. Sie wird von den Mitarbeitern zu 100 Prozent genutzt.

⇨ *Qualifizierungsprogramm Operations (QPO):* Ein Instrument zur Ermittlung des Qualifizierungsbedarfes für die gewerblich-technischen Mitarbeiter.

⇨ *Führungs- und Zwischenführungsfeedback:* Hier kann jeder Mitarbeiter seiner Führungskraft eine Rückmeldung zu den Themen Führungsverhalten und Zusammenarbeit geben. Basis ist ein anonymer Fragebogen. Die Wirksamkeit daraus vereinbarter Maßnahmen wird regelmäßig abgefragt. Fazit bisher: Die Ergebnisse des Führungsfeedbacks haben sich in allen Themenbereichen positiv entwickelt.

⇨ *Excellence-Feedback:* Eingeführt zur Erfolgsmessung der »Be Just Excellent«-Philosophie. Regelmäßige Mitarbeiterbefragung zum Thema »Anwendung der Excellence-Methoden durch die Führungskräfte«. Wie wird Excellence vorgelebt? Entwicklung bei dieser – nur bei Busch-Jaeger durchgeführten – Abfrage: hohe Rücklaufquoten und stetig bessere Ergebnisse.

⇨ *Mitarbeiterbefragung:* ein Instrument, das Stärken und Verbesserungspotenziale ermittelt, sowohl für das ganze Unternehmen als auch für einzelne Bereiche. Getreu dem Motto »Das Gute noch besser machen«. Mitarbeiter füllen einen anonymen Fragebogen aus. Themenbereiche: Zufriedenheit, Arbeitsplatzumfeld, Weiterbildung, Anerkennung, Entlohnung und Vorgesetztenbeurteilung. In den Jahren 2003 und 2004 waren die Bewertungen – auf alle Themengebiete und Gruppen bezogen – schon gut. 2006 waren sie noch besser. Ein Benchmark mit dem Durchschnitt bundesweit durchgeführter Mitarbeiterbefragungen bestätigt das interne Ergebnis: die überdurchschnittlich hohe Zufriedenheit der Busch-Jaeger Mitarbeiter mit den Beschäftigungsbedingungen und »ihrem« Unternehmen.

### 8.5.4 Wertorientierung transparent machen – die Werttreiberuhr

Erst die Kenntnis eigener Stärken und Verbesserungspotenziale macht die Nutzung von Chancen möglich. Grundvoraussetzung dabei: die systematische Analyse und Bewertung von Stärken und Verbesserungspotenzialen. Wichtiges Instrument hierfür ist die Werttreiberuhr. Die Busch-Jaeger Variante des bekannten Balanced-Score-Card-Konzeptes. Sie wurde entwickelt, um die Wertorientierung für alle Mitarbeiterebenen transparenter zu gestalten und die interne Leistungsmessung zu systematisieren.

Nachhaltige Wertsteigerung ist ein Unternehmensziel, das durch die Werttreiberuhr symbolisiert wird. Im Zentrum steht der Free

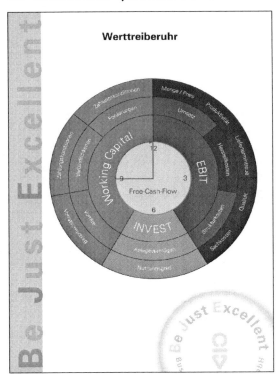

Abb. 9:   *Busch-Jaeger Werttreiberuhr*

Cashflow als zentraler Schlüsselindikator des Unternehmenswertes. Die Uhr ist eine leicht verständliche Darstellung der Zusammenhänge von Ursache und Wirkung. Der wichtigen Stellgrößen und der Antriebskräfte für Wertsteigerungen. Direkt verzahnt mit den Mitarbeiterkennzahlen auf allen Ebenen und basierend auf einem IT-Kennzahlensystem.

Als großformatige Grafik ist die Werttreiberuhr in jedem Besprechungsraum präsent.

## 8.6 Aktive Markenstrategie mit Feedback: Busch-Jaeger und seine Interessengruppen

### 8.6.1 Messen, Analysieren, Lernen

Die Erfolge des Excellence-Unternehmensmodells von Busch-Jaeger sind messbar. Dies ist wichtig für die Bewertung des Strategieprozesses. Das Management analysiert Prozesskennzahlen und Schlüsselergebnisse in regelmäßigen Führungskreissitzungen. Die Wirksamkeit der Daten wird in Messungen und Reportings geprüft und bewertet. Im Fokus dabei: sowohl die harten als auch die weichen Faktoren. Darüber hinaus haben alle Interessengruppen die Möglichkeit zum Feedback – Kunden, Mitarbeiter, Lieferanten, Gesellschaft und Gesellschafter. Die Rückmeldungen sind kein Fall für die Ablage – sie werden ausgewertet und fließen in die Strategieentwicklung ein.

### 8.6.2 Exzellente Werte bei der Kundenzufriedenheit

Wie zufrieden sind die Kunden von Busch-Jaeger? Dies wird regelmäßig überprüft. Im Vergleich zum Wettbewerb zeigen die Ergebnisse hervorragende Werte. Die Instrumente:
⇨ Kundenzufriedenheitsanalyse
⇨ Umfrage bei den Elektroinstallateuren
⇨ PPC-Werte (Export)

⇨ Feedback durch Kundenkontakte
⇨ Auswertung von Messen und Ausstellungen

Kundenzufriedenheitsanalysen führt Busch-Jaeger seit 1993 regelmäßig durch. Mit professioneller Unterstützung durch die Gesellschaft für Konsumforschung (GfK). Bei diesen Befragungen lässt sich Busch-Jaeger mit dem Branchenwettbewerb vergleichen – und kann sich über exzellente Werte freuen. In allen wesentlichen Bereichen: Produkte/Sortiment, Qualität, Lieferung, Reklamationsabwicklung, Information/Kommunikation sowie Kundenberatung und -betreuung. Tendenz steigend!

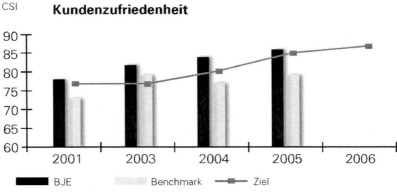

Abb. 10: *Hohe Zufriedenheitswerte für Busch-Jaeger – hier ein Beispiel (CSI = Customer Satisfactory Index)*

Weitere Maßnahmen: Regelmäßige Kundenbefragungen durch den Außendienst. Und Bewertungen von den ausländischen Vertriebsgesellschaften über »Partnership Performance Criteria« (PPC).

### 8.6.3 Zusammen besser: Busch-Jaeger und seine Lieferanten

Der Markterfolg der Produkte hängt heute mehr denn je von der Leistung der Lieferanten und Dienstleister ab. Erfahrene und qualifizierte Lieferanten steigern die Leistungs- und Wettbewerbsfähigkeit von Busch-Jaeger. Frühzeitige Einbindung, umfassende gegenseitige Information und der kontinuierliche Wille, gemeinsam noch besser zu werden, sind für Busch-Jaeger die Grundlage einer partnerschaftlichen Zusammenarbeit mit Lieferanten.

Der Prozess *Supply-Management* erfolgt in einem Regelkreis aus vier ineinandergreifenden Arbeitsprozessen. Die Prozesse Lieferantenvorauswahl, Lieferantenqualifizierung und Lieferantenauswahl unterstützen die Innovationsprojekte von Busch-Jaeger, der Prozess Lieferantencontrolling sichert die Versorgung der Serienproduktion ab.

Verantwortlich für die Lieferantenvorauswahl sind die strategischen Einkaufsgebiete des Supply-Managements. Die Lieferantenqualifizierung beinhaltet die Durchführung von Lieferantenassessments und -audits zur Beurteilung des grundsätzlichen Leistungsniveaus und zur Bewertung der Wirksamkeit des Managementsystems.

Im Prozess Supply-Management findet eine permanente Beobachtung der Prozesskennzahlen (z. B. Servicegrad, Anlieferqualität, Lieferzeit, Vertragsquote, Bestände, Materialpreisniveau) im Cockpit statt. Bei detektierten Abweichungen der Kennzahlen wird umgehend ein interner oder externer Problemlöseprozess oder Ziel-Ergebnis-Prozess eingeleitet. Lieferantentage zu Schwerpunktthemen wie Liefertermintreue oder der ab 2006 neu eingeführte »Supplier Excellence Award« unterstützen diese Verbesserungsprozesse. Über Benchmarks mit Lieferanten, mit anderen Konzerngesellschaften der ABB oder sogar mit Wettbewerbern wird kontinuierlich Wissen für das Supply-Management abgeleitet.

## 8.6.4 Am Puls der Öffentlichkeit

Ökonomische und soziale Verantwortung – dazu gehört auch das klare Bekenntnis zum Wirtschaftsstandort Deutschland. Aktuelles Beispiel: die Investition von rund 18 Millionen Euro in ein innovatives Logistikzentrum am Standort Lüdenscheid.

Soziales Engagement zeigen auch die Mitarbeiter von Busch-Jaeger. Seit 2000 ist ABB Deutschland Hauptsponsor der Special Olympics Deutschland. Der größten Sportbewegung für geistig und mehrfach behinderte Menschen. Seitdem engagieren sich hier auch die Mitarbeiter von Busch-Jaeger. Mit dem Ziel, Menschen mit Behinderung zu Gewinnern zu machen. Jedes Jahr werden es mehr. Sie opfern fünf Tage Urlaub, um als so genannte »Volunteers« die Special Olympics und deren Athleten zu unterstützen. Ein Engagement ohne jede Alibifunktion. Sie kehren begeistert zurück, haben nicht nur etwas gegeben, sondern auch viel gewonnen. Es entstehen neue Kontakte und Freundschaften. Das Unternehmen Busch-Jaeger fördert dieses Engagement und ist stolz auf die Mitarbeiter, die sich hier engagieren.

Verantwortung erkennen und übernehmen. Dinge ständig vom Guten zum Besseren verändern. Ein wesentliches Element der Unternehmensphilosophie. Das gilt auch für die Belastung der Umwelt und der Menschen durch Herstellung, Lagerung, Transport, Nutzung und Entsorgung von Produkten. Und durch den Betrieb technischer Einrichtungen und Anlagen. Diese Belastung so niedrig wie möglich zu halten und ständig zu verringern ist erklärtes Unternehmensziel. Dazu gehört die schonende Nutzung der natürlichen Ressourcen und die Minimierung von Gefährdungspotenzialen. Klar definierte Rangfolge in Sachen Abfall: 1. vermeiden, 2. wiederverwenden, 3. entsorgen.

Als einer der größten Arbeitgeber in Lüdenscheid und Aue pflegt Busch-Jaeger intensive Kontakte zu Behörden und zu anderen Unternehmen. Zu Wirtschaft, Politik und Kultur. Sie finden ihren Niederschlag in zahlreichen Veranstaltungen. Das moderne Kundenschulungs-Zentrum am Standort Lüdenscheid bietet hierfür hervorragende Voraussetzungen. Und trägt dazu bei, partnerschaftliche Beziehungen zu pflegen, Image und Marken-Bekanntheitsgrad zu stärken.

## 8.6.5 Kooperationen –
## Stärkung der Marke über Branchengrenzen hinaus

Busch-Jaeger engagiert sich in ausgewählten Kooperationen und Initiativen. Das Ergebnis: Stärkung der Marke über Branchengrenzen hinaus und zielgruppengerechte Ansprache spezieller Kundensegmente wie zum Beispiel Architekten. Hierdurch kommt es zu Synergien und zur Verstärkung von Kommunikationseffekten. Hier einige Beispiele:

Modernste Technologie und Spitzendesign: Dieser Anspruch verbindet Busch-Jaeger und Bang & Olufsen. Bang & Olufsen, dänischer Hersteller anspruchsvoller audiovisueller Unterhaltungssysteme, ist der unumstrittene Innovationsführer der Branche im Premiumsegment. Aus dieser besonderen Partnerschaft entstehen kompatible Produkte, die innovative Gebäudesystemtechnik und Unterhaltungselektronik intelligent miteinander vernetzen. Anschauliches Beispiel dafür, wie höherer Kundennutzen durch System-Kompatibilität die Vorteile moderner Gebäudesystemtechnik erlebbar macht.

Innovative Gebäudesystemtechnik von Busch-Jaeger spielt auch bei den Badinszenierungen des TV-bekannten Einrichtungsprofis Rick Mulligan eine Rolle. In seinem Bäder-Showroom in Düsseldorf ist zu erleben, was heute in Sachen Badeinrichtung technisch und gestalterisch möglich ist. Vernetzte Installationssysteme, gesteuert über Control-Panels von Busch-Jaeger, regeln Beleuchtung, Musik, Wasser, Raumheizung und Meldeanlagen. Für Busch-Jaeger eine höchst interessante Exkursion in ein ganz spezielles Lifestyle-Segment.

»Elektromarken. Starke Partner.« – eine Initiative von inzwischen 20 bedeutenden Markenherstellern für Elektroinstallationstechnik. Gegründet 2005. Busch-Jaeger war von Anfang an dabei. Ziel der gebündelten Aktivitäten: das Markenbewusstsein beim Einkauf und

Abb. 11:   *Bang & Olufsen und Busch-Jaeger – eine Partnerschaft, die faszinierende Möglichkeiten innovativer Gebäudesystemtechnik erlebbar macht*

beim Einsatz von Produkten für die Elektroinstallation schärfen. Der Erfolg ist spürbar: Innerhalb kürzester Zeit ist es gelungen, die Leistungsfähigkeit starker Marken deutlich zu machen.

Ein weiteres Beispiel: die »Initiative Lebens(t)raum Bad«. Eine Kooperation führender Hersteller von Sanitär- und Elektroprodukten sowie von Bauelementen und Beleuchtungssystemen. Ihr Ziel ist es, die Entwicklung ganzheitlicher zielgruppenorientierter Badlösungen zu fördern. Auch hier ist Busch-Jaeger mit Begeisterung und Engagement eine treibende Kraft. Als Markenhersteller, der seinen Kunden nicht nur Einzelprodukte, sondern in zunehmendem Maße umfassende Lösungen anbietet.

Zu den regionalen Initiativen, in denen Busch-Jaeger sich engagiert, gehört »Gebäudetechnik Südwestfalen e.V.« – eine Vereinigung namhafter Unternehmen der südwestfälischen Sanitär- und Elektrobranche, Bildungseinrichtungen, Planer und Handwerksbetriebe. Ihr Motto: »Regionale Stärken stärken«. Erreicht werden soll dies durch eine aktive interdisziplinäre Zusammenarbeit und durch eine enge Kooperation mit regionalen Bildungseinrichtungen, Instituten und Hochschulen. Für Busch-Jaeger bietet sich hier eine gute Gelegenheit, Erfahrungen zu sammeln, die in eigene Ausbildungsprogramme einfließen.

Zu Bildungseinrichtungen wie Fachhochschulen, Hochschulen und auch zu Allgemeinbildenden Schulen pflegt das Unternehmen intensive Kontakte. Ein »kooperatives Studienmodell« beispielsweise ist die Basis für die Vergabe von Praxisarbeiten, die Durchführung von Praxissemestern und Diplomarbeiten sowie interne Seminare.

Im Rahmen des Forschungsprogramms »$M^3$ – Marke, Mitarbeiter, Management« arbeitet Busch-Jaeger außerdem intensiv mit dem Institut für Marketing und Handel (IMH) der Universität St. Gallen zusammen. Erklärte Ziele: Erweiterung der gemeinsamen Wissensbasis im Bereich des Behavioral Branding und Gewinnung neuer Impulse für die eigene Markenstrategie.

## 8.7 Das Erfolgskonzept?
## Die Marke leben – mit Begeisterung!

Unternehmensphilosophie, Managementsystem, Qualitätssicherung, Verbesserungsprozesse – all das gibt es auch bei vielen anderen Unternehmen. Was macht Busch-Jaeger anders als andere? Warum dient das Busch-Jaeger Modell inzwischen vielen ambitionierten Unternehmen als Benchmark? Was ist das Erfolgskonzept?

Das ganzheitlich angelegte Unternehmensmodell ist sicherlich ein Grund für die tiefgreifenden Veränderungen, die Busch-Jaeger in nur wenigen Jahren so weit nach vorn gebracht haben. Doch das ist es nicht allein. Sicherlich ist es Busch-Jaeger in allen Bereichen gelungen, das Prozess-Struktur-Modell konsequent und umfassend in die Praxis umzusetzen, dadurch erhebliche Qualitätsverbesserungen zu erzielen und eine starke Kundenorientierung in allen Unternehmensbereichen zu verankern.

Ganz wesentliches Kriterium für den Weg nach vorn war die Konsequenz, mit der bei Busch-Jaeger Veränderung umgesetzt – und als kulturelle Errungenschaft auf allen Ebenen angenommen wurde. Dazu kommt die logische und nachvollziehbare Vernetzung von Theorie und Praxis. Es waren die Menschen, die den Wandel angedacht und angestoßen haben. Die damit einen Dominoeffekt ausgelöst und viele Steine ins Rollen gebracht haben. Große Steine. Menschen, die mit ihrer ganzen Persönlichkeit, ihrer starken Ausstrahlung, ihren überzeugenden Argumenten und mit ansteckender Begeisterung die Vision des neuen Unternehmens Busch-Jaeger kommuniziert haben. Nicht nur einmal, sondern immer wieder. In jedem Gespräch, in jeder Betriebsversammlung, auf jeder Veranstaltung.

Und es waren die Menschen, die sich von diesen Emotionen bewegen, von diesem »Virus« anstecken ließen. In erster Linie die Mitarbeiter, für die der Begriff »Veränderung« von Natur aus nicht unbedingt positiv belegt ist. Sie haben sehr schnell begriffen – und auch an konkreten Beispielen gesehen –, dass es hier nicht nur um Worte, sondern um Taten ging. Dass ein komplettes Unternehmen in Bewegung geriet. Und diese Bewegung war keine Rutschpartie, sondern ein steter Vorwärtsdrang, der immer größere Dynamik aufnahm und alle mitriss.

Die Veränderungen waren aber nicht nur spürbar, sondern auch sichtbar. Das Erscheinungsbild der Busch-Jaeger Elektro GmbH veränderte sich. Stück für Stück. Die Gebäude, das Firmengelände, die interne und externe Kommunikation, das Design – und auch das Selbstbewusstsein.

Die konsequente Ausrichtung auf den Kunden hatte Auswirkungen auf alle Unternehmensbereiche. Sie förderte die Entwicklung neuer Produkte. Innovative Designlinien entstanden und bereicherten das Programm, wurden wiederholt für herausragendes Design ausgezeichnet. Lösungsorientiertes Denken wurde immer wichtiger. Wer sind unsere Kunden und was brauchen sie wirklich? Eine Antwort auf diese Frage: Innovative Technik von Busch-Jaeger muss intuitiv bedienbar sein, muss schon heute den Anforderungen von morgen entsprechen. Stichwort: demographischer Wandel. Produkte, die der »Generation 50plus« den entscheidenden Mehrwert an Komfort, Sicherheit und Wirtschaftlichkeit bieten, sind längst fester Bestandteil der Produktpalette von Busch-Jaeger.

Parallel zu den internen Veränderungen im Unternehmen wurde auch der Wandel in der Marktstrategie deutlich: vom Schalterhersteller zur »starken Marke«. Dieser Wandel manifestiert sich, speziell in der Kommunikation, durch mehr Selbstbewusstsein, mehr Gefühl, mehr Emotionen. Umgesetzt in Form einer Kommunikation, die nicht nur den Elektroinstallateur und den Elektrogroßhandel als Kunden erkennt, sondern ebenso den Architekten und den Endanwender.

Vorläufiger Höhepunkt der Neuausrichtung der Kommunikation war der Ende 2005 erstmals gezeigte Fernseh-Werbespot. Selbstbewusst platziert zur besten Sendezeit. Temporeich und emotional in Szene gesetzt, inhaltlich mit klarer Zielrichtung auf den Endkunden und mit der Betonung der Partnerschaft zu Elektrogroßhandel und -handwerk. Der Spot ist ein aufmerksamkeitsstarkes Beispiel für Innovation auch in der Kommunikation. Einer Kommunikation, die neue Anwendungsfelder aufzeigt und moderne Gebäudesystemtechnik erstmals auch für ein Millionenpublikum erlebbar macht. Applikationswerbung, die Produkte und beispielhafte Lösungen zeigt und dabei auf Emotionen setzt.

reddot design award
winner 2007

Abb. 12: *Ausgezeichnet mit dem »Red Dot Design Award 2007«: das Schalterprogramm pur Edelstahl, das auch mit seiner innovativen Oberflächenvergütung beeindruckt*

Eine der Maßnahmen, die dazu geführt haben, dass Busch-Jaeger im Markenbekanntheitsranking der Branche auf Platz eins steht.

Eine in erster Linie nach außen gerichtete Kommunikation, die aber auch nach innen Wirkung zeigt. Mitarbeiter werden im Bekanntenkreis auf »ihr Unternehmen« angesprochen. Das macht stolz. Mitarbeiter werden zu Repräsentanten, zu Markenbotschaftern. Sie identifizieren sich mit dem Unternehmen – und sind plötzlich auch durchaus bereit, unangenehme Management-Entscheidungen zu akzeptieren und mitzutragen. Der Erfolg des Unternehmens wird zum persönlichen Erfolg jedes Einzelnen. Veränderung ist nichts Außergewöhnliches mehr, sondern wird zum Bestandteil des Alltags. Weil man verstanden hat, um was es geht. Weil man dazu gehört.

## 8.8 Die nächste Vision: Weltklasseniveau erreichen!

Geschwindigkeit, Kreativität und Visionen bestimmen die Ausrichtung des Unternehmens Busch-Jaeger. Kompetenz, Begeisterung und Leidenschaft sollen auch künftig Antriebskraft dafür sein, den Kunden die besseren Produkte und Lösungen anbieten zu können.

Besondere Bedeutung kommt dabei dem Zukunftsmarkt Gebäudesystemtechnik zu. Mit den Nutzenkategorien Komfort, Sicherheit und Wirtschaftlichkeit. Hier sind auch in den kommenden Jahren hervorragende Wachstumsperspektiven zu erwarten. Ein Unternehmensziel: Der Marke Busch-Jaeger weitere Kundenkreise erschließen für diese zukunftsweisende und zukunftssichere Technologie, und zwar sowohl im Bereich Industrie- und Verwaltungsbau als auch im Wohnungsbau. Dabei geht es darum, Lösungen zu vermarkten statt einzelner Produkte und damit gleichzeitig für den Endkunden einen Beitrag zu leisten zum Thema Nachhaltigkeit. Denn nur so wird es möglich sein, Wachstum allein schon durch höherwertige Gebäudeausstattung zu generieren. Selbst bei einer stagnierenden Neubaukonjunktur.

Marke, Mitarbeiter und Management bei Busch-Jaeger – das ist eine sich permanent bewegende, sich verändernde Einheit. Zusammengeschweißt durch einen hohen Anspruch an Qualität und Innovation. Angetrieben von der Begeisterung für eine Arbeit, die alle weiterbringt: die Kunden, die Mitarbeiter, die Marke und das Unternehmen.

Verantwortung übernehmen. Für andere Menschen. Für die Umwelt. Für die Gesellschaft. Für die Werte, die uns wichtig sind und die uns voran bringen. Das Gute noch besser machen und selber immer besser werden. Die Marke stark machen, Markenbotschafter sein. Glaubwürdig und aus Überzeugung.

Getragen von einer Philosophie, deren Kern die Aufforderung an jede Führungskraft und jeden Mitarbeiter ist: Sei exzellent – bei allem was Du tust!

Auf diese Weise wird es gelingen, auch das nächste Ziel zu erreichen. Und dieses Ziel heißt Weltklasseniveau.

**Heinz-Peter Paffenholz,** Diplom-Betriebswirt, ist Mitglied des Vorstands der ABB Deutschland und Arbeitsdirektor.
Nach verschiedenen Tätigkeiten in der chemischen Industrie mit den Schwerpunkten Business Development, Personal und IT, kam Heinz-Peter Paffenholz 1974 zum Schweizer Elektrotechnik-Konzern Brown, Boveri & Cie. (BBC), der 1988 durch Fusion mit der schwedischen ASEA zur ABB wurde. In verschiedenen Unternehmen des Konzerns – ABB Reaktor GmbH, ABB Stotz-Kontakt GmbH, ABB CEAG Sicherheitstechnik GmbH und Busch-Jaeger Elektro GmbH – übte Heinz-Peter Paffenholz in den Bereichen Unternehmensplanung und Organisation, Personal, Controlling, kaufmännische Leitung und Geschäftsführung unterschiedliche Funktionen aus. Seit 2001 ist Heinz-Peter Paffenholz als Mitglied des Vorstandes der ABB zu ständig für den Sektor Automationsprodukte. Außerdem seit 2003 Arbeitsdirek tor der ABB Deutschland. Seit 2005 hat er im Bereich Automationsprodukte die Funktion des Regional Division Managers Central Europe inne und verantwortet seit 2006 im Vorstand den gesamten Geschäftsbereich Automation (Prozessau tomation, Roboter, Automationsprodukte). Insbesondere während seiner Tätigkeit als Vorsitzender der Geschäftsführung der Busch-Jaeger Elektro GmbH hat Heinz-Peter Paffenholz den Wandel und die Entwicklung des Unternehmens maßgeblich initiiert und gesteuert.

**Andreas Gerecke,** Dipl.-Ing. Maschinenbau-Produktionstechnik, ist Geschäftsführer der Busch-Jaeger Elektro GmbH mit den Verantwortungsbereichen Operations, Logistik, Qualität, IT und Zentrale Dienste.
Andreas Gerecke war in verschiedenen Managementfunktionen bei namhaften marktführenden Unternehmen tätig und trug dort Verantwortung für unterschiedliche Aufgabenstellungen. Operative Schwerpunkte waren:
⇨ das Toyota-Produktionssystem
⇨ SAP R/3-Einführungen und Optimierungen
⇨ Business-Excellence und Change-Management

Zu den im Rahmen dieser Tätigkeiten erreichten Auszeichnungen gehören »Fabrik des Jahres«, Excellence Awards, Bayerischer Qualitätspreis und Ludwig-Erhard-Preis. Andreas Gerecke veröffentlichte zahlreiche Fachbeiträge und vermittelt sein Wissen in Fach- und Führungsseminaren sowie Trainings.

Stand: Oktober 2007

## Literatur

[1]   ESCH, F.-R.: *Moderne Markenführung, 4. Auflage. Wiesbaden: Gabler 2005, S. 60 und
      ESCH, F.-R.: Strategie und Technik der Markenführung, 3. Auflage, München: Vahlen 2005*

[2]   HAHN, D. / HUNGENBERG, H.: *PuK: Planung und Kontrolle, Planungs- und Kontrollsys-
      teme, Planungs- und Kontrollrechnung. Werteorientierte Controllingkonzepte, 6. Auflage.
      Wiesbaden: Gabler 2001, S. 13*

[3]   INTERBRAND: *The Best Global Brands 2006 Report, in: http//www.ourfishbowl.com/images/
      surveys/BGB06Report_072706.pdf, Stand: 24.05.2007*

[4]   ESCH, F.-R. / WICKE, A. / REMPEL, J.E.: *Herausforderungen und Aufgaben des Markenma-
      nagements, in ESCH, F.-R.: Moderne Markenführung, 4. Auflage. Wiesbaden: Gabler 2005,
      S. 3-55.*

[5]   MEFFERT, H. / BURMANN, C. / KOERS, M.: *Markenmanagement – Grundlagen der identi-
      tätsorientierten Markenführung, Wiesbaden: Gabler 2002*

[6]   COYLER, E.: *»Promoting brand alliegance within«, in www.brandchannel.com/
      start1asp?id=171, Stand 24.05.2007*

[7]   CHERNATONY, L. DE: *From brand vision to brand evaluation: Strategically building and
      sustaining brands, Oxford, Auckland, Boston: Butterworth Heinemann 2001, S. 71*

[8]   JOACHIMSTHALER, E.: *Mitarbeiter – Die vergessene Zielgruppe für Markenerfolge, in Absatz-
      wirtschaft, 35. Jg., Heft 11, S. 28-34*

[9]   PRICEWATERHOUSECOOPERS: *Is the brand important to HR managers?, Survey
      findings, Frankfurt: PriceWaterhouseCoopers 2002, S. 3*

## Zusammenfassung

Die Busch-Jaeger Elektro GmbH ist Markführer im Bereich Elektroinstallationstechnik mit 128-jähriger Tradition und einer starken partnerschaftlichen Verbindung zu Elektrogroßhandel und -handwerk. Dem Unternehmen ist es gelungen, durch Einführung eines kunden- und mitarbeiterorientierten Unternehmensmodells einen tiefgreifenden Wandel zu vollziehen. Das Ergebnis manifestiert sich durch Verbesserungen auf allen Ebenen des Unternehmens, motivierte Mitarbeiter, erstklassige Produkte und Lösungen, deutliche Steigerungen bei der Kundenzufriedenheit, Begeisterung für die Marke und die Spitzenposition der starken Marke in der Branche.

Ein Prozess-Struktur-Modell bildete die Basis für einen grundlegenden Bewusstseinswandel hin zu einem konsequent kundenfokussierten Prozessdenken. Es entstand ein ganzheitliches Konzept, stark angelehnt an das EFQM-Modell für unternehmerische Excellence.

Die Implementierung des Prozess-Struktur-Modells war außerdem die Voraussetzung für den Neubau einer innovativen Zentrallogistik, mit der Busch-Jaeger hinsichtlich Produktbereitstellung und optimierter Lieferprozesse eine Vorreiterrolle in der Branche übernommen hat.

Ausgezeichnet wurden Konsequenz und Erfolg des ambitionierten Veränderungsprozesses der Busch-Jaeger Elektro GmbH mit dem Ludwig-Erhard-Preis in Silber (2005) und Gold (2006) für unternehmerische Excellence.

# 9 Einführung eines länderübergreifenden Managementsystems

**Die Einführung eines Managementsystems (MS) ist besonders dann eine Herausforderung, wenn das Unternehmen international agiert. Die Fujitsu Siemens Computers ITPS GmbH führte ein MS mit zentraler Governance in 22 Ländern ein.**

--------------------------------------------------
**In diesem Beitrag erfahren Sie:**
- welche Vorteile ein länderübergreifendes Managementsystem mit zentraler Governance bietet,
- wie Konformität zur ISO 9001:2000, ISO 27001: 2005 und ISO 20000-1:2005 erzielt wurde,
- wie die Implementierung bei der FSC ITPS GmbH gelang.
--------------------------------------------------

MARKUS WERCKMEISTER, MICHAEL WOLF

## 9.1 Einleitung

Der nachfolgende Artikel beschreibt die Einführung eines Managementsystems mit zentraler Governance sowie dessen Zertifizierung im Rahmen eines internationalen Matrixzertifikates nach den Normen ISO 9001 (Qualität), ISO 27001 (IT-Security) und ISO 20000 (ITIL – IT-Infrastructure Library) beim IT-Service Dienstleister Fujitsu Siemens Computers IT-Product Services (FSC ITPS).

Das Unternehmen FSC ITPS besitzt seit November 2006 als weltweit erster IT-Dienstleister ein länderübergreifendes Managementsystem konform zu den oben angeführten Regelwerken in einer Governance-Struktur mit zentraler Steuerung.

Die vorliegende Case-Study illustriert die Einführung des internationalen Managementsystems mit zentraler Governance bei FSC ITPS sowie dessen Zertifizierung durch die DQS.

## 9.2 Hintergrund

Das Unternehmen Fujitsu Siemens Computers IT Product Services GmbH & Co. KG wurde am ersten April 2006 unter dem Dach der Holding der Fujitsu Siemens Computers B.V. mit Sitz in den Niederlanden gegründet. Davor war es als Bereich für produktnahe IT-Service Dienstleistungen unter dem Namen »Product Related Services« (PRS) Teil des Siemens IT-Service Dienstleisters Siemens Business Services (SBS).

Durch den Verkauf wurde es für die FSC ITPS notwendig, ihr Managementsystem neu zertifizieren zu lassen, da die zuvor für den Bereich PRS mit geltenden Zertifikate von Siemens Business Services nicht auf das nun eigenständige Unternehmen übertragen werden konnten.

Aufgrund des wachsenden Wettbewerbs in einem sich konsolidierenden Markt für produktnahe IT-Service Dienstleistungen entschied das Management der FSC ITPS, das Managementsystem nicht nur nach den Normen ISO 9001 (Qualität) und ISO 27001 (IT-Sicherheit), sondern zusätzlich auch nach ISO 20000 (IT-Service-Management) gemäß ITIL (IT-Infrastructure Library) zertifizieren zu lassen. Auf diese Weise sollte den zunehmenden Kundenanforderungen hinsichtlich der Nachweise für die Einhaltung von SLAs (Service-Level-Agreements) und deren internationaler, konsistenter und konsequenter Umsetzung begegnet werden.

Bei ITIL handelt es sich um ein Regelwerk, das die für den Betrieb einer IT-Infrastruktur notwendigen Prozesse beschreibt. Die Prozesse bei ITIL orientieren sich nicht an der Technik, sondern an den durch den IT-Betrieb erbrachten Dienstleistungen. [1]

Gerade im IT-Dienstleistungsmarkt führt eine erfolgreiche Zertifizierung nach ITIL zu erheblichen Wettbewerbsvorteilen, da sie die Transaktionskosten des Kunden erheblich senkt.

## 9.3 Beschreibung und Nutzen von ITIL

Die drei Hauptziele des IT-Service-Managements sind

⇨ zum Einen die IT-Services auf die gegenwärtigen und zukünftigen Anforderungen des Unternehmens und seiner Kunden auszurichten,

⇨ zum Anderen die Qualität der erbrachten IT-Services zu verbessern, und letztlich

⇨ die langfristigen Kosten der Service-Tätigkeit zu reduzieren.

Die IT wird nun schon seit Jahrzehnten in großem Maßstab eingesetzt. In der letzten Zeit hat vor allem das Internet gezeigt, dass für viele moderne, auf E-Business beruhende Unternehmen gilt: »IT ist das Geschäft« und »Das Geschäft ist IT«.

Die ITIL-Philosophie baut auf einen prozessorientierten skalierbaren Ansatz, der sowohl in großen als auch kleinen IT-Unternehmen anwendbar ist. Nach dieser Philosophie besteht IT- Service-Management aus einer Reihe von eng aufeinander bezogenen und hochgradig verzahnten Prozessen. Damit die Hauptziele des Service-Managements erreicht werden können, müssen diese Prozesse so gestaltet sein, dass die Personal- und Produkt-Ressourcen beim Erbringen qualitativ hochwertiger innovativer, auf Geschäftsprozesse ausgerichteter IT-Services auf wirkungsvolle, effiziente und effektive Weise genutzt werden.

Aus dieser Philosophie geht hervor, dass Richtlinien mit detaillierten Vorgehensweisen zu einzelnen Prozessen des IT-Service-Managements innerhalb von IT-Infrastructure-Library (ITIL) dargelegt und über die Kriterien des Self-assessment workbook BIP 0015:2006 des BSI (British Standards Institute) bis hin zur Norm ISO/IEC 20000-1:2005 ergänzt wurden.

Es ist sehr wichtig, sich bewusst zu machen, dass die meisten Unternehmen von der Infrastruktur der Informations- und Kommunikations-Technologie (Information and Communications Technology – ICT) sowie von der Quantität, Qualität und der Verfügbarkeit der Informationen, die von einer solchen Infrastruktur geboten und gestützt werden, sehr stark abhängig sind.

Die Herausforderung, mit der die IT-Manager von heute konfrontiert sind, besteht darin, durch Koordination und partnerschaftliche Zusammenarbeit mit dem Unternehmen neue geschäftliche Chancen zu erschließen. Dieses Ziel muss bei gleichzeitiger Senkung der Gesamtkosten (Total Cost of Ownership – TCO) erreicht werden. Das wichtigste Verfahren, mit dem dieses Ziel zu erreichen ist, besteht darin, die Gesamtkosten für Management und Support zu senken und zugleich neue Geschäftsmodelle zu entwickeln, um die Qualität des Service, der dem Unternehmen geboten wird, zu erhalten oder zu steigern. Zu diesem Zweck müssen geeignete Geschäfts- und IT-Abläufe entwickelt und eingeführt werden. Beim IT-Service Management geht es in erster Linie um den effizienten und effektiven Einsatz der drei »P« Personal, Prozesse und Produkte (Hilfsmittel und Technologie). Daraus lassen sich in ITIL Management-Ziele für die einzelnen Prozesse ableiten:

*Incident-Management*
Wiederherstellung von Services so schnell wie möglich, maximal in vereinbarter Zeit

*Problem-Management*
Vorbeugung/Reduktion von Störungen durch Korrektur/Vermeidung von Fehlern

*Configuration-Management*
Bereitstellung gesicherter und aktueller Informationen über die zur Leistungserbringung verwendeten Konfigurationselemente

*Change-Management*
Termingerechte Implementation von Changes mit minimalen Risiken

*Release-Management*
Termingerechter und störungsfreier Rollout von geprüften und freigegebenen Hardware- und Softwarekomponenten

*Service-Level-Management*
Sicherstellung der Übereinstimmung zwischen der erbrachten und vereinbarten Leistung

*Finance-Management*
Bereitstellung von Finanzinformationen zur betriebswirtschaftlichen Steuerung der Organisation

*Capacity-Management*
Sicherstellung der vereinbarten Leistung zu wirtschaftlichen Bedingungen

*Continuity-Management*
Sicherstellung der Serviceleistung in Ausnahmesituationen

*Availability-Management*
Gewährleistung der vereinbarten Serviceverfügbarkeit

Werden diese Ziele als ein in einander in Beziehung stehendes System verstanden, so sind sie die ausrichtenden Komponenten der Prozesse, die in einem Managementsystem zusammengefasst sind.

## 9.4 Darstellung der Normen im Einzelnen

### 9.4.1 ISO 9001

Die Norm EN ISO 9001 legt die Anforderungen an ein Qualitätsmanagementsystem (QM-System) für den Fall fest, dass eine Organisation ihre Fähigkeit darlegen muss, Produkte bereitzustellen, die die Kundenzufriedenheit erhöhen.
Diese Norm beschreibt modellhaft das gesamte Qualitätsmanagementsystem und ist Basis für ein umfassendes Qualitätsmanagementsystem.

Die acht Grundsätze des Qualitätsmanagements lauten:
⇨ Kundenorientierung
⇨ Verantwortlichkeit der Führung
⇨ Einbeziehung der beteiligten Personen
⇨ Prozessorientierter Ansatz
⇨ Systemorientierter Managementansatz
⇨ Kontinuierliche Verbesserung
⇨ Sachbezogener Entscheidungsfindungsansatz
⇨ Lieferantenbeziehungen zum gegenseitigen Nutzen

Die Einführung eines Qualitätsmanagementsystems ist eine strategische Entscheidung einer Organisation.

Wenn eine Organisation sich stärker an ihren Kunden orientieren will, um Wettbewerbsvorteile zu erlangen, hat sie mit dieser Norm einen Mantel, mit dem sie sich kleiden kann. Die Norm gibt nur einen bestimmten Rahmen vor, der viel weiter gefasst ist als die Vorgängernormen.

Der prozessorientierte Ansatz basiert auf den vier Hauptprozessen einer Organisation, welche einen Input in einen Output umwandeln. Die acht Hauptkapitel der Norm sind:
⇨ (Kapitel 1-3 enthalten Vorwort und Allgemeines)
⇨ Kapitel 4: Qualitätsmanagementsystem (allgem. Anforderungen, dokumentierte Anforderungen, QM-Handbuch, Lenkung von Dokumenten, Lenkung von Aufzeichnungen)
⇨ Kapitel 5: Verantwortung der Leitung
⇨ Kapitel 6: Management von Ressourcen
⇨ Kapitel 7: Produktrealisierung
⇨ Kapitel 8: Messung, Analyse und Verbesserung

Die Norm betrachtet diese Prozesse (Vorgänge) und vergleicht die Eingabe mit der Ausgabe.

Die aktuelle EN ISO 9001 wurde letztmalig im Jahr 2000 überarbeitet (9001:2000). Die nächste Veröffentlichung ist für das Jahr 2008 geplant.

## 9.4.2 ISO 27001

Die internationale Norm ISO/IEC 27001:2005 »Information technology – Security techniques – Information security management systems – Requirements« spezifiziert die Anforderungen für Herstellung, Einführung, Betrieb, Überwachung, Wartung, und Verbesserung eines dokumentierten Informationssicherheits-Managementsystems. Sie berücksichtigen dabei die Risiken innerhalb der gesamten Organisation. Hierbei werden sämtliche Arten von Organisationen (z. B. Handelsunternehmen, staatliche Organisationen, Non-Profitorganisationen) adressiert.

Die Norm spezifiziert Anforderungen für die Implementierung von geeigneten Sicherheitsmechanismen, welche an die Gegebenheiten der einzelnen Organisationen adaptiert werden sollen.

## 9.4.3 ISO 20000

Die ISO/IEC 20000 geht auf den ehemals vorhandenen British Standard BS 15000 zurück. In einem »fast Tracking«-Verfahren wurde der BS 15000 von dem Joint Technical Committee ISO/IEC JTC 1, Information technology, in die ISO 20000 überführt und am 15. Dezember 2005 veröffentlicht.

Die ISO 20000 ist ein international anerkannter Standard zum IT-Service-Management, in dem die Anforderungen für ein professionelles IT-Service-Management dokumentiert sind.

Die ISO 20000 IT-Service-Management dient als messbarer Qualitätsstandard für das IT-Service-Management (ITSM). Dazu werden in der ISO 20000 die notwendigen Mindestanforderungen an Prozesse spezifiziert und dargestellt, die eine Organisation etablieren muss, um IT-Services in definierter Qualität bereitstellen und managen zu können.

Die Einführung, Aufrechterhaltung und Weiterentwicklung eines Management Systems gemäß ISO 20000-1:2005 kann zertifiziert werden. Damit besteht die einzige Möglichkeit, die erfolgreiche Implementierung eines IT-Service-Management anhand eines internationalen Standards objektiv zu messen und zu zertifizieren (Anmerkung: eine ITIL Zertifizierung einer IT-Organisation ist nicht möglich, da ITIL kein Standard, sondern eine Sammlung von Best practice Ansätzen ist).

Die ISO 20000 Zertifizierung muss durch eine autorisierte Organisation (Registered Certification Bodies (RCBs)) erfolgen. Die ISO 20000 ist ausgerichtet an den Prozessbeschreibungen, wie sie durch die IT Infrastructure Library (ITIL) des Office of Government Commerce (OGC) beschrieben sind, und ergänzt diese komplementär. Innerhalb der ISO 20000 werden dazu die folgenden Anforderungen und Prozesse definiert:

⇨ Anforderungen an das Management-System
⇨ Planung und Implementierung des Service-Managements
⇨ Planen und Implementieren neuer oder geänderter Services
⇨ Service-Level-Management
⇨ Service-Reporting
⇨ Availability und Service-Continuity-Management
⇨ Finanzplanung und Kostenrechnung für IT-Services
⇨ Capacity-Management
⇨ Information-Security-Management
⇨ Business-Relationship-Management
⇨ Supplier-Management
⇨ Incident-Management
⇨ Problem-Management
⇨ Configuration-Management
⇨ Change-Management
⇨ Release-Management

## 9.5 Das Unternehmen Fujitsu Siemens Computers IT Product Services GmbH & Co. KG

Die Fujitsu Siemens Computers IT-Product Services GmbH & Co. KG ist ein Unternehmen der IT-Branche, das Service-Dienstleistungen im Umfeld von IT-Infrastrukturlösungen anbietet. Mit 4000 Mitarbeitern in 22 europäischen Ländern erzielte das Unternehmen im Jahr 2005 einen Umsatz von 1,3 Milliarden Euro. Der Großteil des Umsatzes entfällt dabei auf länderübergreifende Projekte internationaler Kunden aus den Branchen Manufacturing, Banking, Retail sowie öffentliche Auftraggeber.

Das Service-Portfolio der FSC ITPS reicht von produktnahen Dienstleistungen wie der Wartung von Hard- und Software mit gestaffelten Reaktionszeiten (von Bring-In über die Reparatur vor Ort mit fest vereinbarten Wiederherstellzeiten der Verfügbarkeit – bis hin zu 7x24h Helpdesk-Lösungen) über IT-Transformation, d.h. der Unterstützung des Kunden bei der Optimierung der Wirtschaftlichkeit seiner IT-Infrastrukturen, z.B. durch Installation von aktueller Software oder der Beschaffung von neuen, an die Anforderungen des Kunden angepasste Hard- und Softwarelösungen.

Darüber hinaus bietet FSC ITPS auch sog. »Infrastructure Service Solutions« an. Dies sind komplexe Beratungsdienstleistungen, z. B. bei Fragen der ununterbrochenen Verfügbarkeit (Hochverfügbarkeit – High Availability) der IT-Infrastruktur des Kunden oder bei der Verwaltung und Optimierung des immer weiter wachsenden Speicherbedarfs betrieblicher Daten sowie Konzepten zur Datensicherung und -wiederherstellung.

Vor dem Hintergrund des international angebotenen Portfolios hat sich die FSC ITPS entschlossen, ein internationales Managementsystem mit zentraler Governance einzuführen und zertifizieren zu lassen, um mit weltweit einheitlichen Prozessen einen einheitlichen und den qualitativ hochwertigsten Service in diesem sensiblen Umfeld für seine Kunden zu gewährleisten.

## 9.6 Geschäftsfelder und Kunden der FSC ITPS

Viele der Kunden von FSC ITPS sind international agierende Unternehmen, die einen weltweit einheitlichen und konsistenten sowie den qualitativ hochwertigsten Service erwarten.

Jedes Unternehmen hat unterschiedliche Anforderungen an die Verfügbarkeit seiner IT. Eine Bank wird sicherlich andere Vorkehrungen treffen als ein produzierendes, mittelständisches Unternehmen.

Die Befragung von über 700 CIO's (Chief Information Officers) in acht europäischen Ländern hat ergeben, dass sich CIO's neben Sicherheitsaspekten vor allem über die 24-Stunden Verfügbarkeit ihrer Systeme und mögliche Ausfallkosten den Kopf zerbrechen. Investmentbanken etwa diskutieren erst gar nicht darüber, wie viele Daten bei einem Systemabsturz verlorengehen dürfen; eine 100-prozentige Datensicherung ist für sie existentiell. Genau so wenig kann zum Beispiel die US-amerikanische Gtech Corporation, die weltweit die meisten staatlichen Lotterien managed, Kompromisse in Sachen Verfügbarkeit eingehen. Die Bundesstaaten erheben Strafen von bis zu 10 000 Dollar je Minute, in der das Computersystem nicht erreichbar ist.

Viele Unternehmen beauftragen externe Spezialisten damit, die Verfügbarkeit der IT-Systeme ununterbrochen zu gewährleisten, damit sie sich ausschließlich auf ihre eigenen Kernkompetenzen konzentrieren können. Doch bei der Auswahl der Managed-Services Anbieter ergeht es den Unternehmen oft wie der Königstochter im »Froschkönig« der Gebrüder Grimm. Mit dem Unterschied, dass hier viele Frösche um die Gunst der Prinzessin buhlen, deren Frage lautet: »Hinter welchem der Frösche verbirgt sich der edle Prinz?« – will meinen wo liegen die wesentlichen Qualitätsunterschiede, wenn Leistungsportfolios immer ähnlicher werden?

Gefragt sind hier neutrale und am Kundennutzen orientierte Wegweiser, die Dienstleistungen und Kompetenzen transparent machen und so einen realistischen Preis-Leistungs-Vergleich ermöglichen. Die Auswahl sollten Firmen so gründlich wie möglich betreiben. Entscheidende Kriterien im IT-Dienstleistungsmarkt sind Know-how und Servicequalität. Allerdings können viele Anbieter diese Kompetenzen leicht für sich beanspruchen, wenn kein neutraler Auditor die Qualität überprüft hat.

Bei der Suche nach dem passenden Anbieter sticht daher ein Merkmal besonders hervor: Zertifizierungen. Denn sind die Service-prozesse des Dienstleisters von externen Prüfern für gut befunden worden, fällt dem Kunden die Entscheidung umso leichter. Einen richtungweisenden Beitrag zur Orientierung liefert die Zertifizierung nach ISO 20000-1 (IT-Servicemanagement nach ITIL).

Die Integration von Prozess- und Businessmanagement in ein einziges Managementsystem hebt hier FSC ITPS von den Mitbe-werbern ab. Durch die Einführung von Prozessen im Rahmen eines Governance-Modells kann FSC ITPS seine globalen Projekte nach einheitlichen Standards abwickeln. Dies wird durch das zentrale Ma-nagementhandbuch der FSC ITPS sichergestellt. Dieses Handbuch ist für jeden Mitarbeiter im Intranet zugänglich. Es regelt verbindlich für alle Mitarbeiter, wer für welche Prozesse im Qualitäts-, Sicherheits- und IT-Service-Management-zuständig ist.

Zusätzlich hat FSC ITPS ein unfangreiches Prozesshaus definiert, das sämtliche zu standardisierenden Geschäftsprozesse abbildet und der Analyse und Optimierung der Prozesslandschaft dient. Um Syner-gieeffekte zu nutzen, wurden bei jedem Projektschritt alle drei Regel-werke geprüft. Diese spezielle Vorgehensweise, der länderübergreifen-de Geltungsbereich des Managementsystems sowie die strikt geführte Governance-Struktur mit zentraler Steuerung wurden in dieser Form erstmals implementiert.

Die nachfolgende Abbildung gibt einen Überblick über den Aufbau des Managementsystems bei FSC ITPS.

Abb. 1:    *Schematische Darstellung des Managementsystems bei FSC ITPS*

## 9.7 Das Qualitätsmanagementsystem bei Fujitsu Siemens Computers IT-Product Services

### 9.7.1 Organisation

Um die Anforderungen des Top-Managements der FSC ITPS hinsichtlich der geforderten Zertifizierung vorzubereiten, zu begleiten und das Ziel der Dreifachzertifizierung in der äußerst kurzen Zeitspanne von April 2006 bis November 2006 erfolgreich umzusetzen, hat der Vorstand der FSC ITPS ein extra dafür abgestelltes Internationales Qualitätsmanagement-Team (IQM-Team) ins Leben gerufen.

Der Chief Quality Officer berichtet direkt an die oberste Leitung der FSC ITPS und ist Mitglied des Executive Council des Unternehmens.

## 9.7.2 Qualitätsziele

Die Leitung der FSC ITPS hat die folgenden Qualitätsziele für die Organisation festgelegt:
⇨ Steigerung der Kundenzufriedenheit
⇨ Verbesserung der Effizienz der Dienstleistungen
⇨ Erhöhung der Mitarbeitermotivation

Diese Ziele werden von den einzelnen Organisationseinheiten heruntergebrochen, verfeinert und ggf. durch zusätzliche interne Ziele ergänzt. Zu Beginn eines jeden Geschäftsjahres legen die Leiter der Organisationseinheiten für ihre Geschäftseinheiten passende, messbare Qualitätsziele fest.

## 9.7.3 Best in Class

Zur Ermittlung von Kennzahlen, bezogen auf das Call-Geschäft, steht ein »Best in Class«-Tool zur Verfügung, anhand dessen die Kennzahlen für Remote Fix Rate, Mean Time to Repair, First Time Fix Rate FSU und Spare Parts per Call über alle Länder und alle Produktsegmente ermittelt werden.
    Daraus ergeben sich Best in Class Werte, aus denen nach einer statistischen Auswertung nach wenigen Monaten fest definierte Qualitätsziele abgeleitet werden.
Die Auswertung aus dem Tool wird in regelmäßigem Abstand einem definierten Verteiler zur Verfügung gestellt.
Auszug aus dem »Best in Class«-Tool:

Used DB =====>

## Remote Fix Rate

C:\Best in Class\Best in Class 200510 to 200609.mdb

| Country | P01 BS2/TD | P02 HES | P03 ES | P04 PC | P05 MRP | P06 SSP | P07 POS | P08 DTP | P09 WS | P10 NET | P11 PRS | P12 to P22 |
|---|---|---|---|---|---|---|---|---|---|---|---|---|
| Austria | 44,22% | 23,74% | 13,59% | 6,94% | | 16,67% | 2,30% | 8,66% | 6,13% | 33,33% | 44,12% | 26,04% |
| Belgium | 46,30% | 29,36% | 9,52% | 1,44% | | 0,00% | 0,00% | 2,32% | 1,36% | 0,63% | 6,46% | 20,77% |
| Croatia | | | | | | | | | | | | |
| Denmark | 46,72% | 37,04% | 24,42% | 11,81% | | 1,14% | 12,95% | 8,81% | 22,94% | 17,59% | 1,10% | 1,14% |
| Finland | 0,00% | 0,00% | 4,08% | 1,17% | | 2,18% | 1,65% | 3,97% | 0,00% | 0,00% | 0,00% | 21,62% |
| Germany | 67,26% | 25,81% | 10,25% | 1,98% | | 22,69% | 0,13% | 19,16% | 1,94% | 13,71% | 0,94% | 21,42% |
| Great Britain | 5,23% | 10,16% | 2,30% | 4,17% | | 0,09% | 11,08% | 11,15% | 4,59% | 10,56% | 45,29% | 9,27% |
| International Support Center | 99,42% | 99,40% | 98,64% | | | | | 36,20% | 100,00% | 0,00% | 8,68% | 97,70% |
| Ireland | 8,00% | 12,96% | 7,91% | 6,23% | | 9,61% | 5,42% | 15,34% | 1,39% | 12,55% | 38,97% | 2,06% |
| Netherlands | 60,00% | 28,02% | 12,20% | 8,44% | | 0,00% | | 3,86% | 17,72% | 0,00% | 0,13% | 10,56% |
| Norway | 0,00% | 1,20% | 16,81% | 19,06% | | 2,45% | 8,14% | 13,59% | 46,00% | 21,90% | 42,66% | 10,71% |
| Poland | 0,00% | 0,00% | 0,00% | 0,00% | | 0,00% | 0,00% | 0,00% | 0,00% | 0,00% | 0,00% | 0,00% |
| Sweden | 18,18% | 1,50% | 3,98% | 1,80% | | 3,64% | 1,71% | 1,63% | 3,57% | 3,00% | 3,33% | 4,93% |
| Switzerland | 72,22% | 3,92% | 12,37% | 2,14% | | | | 2,07% | 1,90% | 14,29% | 0,00% | 41,63% |
| Best in Class | 99,42% | 99,40% | 98,64% | 19,06% | | 22,69% | 12,95% | 36,20% | 22,94% | 21,90% | 45,29% | 97,70% |
| Overall Average | 80,76% | 45,57% | 10,11% | 4,30% | 0,00% | 4,74% | 7,36% | 13,52% | 4,50% | 9,46% | 35,25% | 21,05% |

**Legend**
Best In Class
Worst In Class
Below Lower Bound

Abb. 2: *Auszug aus dem Best-In Class Tool zur Erhöhung der Kundenzufriedenheit*

## 9.7.4 International Governance

Vor dem Hintergrund des schon erwähnten intensiven Wettbewerbs auf dem Markt für IT-Dienstleistungen kommt dem Thema Qualität eine entscheidende Bedeutung als Differenzierungsmerkmal zu.

Daher erklärt das Unternehmen das Erkennen der Wünsche und Erwartungen seiner Kunden sowie deren Umsetzung in realisierbare Konzepte durch kompetente Leistungen zu seinem Ziel. Die Optimierung des Kundennutzens stehen hierbei besonders im Vordergrund und steuern das Handeln des Unternehmens.

Um die Einhaltung der Ziele sowie der damit verbundenen Normen zu gewährleisten, gliedern sich die Aufgaben des Internationalen Quality Management Teams in zentrale und dezentrale Aufgaben.

Die zentralen Aufgaben und Funktionen des IQM-Teams sind
⇨ Aufrechterhalten und Weiterentwickeln eines Managementsystems
⇨ Richtlinienkompetenz bei Fragen zum Managementsystem
⇨ ISO 9001/ISO 27001/ISO 20000 (ITIL)
⇨ Bereichsübergreifende Verfahrensanweisungen zum Managementsystem
⇨ QM-Dokumentation und Dokumentenlenkung über Intranet
⇨ Vorbereitung und Betreuung der externen DQS-Audits
⇨ Management-Reviews
⇨ Q-Schulung
⇨ Interne QM-Audits/Lieferantenaudits
⇨ Auditbeauftragter
⇨ Betreuung der Bereiche bei Fragen zum Managementsystem
⇨ Beschwerdemanagement

Die zentralen *Funktionen* mit internationaler Governance sind

*QM-Management:*
⇨ Chief Quality Officer
⇨ Management Manual/Manufacturer Declaration
⇨ Audit Management

*Customer Care Management*
⇨ Complaint Management
⇨ Customer Satisfaction Management

Die zentralen *Aufgaben* des Teams sind:
⇨ Continuity Management
⇨ Process Examination/Q-Release
⇨ QM-Coaching
⇨ IT Service (ISO 20000)
⇨ IT Security (ISO 27001)
⇨ Legal Specifications
⇨ Intranet/Q-Documents

Diese Funktionen/Aufgaben werden vom zentralen IQM-Team unter der Leitung des Chief Quality Officers wahrgenommen, der gleichzeitig der disziplinarische Vorgesetzte des Teams ist. Dem Team gehören neben dem CQO acht weitere Mitarbeiter an, die in ihren jeweiligen Funktionen der zentrale Ansprechpartner, der sog. »Single Point of Contact« für die dezentralen Qualitätsbereiche sind.

Um die Kommunikation zu vereinfachen, wurden jedem Mitarbeiter bestimmte Länder zugeordnet, die dieser Mitarbeiter betreut und in allen Belangen zum Thema Qualitätsmanagement, Auditierung und Zertifizierung unterstützt.

Die *dezentralen Aufgaben* in den Landesorganisationen der FSC ITPS werden von den sog. »Management System Consultants« (MCS) wahrgenommen. Disziplinarisch sind diese Mitarbeiter in die jeweilige Landesorganisation eingebunden. Fachlich werden sie vom Chief Quality Officer geführt, der sie gemeinsam mit der obersten Leitung der FSC ITPS und den jeweiligen Country-Managern ernennt.

Das Ziel der Tätigkeit des Management System Consultants ist es, das Management und die Mitarbeiter des Zuständigkeitsbereiches (d.h. der jeweiligen Landesgesellschaft) zu befähigen und sicherzustellen, dass das im Managementhandbuch dokumentierte Managementsystem erfüllt und umgesetzt wird. Oberstes Ziel des Managementsystems ist es, die mit dem Kunden vereinbarten Anforderungen zu realisieren.

Um diese Aufgabe erfolgreich umzusetzen, ist der MCS mit der Weisungsbefugnis bei der Umsetzung identifizierter Verbesserungen sowie mit der Zugriffsberechtigung auf alle für seine Tätigkeit relevanten Informationen ausgestattet.

Seine Aufgaben sind

⇨ Die Beratung der Organisationseinheit zu Themen des Managementsystems

⇨ Beratung des Prozessmanagements bei der Erfüllung der Prozessziele

⇨ Vorbereitung der internen Audits und Begleitung der Auditfelder im Audit

⇨ Durchführung von Quality Reviews als Follow-up von internen Audits

⇨ Durchführung von Schulungen zum Managementsystem

⇨ Berichterstattung über die Leistungsfähigkeit des Managementsystems

## 9.7.5 Dokumentation

Sämtliche relevanten Dokumente sind im Intranet hinterlegt und können jederzeit von allen Mitarbeitern eingesehen werden. Die Intranetseiten sowie deren kontinuierliche Aktualisierung liegen im Verantwortungsbereich des International-Quality Management Teams.

Die Qualitätspolitik der FSC ITPS ist für alle Bereiche verbindlich und ihre Umsetzung ist im Managementhandbuch der FSC ITPS detailliert dargestellt. Das Management Manual dokumentiert, wie diese Qualitätspolitik in Übereinstimmung mit dem Geschäftsauftrag umgesetzt wird. Es gibt die Rahmenbedingungen für das Qualitätsmanagement vor und dient zusätzlich als Referenzdokument für interne und externe Audits.

Die Dokumentation des Qualitätsmanagementsystems der FSC ITPS ist hierarchisch organisiert.
*Die Grundsätze der FSC ITPS und des Qualitätsmanagements* bilden die Basis, auf denen alle weiteren Dokumente aufgebaut sind.

Das *Managementhandbuch* beschreibt detailliert die Umsetzung des Managementsystems bei FSC ITPS. Dieses Management-Handbuch regelt verbindlich für alle Mitarbeiter der genannten Organisationseinheiten die Verantwortlichkeiten und Abläufe im Hinblick auf die Themen Qualität, Sicherheit und IT-Service-Management bzw. verweist auf Prozessabläufe und weitere verbindliche Regelungen.

*Dokumentierte Prozesse, Verfahrensanweisungen und Arbeitsanweisungen regeln* den tatsächlichen Ablauf und die faktische Umsetzung der in den vorgenannten Dokumenten dargelegten Ziele.

*QM-Dokumente der lokalen FSC ITPS Bereiche* ergänzen die globalen Arbeitsanweisungen und Prozessabläufe und passen diese den lokalen Gegebenheiten in Übereinstimmung mit den zentralen Governance-Regelungen an.

Weitere wichtige Dokumente, die für die Einhaltung der geforderten Normen notwendig sind, sind ebenfalls im Intranet hinterlegt und für jeden Mitarbeiter einsehbar. Es handelt sich dabei um

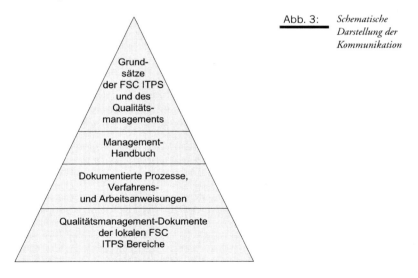

Abb. 3: *Schematische Darstellung der Kommunikation*

⇨ die Herstellererklärung
⇨ Normen
⇨ Schulungsunterlagen
⇨ Templates
⇨ Unterschriftsregelung
⇨ Rundschreiben

Die Aktualisierung und Kommunikation dieser Dokumente liegt im Verantwortungsbereich des IQM-Teams.

## 9.7.6 Interne Audits

Das IQM-Team führt regelmäßige interne Audits durch, um die Wirksamkeit der Qualitäts- und Umweltmanagementsysteme zu überwachen. Durch die internen Audits wird sichergestellt, dass Schwachstellen erkannt und behoben werden. Diese internen Audits dienen auch der Vorbereitung auf die externen Audits.
In den internen Audits wird überprüft, ob
⇨ das Managementsystem die geplanten Anordnungen einschließlich der Forderungen der Normen DIN EN ISO 9001 erfüllt;
⇨ alle Tätigkeiten und deren Ergebnisse, welche die Qualität der Dienstleistungen beeinflussen, die geplanten Festlegungen erfüllen;
⇨ alle Tätigkeiten und deren Ergebnisse, welche direkte oder indirekte Auswirkungen auf die Umwelt haben, die geplanten Festlegungen erfüllen;
⇨ das Managementsystem wirksam und geeignet ist, die Anforderungen der Kunden sowie die festgelegten Ziele zu erfüllen.

Die Audits werden von speziell ausgebildeten, erfahrenen Auditoren durchgeführt. Jährlich wird durch die Geschäftsleitung ein Audit-Jahresterminplan freigegeben. Ziel ist es, alle Abteilungen, Bereiche und Lieferanten mindestens einmal in drei Jahren zu auditieren.

Zum Ablauf und zu den Ergebnissen jedes Audits wird ein schriftlicher Bericht erstellt und an einen festgelegten Verteiler versandt. Der Leiter des Auditteams und der Auditbeauftragte überwachen die wirksame, termingerechte Behebung gefundener Abweichungen durch den Verantwortlichen vor Ort.
Die Planung und die Durchführung von Audits zu Qualität, Sicherheit und Umwelt wurden verbindlich geregelt.

### 9.7.7 Externe Audits

Das Hauptziel ist die Einrichtung eines zentral verwalteten gemeinsamen weltweiten Management-Systems (Governance).

In dieses gemeinsame Management-System sind alle FSC-ITPS-Länder eingebunden. Die Effektivität des Management-Systems wird auf der Grundlage der folgenden drei Standards zertifiziert:

⇨ ISO 9001 (Qualität)
⇨ ISO 27001 (Informationssicherheit)
⇨ ISO 20000 (IT-Service-Management, ITIL)

Zieldatum für die Zertifizierung (Gruppenzertifizierung) des Management-Systems war der *30.09.2006*. Das Zertifikat wurde am 14.11.06 übergeben.

In der Folge erhielt die FSC ITPS ein Gruppenzertifikat sowie Zertifikatsauszüge für die zertifizierten Länder.

Hierzu müssen alle Länder einzeln in das Multisite-Zertifikat aufgenommen werden. Wegen der großen Anzahl an zu zertifizierenden Ländern erfolgt diese Aufnahme nacheinander durch externe Audits, die durch die DQS (Deutsche Gesellschaft zur Zertifizierung von Managementsystemen) durchgeführt werden. Hierfür werden sowohl interne Audits benötigt als auch die Bestätigung für die DQS, dass das Management-System bei FSC ITPS in allen Ländern entsprechend implementiert ist.

FSC ITPS und der externe Zertifizierer DQS stellten gemeinsam einen Plan für die externen Audits hinsichtlich der Implementierung des Management-Systems auf.

Die Termine für die externen Audits sind dabei obligatorisch, Verschiebungen sind nicht möglich.

Das IQM-Team unterstützt die Landesorganisationen bei der Vorbereitung, Durchführung und Nachbereitung der externen Audits.

Alle Länder haben einen Auszug aus dem Gruppenzertifikat in ihrer Landessprache sowie ein vollständiges Gruppenzertifikat in englischer Sprache erhalten.

## 9.7.8 Business Continuity/Geschäftskontinuität

Die Forderungen zur Geschäftskontinuitätsplanung leiten sich ab aus:
⇨ Risiko-Inventar
⇨ Kontinuitäts-Management
⇨ Prozessdesign und Prozessbeherrschung
⇨ Forderungen von Normen wie ISO/IEC 27001
⇨ Forderungen des IKS

Die Fujitsu Siemens Computers IT Product Services stellt daher bei der Erbringung der Leistungen für ihre Kunden sicher, dass im Fall von Betriebsstörungen Notfallkonzepte/Notfallplanungen für zentrale und regionale Prozesse und Betriebe zur Verfügung stehen, die einen möglichen Schaden beim Kunden ausschließen oder so gering wie möglich halten, um das Geschäft des Kunden nicht darunter leiden zu lassen.

Zur Sicherstellung der Geschäftskontinuität sind neben diesen bestehenden Notfallkonzepten/Notfallplanungen, Vertreterregelungen, Notfallübungen, ein Beschwerde- und Risikomanagement eingeführt.

Aktuelle Klassifikationsübersichten bzgl. der Vertraulichkeitsstufen (intern, vertraulich, streng vertraulich) sowie kontinuierlich gepflegte Übersichten bezüglich der Administrationsrechte der für die jeweilige

Anwendung eingesetzten Hardware, Software und Netzkomponenten (Rekonfigurationsmöglichkeit), der Zugangsrechte und der Standorte der Geräte minimieren das Risiko des Verlustes, der Verfälschung, der Manipulation und der unerwünschten Offenlegung aller für den Geschäftsbetrieb wichtigen Informationen.

### 9.7.9 Das Prozesshaus der FSC ITPS

Die Dienstleistungen, die die FSC ITPS für ihre Kunden – externe wie interne – erbringt, sind die Ergebnisse von Geschäftsprozessen. Die Qualität dieser Dienstleistungen ist entscheidend für die Zufriedenheit der Kunden sowie den Geschäftserfolg des Unternehmens. Mit Hilfe der Geschäftsprozesse wird sichergestellt, dass die Anforderungen der Kunden nach qualitativ hochwertigen Leistungen erfüllt werden.

Als Global Managed Services Provider bieten die FSC ITPS ihren Kunden Dienstleistungen im Bereich IT Product Services an. Über die Kernprozesse (Core Processes) werden »Dienstleistungsprodukte« entwickelt, die am Markt angeboten und über die Dienstleistungsprozesse des »Delivery Managements« den Kunden geliefert werden. Stützprozesse dienen dazu, die Kernprozesse durch geregelte interne Abläufe optimal zu unterstützen.

### 9.7.10 Prozessbeschreibungen

Für die einzelnen Prozessschritte existieren detaillierte Prozessbeschreibungen, in denen der Zweck des Prozesses, dessen Inputfaktoren und Outputfaktoren sowie die entsprechenden Prozessverantwortlichen detailliert beschrieben sind.

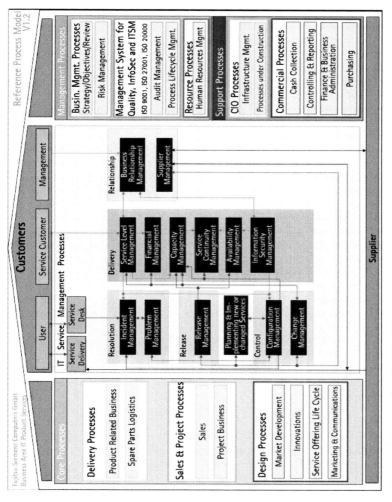

Abb. 4:  *Das Prozesshaus der FSC ITPS*

Kontinuierliche Verbesserung (KVP)

Der kontinuierliche Verbesserungsprozess (KVP) leistet einen wesentlichen Beitrag, um die Qualität der Dienstleistungen für die Kunden stetig zu verbessern. Die Verantwortung hierfür liegt bei den Prozessbeauftragten. Der kontinuierliche Verbesserungsprozess (KVP) ist daher zwingend Bestandteil eines jeden Prozesses.

Die Qualitätsmanagementbeauftragten/-referenten unterstützen die Prozessbeauftragten bei der Ermittlung von Verbesserungspotential sowie der Entwicklung und Umsetzung geeigneter Maßnahmen.

## 9.8 Die Zertifizierung des Managementsystems

### 9.8.1 Zertifizierung – Komplexität und Nutzen

Wie komplex letztlich die Zertifizierung eines Managementsystems ist, hängt von zwei wesentlichen Faktoren ab, der Beschreibungstiefe in den Regelwerken sowie der Anzahl der spezifischen Normforderungen in den Regelwerken.

Die Komplexität eines zu Grunde gelegten Regelwerkes leitet sich zum Einen aus der Beschreibungstiefe der Normforderungen ab. So stellt die ISO 9001 u. a. Forderungen nach geschlossenen Regelkreisen, wohin gegen die ISO/IEC 20000 spezifische Forderungen an einzelne Prozesse des IT-Service-Management stellt. So wird beispielsweise im Change-Management ein Verfahren in Kapitel 9.2 dieser Norm gefordert, dass die Rückkehr zum als letzt fehlerfrei bekannten Konfigurationszustand darlegt. Darüber hinaus werden explizit Analysen der Auswirkungen geplanter Änderungen gefordert. Die ISO/IEC 27001 stellt an Prozesse der Informationssicherheit auch sehr detailliert beschriebene Anforderungen, wie z. B. die Existenz eines formalen disziplinarischen Prozesses im Falle von Sicherheitsverstößen (dargelegt im Abschnitt A.8.2.3 dieser Norm).

Zum Anderen bestimmt die Anzahl der spezifischen Normforderungen je Regelwerk, bzw. die Anzahl mehrerer Regelwerke die Kom-

306

plexität. Durch den geeigneten Aufbau des Managementsystems ist sicherzustellen, dass keine Widersprüche oder Redundanzen entstehen und »alles seinen Platz« hat. D. h. in für Mitarbeiter und Führungskräfte benutzerfreundlicher Form bildet das Managementsystem den Rahmen für alle Regelungen und Festlegungen. Ihre Umsetzung stellt sicher, dass die zu Grunde gelegten Normforderungen erfüllt werden.

Beide Aspekte der Komplexität (Beschreibungstiefe, Anzahl) werden in der Systemanalyse des externen Auditors, der mit der Zertifizierung betraut ist, systematisch an Hand festgelegter Checklisten untersucht und ggf. auf Lücken oder Probleme hingewiesen. Darüber hinaus wird die Ausrichtung des Managementsystems auf die spezifischen Belange der Strategie und denen der Geschäftsprozesse des Unternehmens analysiert. Potentielle Risiken und Verbesserungspotenziale werden vom externen Auditor aufgezeigt und mit den jeweiligen Führungsebenen des Unternehmens erörtert.

Aus der systematischen Analyse des Managementsystems und der Identifikation potentieller Risiken kann der externe Auditor dem Unternehmen nutzen, in dem er es über die gesamte Entwicklungszeit des Managementsystems im Rahmen der externen Audits begleitet.

### 9.8.2 Auditierung und Zertifizierung des Managementsystems

Die Zertifizierung eines Managementsystems beinhaltet neben der Systemanalyse auch die Begutachtung vor Ort, die auch als Auditierung bezeichnet werden kann. Die Auditierung folgt den Kriterien der jeweils zu Grunde gelegten Regelwerke, wie in diesem Fall die ISO 9001:2000 (Qualität), die ISO/IEC 27001:2005 (Informationssicherheit) und die ISO/IEC 20000-1:2005 (IT Service Management).

**Auditierung nach ISO 9001:2000**

Auf die Auditierung nach der ISO 9001:2000 wird an dieser Stelle nicht eingegangen, da dies bereits mehrfach an anderer Stelle getan wurde.

**Auditierung nach ISO/IEC 27001:2005**

Zur Auditierung und Zertifizierung eines Managementsystems nach ISO/IEC 27001:2005 wird eine Checkliste eingesetzt, die u. a. auf die »controls« im Annex A.5 bis A.15 eingeht und weitere Elemente eines ISMS und somit für eine Zertifizierung relevanten Kapitel 4 – 8 (Kapitel 0 stellt die Introduction dar, Kapitel 1 beschreibt den Scope, Kapitel 2 Normative references und Kapitel 3 Terms and definitions) berücksichtigt.

Im Kapitel 4 geht es um das Information security management system (ISMS) mit diesen Schwerpunkten:
⇨ Risiko Management [4.2.1, 4.2.2] (Festlegung der generellen Vorgehensweise und dazugehöriger Prozesse)
⇨ Prozess zur Identifikation und Bewertung von Schwachstellen (Anlehnung an IT-Grundschutzhandbuch BSI)
⇨ Prozess zur Identifikation und Bewertung potentieller Bedrohungen (ggf. in Anlehnung an IT-Grundschutzhandbuch BSI)
⇨ Prozess zur Identifikation and Bewertung von Risken (Eintrittswahrscheinlichkeit, Auswirkungsgrad (Kosten, Image), Erkennungswahrscheinlichkeit)
⇨ Identifikation zu schützender Unternehmenswerte [4.2]
⇨ Information, Software, IT-Infrastruktur [A.9]
⇨ Personal, Gebäude, … [A.8, A.7]
⇨ Bewertung der Schwachstellen, Bedrohungen und Risiken zu schützender Unternehmenswerte
⇨ Risiko (zu schützende Unternehmenswerte) = W'keit (Schwachstelle) x W'keit (Bedrohung)
⇨ Ableitung Information Security (IS) Policy [4.1, 4.2, A.5]
⇨ Ziele, Scope und genereller Leitfaden für IS [4.1, 5]

⇨ Identifikation von Lücken zwischen IS-Policy und festgestellten Risiken

⇨ Ableitung von Maßnahmen zur Reduktion/Vermeidung von Risiken [4.2.1 g), Annex A.5-15]

⇨ Business Continuity Planung für Restrisiken, die dennoch eintreten könnten [A.14]

Diese IS-Elemente und -Prozesse bauen auf die Ergebnisse der Risikobetrachtung auf:

⇨ Dokumentationsanforderungen [4.3]

⇨ Software Development/Application Management [A.12]

⇨ IT-Operations/Managed Operations [A.10, A.11, A.13]

⇨ Kommunikation, Reporting & Organisation of IS [4.2.3, A.6]

⇨ Analyse bestehender Prozesse hinsichtlich der Erfüllung von Normforderungen

Interne Audits [6, A.15] und das Management Review [4.2.3, 4.2.4] runden das ISMS ab.

⇨ Ergebnisse, Input, Output [7]

⇨ Korrektur-/Vorbeugungsmaßnahmen [8]

**Auditierung nach ISO/IEC 20000-1:2005**
Zur Auditierung und Zertifizierung eines Managementsystems nach ISO/IEC 20000-1:2005 wird die BIP 0015:2006 Self-assessment workbook des BSI (British Standards Institution) eingesetzt. Struktur und Aufbau folgen der Norm ISO/IEC 20000-1:2005, d. h. es gibt die für eine Zertifizierung relevanten Kapitel 3 – 10.

*Kapitel 1 beschreibt den Scope*

*Kapitel 2: Terms and definitions*

*Kapitel 3: Requirements for a management system*
Hier wird der Rahmen des Managementsystems beschrieben, wie z. B. Darlegung der Verantwortung des Managements, der Doku-

mentationsanforderungen, sowie der Anforderungen an Training von Kompetenz und Bewusstsein

*Kapitel 4: Planning and Implementing service management*
Dieses Kapitel beschreibt die einzelnen Schritte zur Planung, Einführung, Überprüfung und Verbesserung von Prozessen im IT-Service-Management in Anlehnung an den aus dem Qualitätsmanagement bekannten PDCA-Zyklus.

*Kapitel 5: Planning and Implementing new or changed services*
Sofern neue, bzw. bestehende IT-Services geplant oder eingeführt werden sollen, werden in diesem Kapitel die notwendigen Schritte beschrieben,

*Kapitel 6: Service delivery processes*
Dieses Kapitel ist eine Sammlung für die Prozesse Service-Level-Management, Service-Level-Reporting, Service-Continuity and Availability-Management, Budgeting and Accounting for IT-Services, Capacity-Management und Information-Security-Management (hier Verbindung zur ISO/IEC 27001:2005)

*Kapitel 7: Relationship processes*
Hier werden Business-Relationship-Management und Supplier-Management beschrieben.

*Kapitel 8: Resolution processes*
Dieses Kapitel ist für Incident und Problem-Management vorgesehen.

*Kapitel 9: Control processes*
Hier werden Configuration-Management und Change-Management beschrieben.

*Kapitel 10: Release process*
In diesem Kapitel erfolgt die Darstellung des Release-Managements

Zu jedem Kapitel sieht die BIP 0015:2006 Fragen vor. Insgesamt sind dies 689 für alle Prozesse. Jede dieser Fragen ist mit *Ja, Nein, Nicht anwendbar* oder *Im Aufbau* zu beantworten. Aus dem Gesamtergebnis lässt sich der Reifegrad einer Organisation ableiten, die Forderungen der ISO/IEC 20000-1:2005 zu erfüllen. Der Aufwand der Bearbeitung im Vorfeld durch die zu auditierende Organisation im Rahmen eines Self-assessments hängt vom bisher erlangten Reifegrad der jeweiligen Prozesse ab (z. B. Benennung Prozesseigner, Beschreibung Prozesse, Messung von Prozessen, Vernetzung mit benachbarten Prozessen über Nahstellen, Verbesserungsfähigkeit). Der Aufwand für die externe Überprüfung, bzw. der Verifikation Ergebnisse des Selfassessment hängt von der Durchgängigkeit gegebener Antworten zu den einzelnen Fragen (Vorhandensein von Referenzen, Nachweisen, Links) und Kenntnis der Prozessverantwortlichen und -beteiligten ab.

**Hilfreich für die Einführung eines Managementsystems mit zentraler Governance sind...**

⇨ Transparenz in der Darstellung von Central und Governance Functions
⇨ Kommunikation des länderübergreifenden Managementsystems gemäß ISO 9001, ISO/IEC 27001 und ISO/IEC 20000
⇨ Verbindlichmachung der Forderungen des Managementsystems für die gesamte Organisation durch das Management
⇨ CQO als vollständiges Mitglied des Managements
⇨ Durchsetzung der Governance Verantwortung in den Ländern über dezentrale MSC

**Kontraproduktiv wirken sich aus...**
⇨ Mangelnde Einbindung der Ziele des Managementsystems in die persönlichen Ziele von Führungskräften
⇨ Aufweichung der Forderungen bei ersten Widerständen aus den Ländern
⇨ Fehlende verabschiedete Aktivitätenliste im Management für die Weiterentwicklung und Festigung des Managementsystems über einen Jahreszeitraum
⇨ Dezentrale MSC mit uneinheitlicher Durchsetzungskraft

**Lessons learnt**
⇨ Frühzeitige Abstimmung zwischen Unternehmen und Zertifizierer sind hilfreich
⇨ Gute Tool-Unterstützung für die Darstellung von Prozessen im Intranet
⇨ Umfassende Kenntnis zu allen drei Regelwerken in der CQO-Organisation
⇨ Erfahrung im Umgang mit BIP 0015 und ISMS-Checkliste
⇨ Der Zertifizierungsauditor verfügt über Erfahrungen in Multi-Standard und Multisite Zertifizierungen

Je schlechter eine Organisation vorbereitet ist, umso länger dauert die externe Überprüfung.

Um ein Managementsystem, das alle drei Regelwerke (Abschnitte A) – C)) erfüllen soll, zu auditieren, ist eine Planung erforderlich, die die Redundanzen der jeweiligen Regelwerke bei der Beschreibung des Managementsystems, den PDCA-Zyklen und des Dokumenten-Managements berücksichtigt. Darüber hinaus ist die Abbildung der Organisation (Governance Functions, Central Functions, 22 Länder) zu gewährleisten. Die Stichproben werden in einer Matrix geplant. Die Anzahl der in Audits eingebundenen Mitarbeiter, Führungskräfte und Projekte zeigt die Repräsentativität auf. Zentral und dezentral zu beantwortende Fragen zu einzelnen Normforderungen werden in der Matrixplanung abgebildet.

Der Umfang einer Kombibegutachtung in Relation zu einer Begutachtung nach »nur« einem Regelwerk ist nicht linear, da redundante Elemente nur einmal auditiert werden.

Dipl.-Wi.Ing. **Markus Werckmeister** ist geschäftsführender Gesellschafter der WMC Werckmeister Management Consulting GmbH (www.werckmeister.com) und ist seit 2000 selbstständiger Unternehmensberater. Als Senior Auditleiter der Deutschen Gesellschaft zur Zertifizierung von Managementsystemen (DQS) hat er Management Systeme gemäß ISO 9001 (Qualitätsmanagement), ISO 20000 (IT Service Management gem. ITIL) und ISO 27001 (Informationssicherheit) in namhaften IT-Unternehmen, Dienstleistungsunternehmen, Großhandel and Administration seit 1997 auditiert. Zuvor war Markus Werckmeister in leitenden Positionen bei IT-Dienstleitern in nationalen und internationalen Unternehmen tätig.

**Michael Wolf,** geboren am 04.04.59 in Olsberg, trat nach dem Studium der Wirtschaftswissenschaften 1987 in die Nixdorf Computer AG ein. Er war/ist für folgende Aufgaben verantwortlich: 1990 Übergang in die Siemens Nixdorf Informationssysteme AG: Initiierung und Umsetzung der ersten Business Reengineering Projekte zur Unternehmenskonsolidierung. 1998 Übergang in die Siemens IT Services GmbH: Aufbau und Umsetzung eines weltweiten Produktivitätssteigerungsprogramms als P&Q Manager 2002 Übergang in die Siemens Business Services GmbH & Co. KG: P&Q-Manager der Global Business mit Product Related Services seit 2006 Übergang in die Fujitsu Siemens Computer IT Services GmbH: Aufbau und Umsetzung eines Managementsystems nach den Normen 9001, 20000 und 27001 mit einer globalen zentralen Governance. M. Wolf ist verheiratet, hat 2 Kinder, ist Reserveoffizier und passionierter Jäger.

## Literatur

[1]    *http://de.wikipedia.org/wiki/IT_Infrastructure_Library*

**Zusammenfassung**

Die Fujitsu Siemens Computers IT Product Services GmbH bietet Service-Dienstleistungen im Umfeld von IT-Infrastrukturlösungen an und ist mit über 4.000 Mitarbeitern in 22 Ländern tätig. Zur Optimierung der Qualität ihrer Dienstleistung, Steigerung der Kundenzufriedenheit und Verbesserung ihrer Marktposition setzte sie sich ein besonderes Ziel: Ein länderübergreifendes Management-System, das konform zu den Normen ISO 9001:2000 (Qualitätsmanagement), ISO 27001:2005 (Informationssicherheit) und ISO 20000-1:2005 (IT Service Management, ITIL) eingeführt, aufrechterhalten und weiterentwickelt wird, stellt sich einer Kombizertifizierung. Dieses Managementsystem folgt einer Governance Struktur mit zentraler Steuerung, die eine zusätzliche und außergewöhnliche Herausforderung für globale Vertriebs- und Leistungserbringungsprozesse darstellt.

Um der Struktur dieser Organisation zu gerecht zu werden, wurde der Ansatz einer Multisite-Zertifizierung gewählt, die Land für Land berücksichtigte. Insgesamt werden alle Länder von FSC ITPS in die Multisite-Zertifizierung verbindlich eingebunden.

# Management von Spitzenqualität

»Made in Germany« ist immer noch ein weltweit anerkanntes Qualitätssiegel, auf dem die Exporterfolge der deutschen Industrie beruhen. Aber die Qualitätsbastion Deutschland gerät ins Wanken, denn für hiesige Unternehmen wird es immer schwieriger und teurer, den Qualitätsvorsprung zu halten – der asiatische Wettbewerb ist in einigen Branchen schon vorbeigezogen.
Viele Unternehmen haben es bislang noch nicht geschafft, Qualitätsmanagement umfassend umzusetzen. Insbesondere ist die Bedeutung der Qualitätsorientierung in den Bereichen Vertrieb, Personal, Verwaltung und Führung noch nicht ausreichend verstanden worden. Ein Nachteil im Qualitätswettbewerb ist aber ungleich schwerer aufzuholen als ein Kosten- oder Technologienachteil.

Die Wende zum umfassenden Qualitätsmanagement setzt nämlich einen gründlichen Überzeugungsprozess voraus, wenn sie eine Verhaltensänderung im Unternehmen bewirken will. Daher müssen die deutschen Unternehmen das Aufholrennen bald beginnen. Wo sie ansetzen müssen und wie sie vorgehen sollten, beschreibt dieses Buch.

Es behandelt unter anderem die Qualität
⇨ der strategischen Führung
⇨ in der Konstruktion, Forschung und Entwicklung
⇨ in der Produktion
⇨ in der Logistik
⇨ im Marketing und Vertrieb
⇨ im Informationsmanagement
⇨ in der Organisation
⇨ im Umweltschutzmanagement
⇨ im Human-Ressourcen-Management.

***Management von Spitzenqualität***
Tom Sommerlatte
Hardcover, 288 Seiten mit zahlreichen Abbildungen
ISBN  978-3-939707-11-0
Preis 59,- Euro (incl. MwSt. und Versandkosten)
Symposion Publishing, Düsseldorf

**Bestellung per Fax:** 0211/8669323

**Leseproben unter:**
www.symposion.de/qualitaet

symposion

# Innovationsmanagement
## Digitale Fachbibliothek auf USB-Stick

Innovationsfähigkeit ist der entscheidende Wettbewerbsfaktor für Unternehmen. Mit welchen Methoden lassen sich Innovationen entwickeln? Was sind die richtigen Strategien, sie in Markterfolge zu übersetzen? Wie lässt sich ein Innovationsvorsprung erzielen – und verteidigen?

Die Digitale Fachbibliothek Innovationsmanagement zeigt Ingenieuren, Entwicklern und Innovationsmanagern, wie sie Innovationsprojekte optimal steuern und ein leistungsstarkes Innovationsmanagement entwickeln.

Die Themenfelder dieser Wissenssammlung sind:
⇨ Innovationsmanagement
⇨ Technologiemanagement
⇨ Führung, Teamarbeit
⇨ Intellectual Property Management
⇨ Innovation und Kundenorientierung
⇨ Prozessinnovation
⇨ Performance Management
⇨ Innovationsfinanzierung

Die Digitale Fachbibliothek auf USB-Stick enthält auf mehr als 3.000 Seiten aktuelle Fachbeiträge und Fallstudien. Zahlreiche Powerpoint Präsentationen tragen dazu bei, Konzepte und Methoden besser zu verstehen und anzuwenden. Nützliche Excel-Tools helfen, die wichtigsten Methoden sofort einzusetzen.

Die Nutzung des USB-Sticks ist durch das Stichwortverzeichnis und die praktische Volltextsuche denkbar einfach. Es ist keine Installation erforderlich.

**Bestellung per Fax:** 02 11 / 8 66 93 23

**Leseproben:**
www.innovation-aktuell.de

*Innovationsmanagement*
Digitale Fachbibliothek auf USB-Stick
Über 3000 Seiten mit Arbeitshilfen, Präsentationen und Excel-Tools
ISBN 978-3-939707-26-4
Preis 201,11 (incl. MwSt. und Versandkosten)
Symposion Publishing, Düsseldorf

**symposion**